U0124516

紂王沒有那麼壞，屈原也不是自殺的？

中國歷史謎團懸案一次呈現

仲英濤——著

前言

在五千年的漫長歷史中，我們的祖先前仆後繼，奮力創造了璀璨的中華文明。作為他們的傳人，你對這五千年的歷史瞭解多少呢？來讀讀本書吧，來走近我們的祖先，瞭解他們曾經的生活，探究華夏文明的源頭和脈絡，讓自己成為一個無愧先人的華夏子孫。

我們的文明就像一條大河，濫觴之初的涓涓小流清澈而又單薄。在奔向大海的途中，由於一些來自不同源頭的水流次第匯入，河面開始寬廣起來。從上游到下游，從高山到平原，彙集百川的中華文明之河終於澎湃洶湧地流進大海，與世界各民族的文化融為一體。海納百川的過程是一條河流成長的過程，當河流變寬，水量變大，自然也會有泥沙湧入，原本清澈甘甜的河水也漸漸變得有一些渾濁和腥鹹。但它仍然是條大河，河水滋潤著兩岸的土地，所有的生命在它的灌溉下茁壯蓬勃。中華民族就是這樣成長起來的。

始祖女媧摶土造人、煉石補天，給後世留下了美好的傳說，在我們民族的記憶裡，她是一位如此勤勞、勇敢、無畏、無私的母親。神祕的「河圖洛書」蘊藏著天地玄黃、宇宙洪荒的無窮奧祕，是祖先們對於生命規律的玄妙注解。這些不完整的、已經被時間侵蝕了很大一部分的文明印跡，都屬於神祕而偉大的「上古」時期，正是這些傳說，構築起了我們這個國度文明的初始形態。

從中可見，古史傳說並不一定是荒誕不經的街頭巷議，許多隨著時光流逝而消失的歷史，還以某種形式存在於傳說當中。

官修史書雖然具備較高的水準，但其視野始終集中在上層，大多講述帝王將相的人生浮沉，因此略顯單調，而他們的性格和愛好，往往被一筆帶過。因此，我們精心挑選了一些歷史上的懸案和趣聞，它們有的見於史籍，有的不過是稗官野史，相信這些精彩內容一定會讓你在閱讀之後會心一笑。

目次

第1章 禮樂文明：先秦時期歷史懸案

女媧補天的故事有沒有原型？ 010

「河圖洛書」為何被稱為千古奇書？ 013

人面魚紋彩陶盆暗示了什麼？ 016

三星堆文明埋葬了多少傳奇？ 020

商紂王真是暴虐無比的昏君嗎？ 023

聖人孔子的長相如何？ 026

屈原自沉汨羅江有何難言之隱？ 030

勾踐「臥薪嘗膽」是真是假？ 034

美女西施死後香魂歸向何方？ 037

韓非為何被喜歡他的秦王殺死？ 041

荊軻刺秦王的歷史與真相究竟如何？ 044

第2章 巍巍秦漢：大一統時代帝國風雲

秦始皇為什麼鑄造十二個銅人？ 050

秦始皇神祕死亡背後有何黑手？ 054

秦始皇陵打開會有多少謎破解？ 057

徐福東渡日本留下了多少謎團？ 061

阿房宮真是項羽一把火燒掉的嗎？ 065

楚漢爭霸決戰地點到底在何處？ 069

名將韓信是被冤殺的嗎？ 073

絲綢之路的東方起點在哪裡？ 076

匈奴被擊敗後流落到了何處？ 080

河西走廊上有「羅馬古城」嗎？ 084

王昭君出塞的真正動機是什麼？ 088

精絕國為什麼消失得無影無蹤？ 092

誰把樓蘭古國變成沙漠廢墟？ 096

夜郎國為什麼出現若干個首都？ 099

第3章 魏晉南北朝 滄桑分合幾多謎

「三請諸葛亮」難道是編造出來的？ 104
諸葛亮所造木牛流馬究竟為何物？ 108
諸葛亮到底有沒有寫過《後出師表》？ 112
神醫華佗死於自己比曹操有才嗎？ 116
傳國玉璽歷經千年神祕失蹤之謎 120
《洛神賦》中的神祕女子是誰？ 124
曹操墓找到了，劉備墓在哪裡呢？ 127
北朝時期眾皇后為何愛出家？ 131
花木蘭代父從軍是杜撰的故事嗎？ 135
王羲之如何寫就名篇《蘭亭序》？ 138
《蘭亭序》可能藏在唐太宗棺內？ 142
「菩薩皇帝」梁武帝為什麼會餓死？ 145

第4章 隋唐五代 盛世歡歌曲終散

隋煬帝是弒父殺兄的權力狂？ 150
李世民血液裡有鮮卑人的基因？ 154
上官婉兒為何不記武則天的仇？ 157
乾陵用外國使者守陵目的何在？ 161
唐玄奘取經時竟是「偷渡」出境？ 165
唐玄奘差點做了高昌國駙馬？ 169
鑒真和尚是雙目失明還是得了白內障？ 172
貌美的楊貴妃為什麼沒能成為皇后？ 176
誰寫出了勵志詩「鋤禾日當午」？ 179
「八仙」的真實原型是哪些人？ 183
法門寺地宮埋藏一千多年的祕密 187
「梁祝」是浪漫故事還是史實？ 190
牧童遙指的「杏花村」在哪裡？ 194
千古懸棺到底如何放上去的？ 197

第5章
遼宋夏金元 群雄逐鹿中原

宋太祖戲劇性地死在「萬歲殿」？ 202
鞏義為何成了宋代的風水寶地？ 206
花蕊夫人憑什麼迷倒了兩朝帝王？ 209
歷史上真實的楊家將有多厲害？ 213
狸貓換太子的故事是歷史事實嗎？ 217
李師師在北宋滅亡後結局如何？ 220
王安石與司馬光是非恩怨之謎 223
《清明上河圖》畫的是「清明」時節嗎？ 227
《滿江紅》難道是岳飛的託名之作？ 231
宋高宗為什麼一定要置岳飛於死地？ 234
宋代詞人李清照的容貌究竟如何？ 237
陸游與唐琬因表兄妹關係導致離異？ 241
殲滅金軍主力的竟然是宋朝軍隊？ 245
成吉思汗的騎兵為何能橫行歐亞？ 249
成吉思汗的陵寢為何在「馬背」上？ 253
忽必烈遠征日本為何會馬失前蹄？ 256
西夏遺址黑水城之謎 260
古墓怪異符號暴露契丹失蹤之謎？ 264
濟公和尚原型是位博學高僧？ 267
敦煌藏經洞用壁畫封閉千年之謎 271

第6章
日月復明 大明王朝隱祕歲月

大明王朝建文帝下落之謎 276
土木之變的罪魁禍首是誰？ 280
萬貴妃獨受恩寵的原因何在？ 284
明宮「梃擊案」的種種謎團 288
明宮「紅丸案」是誰的陰謀？ 292
明宮「移宮案」的真相如何？ 296
戚繼光斬子疑案竟是子虛烏有？ 300
駭人聽聞的「天啟大爆炸」 303
袁崇煥之死真是千古奇冤？ 307
李自成百萬大軍竟是瓦解於鼠疫？ 311
明朝滅亡後崇禎子女跑哪兒去了？ 315
唐伯虎為何點大他二十歲的秋香？ 319
《水滸傳》的作者究竟是誰？ 322
歷史上的三個張三豐之謎 326

第7章

末日大清

封建帝國落日餘暉

「順治出家」是因為秦淮名妓董小宛嗎？ 330
李自成把吳三桂推向多爾袞懷抱？ 334
雍正「矯詔繼位說」為何盛行？ 337
雍正暴卒屍體無頭案真相揭祕 340
乾隆帝生母究竟為何人？ 344
東太后慈安暴卒是因為干涉慈禧私情？ 348
北京公主墳裡埋的是哪位公主？ 352
光緒帝為何比慈禧早一天死去？ 355
誰是甲骨文的第一位發現者？ 359

第1章

禮樂文明

先秦時期歷史懸案

女媧補天的故事有沒有原型？

正是由於誤解了「天」字的原意，女媧補天的故事在各民族傳說中才不斷被神化……

在古老的中華民族歷史上，流傳著許多美麗的神話，女媧造人補天就是其一。相傳女媧是伏羲的妹妹，人首蛇身，據《太平御覽》記載，女媧在造人之前，於正月初一創造出雞，初二創造狗，初三創造豬，初四創造羊，初五創造牛，初六創造馬，初七這一天，女媧用黃土和泥，仿照自己的樣子造出了一個個小泥人，她造了一批又一批，覺得太慢，於是用一根藤條，醮滿泥漿，揮舞起來，一點一點地泥漿灑在地上，都變成了人。為了讓人類永遠地繁衍下去，她創造了嫁娶之禮，自己充當媒人，讓人們懂得「造人」的方法，憑自己的力量傳宗接代。

「女媧補天」的紀錄最早見於戰國時期魏國史書《竹書紀年》：「東海外有山曰天臺，有登天之梯，有登仙之臺，羽人所居。天臺者，神鼇背負之山也，浮游海內，不紀經年。惟女媧斬鼇足而立四極，見仙山無著，乃移於琅琊之濱。」後來，西漢時期淮南王劉安的《淮南子》也有記載：「往古之時，四極廢，九州裂，天不兼覆，地不周載，火炎而不滅，水浩洋而不息，猛獸食顓民，鷙鳥攫老弱。於是女媧煉五色石以補蒼天，斬鼇足以立四極，殺黑龍以濟冀州，積蘆灰以止淫水。蒼天補，四極正；淫水涸，冀州平；狡蟲死，顓民生；背方州，抱圓天。」

今天看來，所謂補天，不過是上古時期的神話，並無實事。但若把女媧看作一個上古時期的歷史人物，其補天的傳說該如何解釋呢？王充《論衡・談天篇》對此提出疑問，他說，天非玉石之類，豈石所能補？女媧雖高，豈能及天？不能及天又哪有階梯可上？而且，斷鼇足作為四極的支天柱，也甚為荒唐。王充說，鼇既能支天，其體必更大，天地間如何能容？如此大鼇，其皮膚必如鋼鐵之堅，女媧如何將它殺死？當然，對於神話傳說，王充進行如此認真而機械式的駁斥，似無必要。那麼，《淮南子》中女媧補天的這些傳說是怎樣來的呢？有沒有現實中的原型？

唐代司馬貞的《三皇本紀》說，女媧本風姓，取代宓犧即位，號為女希氏，是上古時代帝王中之聖賢者，因當時無文字，只以音呼，後人因音成字，寫作女媧。以至於今中國雲南的苗族、侗族還將女媧作為其民族的始祖加以崇拜。

有意思的是，在侗語中，有如下語詞：女希——指花季少女；媧——如花一樣漂亮；女媧——年輕漂亮的姑娘（有的地方發音為女畫）；媧——指未婚姑娘；耶媧——耶，指女性，耶媧，即漂亮的姑娘；媧——指有情人的姑娘，即漂亮的情人。根據以上侗語語詞分析，女媧當屬「年輕漂亮的姑娘」。

「女媧」二字已用侗語做了解釋。那麼，「補天」二字又是什麼意思呢？侗語稱補為「噗」，噗補二字諧音，稱廳堂為「天堂」，又稱房頂為「務天」（也稱務曼），可見，補天就是補天頂。那麼這個天頂是什麼樣的？是木房的天頂還是磚房的天頂？顯然都不是。伏羲女媧所處的時代是新石器時代的初期，距今數千年，人們還是以穴為居，當時還沒有建造木房的工具和技術，木房是後世炎帝創造的，故事寫的也是「煉石補天」，而不是「揀木補天」，這就清楚地說明她補的是洞穴的頂。

從《淮南子・覽冥篇》中的描述，我們可以看到，先是一場森林大火災，接踵而至的是一場大水災，在如此「四極廢，九州裂」的大災大難之中，人們居住的洞穴出現漏洞是可想而知的，因此女媧補天，其實是填補洞穴頂上的漏洞。這樣的解釋就使得女媧補天的故事由神話傳說走向了歷史事實，我們可以設想：森林大火過後，暴露在地面上的石灰岩被燒成了白粉末。石灰岩本身是雜色的，加上摻雜其他一些岩石，故曰「五彩石」。那些在大火中煅燒而成的石灰，淋上雨水就成了泥漿，曬乾後又結成硬板硬塊。聰明的女媧從中得到啟發，將石灰與蘆葦草灰拌和用來填補漏洞，從此便學會了燒石灰補漏洞的技術，為人類進步做出了卓越的貢獻！

人們正是由於誤解了「天」字的原意，才使女媧補天的故事在各個民族傳說時不斷被神化，在《竹書紀年》和《淮南子》中，女媧也成了上不著天、下不著地的神話人物，而後來的《太平御覽》中，又演變為女媧用泥創造人類。歷史因這一字之差而失衡。

「河圖洛書」為何被稱為千古奇書？

河圖洛書是中國先民心靈思維的結晶，是中國古代文明的第一個里程碑。

河圖與洛書是中國古代流傳下來的兩幅神祕圖案，歷來被認為是河洛文化的濫觴，中華文明的源頭，被譽為「宇宙魔方」。相傳，上古伏羲氏時期，從黃河的水中躍出一匹龍馬，龍馬的背上顯示著一幅有規則的圖紋。伏羲得到這樣的圖，依據它創立了八卦，後為《周易》來源。洛書，指大禹在位的時候，從洛河的水中爬出一隻大烏龜，大烏龜的背上顯示出一幅有規則的圖紋。大禹得到這樣的圖，依此治水成功，遂劃天下為九州。又依此定九章大法，治理社會，流傳下來收入《尚書》中，名《洪範》。《易・繫辭上》說：「河出圖，洛出書，聖人則之。」就是指這兩件事。

由於歷代皆認為它們是「龍馬負之於身，神龜列之於背」，所以多少世紀以來，它一直披著神祕的外衣，但是，當我們審視、梳理河圖洛書的歷史蹤跡之後，我們會發現，河圖洛書早在先秦西漢的典籍中就有文字記載。例如《尚書・顧命》篇，該篇最早提及河圖。記載周康王即位時，在東西兩邊廂房的陳設品中，西廂房有：赤刀、大訓、弘璧、琬琰；東邊廂房有：大玉、夷玉、天球、河圖。春秋戰國時期，孔子周遊列國，到處求官不得，在不得意時悲歎說：「鳳鳥不至，河不出圖，吾已矣夫！」《管子・小臣》講：「昔人之受命者，龍龜假，河出圖，洛出書，地出乘黃，今三祥未見有者。」以後，在漢代劉歆、孔安國、揚雄、班固等人的著作中也屢有提及。

儘管如此，對於河圖洛書到底是個什麼樣子，各書上都沒有明言。河圖洛書在宋代初年才被發現。它們始傳於宋代華山道士陳摶，他提出的圖式叫作《龍圖易》，講到了龍圖三變的說法：一變為天地未合之數，二變為天地已合之數，三變為龍馬負圖之形，最後形成了河圖洛書的兩個圖式。但是，陳摶在龍圖三變之後，沒有提到河圖洛書的名稱。最早給這兩幅圖命名的是北宋易學家劉牧，他精研陳摶所傳《龍圖易》，著書《易數鉤隱圖》，將陳摶所稱的龍圖發展為河圖、洛書兩種圖式，將九宮圖稱為河圖，五行生成圖稱為洛書。認為這就是《周易》中記載的河圖洛書。

河圖上，排列成數陣的黑點和白點，蘊藏著無窮的奧祕；洛書上，縱、橫、斜三條線上的三個數字，其和皆等於十五，十分奇妙。除此之外，河圖洛書還展現出許多讓人瞠目結舌的數字圖式關係。關於河圖和洛書的關係，一般認為河圖為體，洛書為用；河圖主常，洛書主變；河圖重合，洛書重分；方圓相藏，陰陽相抱，相互為用，不可分割。

對河圖洛書的來源，「龍馬負之於身，神龜列之於背」的神話傳說當然不可信，但是神奇的河圖洛書又確實存在，那麼，河圖洛書是怎麼產生的呢？

實際上，河圖洛書展現了一種數學和天文學思想，早在原始社會，結繩記事昭示了人類數學文明的啟蒙。在人類最初經歷的原始社會，儘管生產力水準低下，但也存在著比較簡單的社會生產、交換、分配和消費等社會生產活動過程。這些活動離不開數學，可以想像，原始人要用數學來清點勞動人數和計算勞動工具，要用數學來記錄農牧和漁獵的勞動成果，要用數學來分配勞動產品，還要用數學來交換剩餘勞動產品，如此等等。否則原始社會的生產活動就不能順利進行，生產力就不能向前發展。人類最初對數學的認識就是在這種原始社會生產實踐活動中產生並逐漸發展起來的。隨著原始人對數學的知識不斷增加，必然會總結出最早的、最初級的數學規律。

而且，華夏先民在採集漁獵的舊石器時代，已經對暑來寒往、月缺月圓、太陽的光照、動植物的物候等自然規律，有了初步的認識。根據考古學與文獻資料，大致可以推斷至新石器時代的中期，先民就已經開始觀察天象，測定方位，計算時間，劃分季節了。在裴李崗、半坡等文化遺址中，住宅和墓穴都有一定的朝向，並已用太陽的光照，來估量植物播種、生長、成熟的季節。顯然方位的確對人們的生產、生活都有重要意義。正是在這樣的前提條件下，河圖和洛書才應運而生。

最簡單的規律往往也是最複雜的規律，雖然中外學者對河圖洛書做了長期的探索研究，但是河圖洛書仍有許多未解之謎等待我們進一步探索。河圖洛書是先民心靈思維的結晶，是中國古代文明的第一個里程碑。《周易》和《洪範》兩個作品，在中華文化發展史上有著重要的地位，在哲學、政治學、軍事學、倫理學、美學、文學諸領域產生了深遠影響，作為起源的河圖洛書，功不可沒。

人面魚紋彩陶盆暗示了什麼？

在彩陶的眾多紋飾中，有一種充滿神祕感的特殊紋飾，那就是人面魚紋彩陶盆。

陶器是原始社會人們創造的第一種日常生活用具，是人類進入新石器時代的一個重要標誌。彩陶在實用基礎上以其豐富多樣的圖案和紋飾擁有了極其珍貴的審美價值，作為中國藝術的重要源頭而備受後世學者的推崇。在彩陶的眾多紋飾中，有一種充滿神祕感的特殊紋飾，至今人們仍無法理解其蘊藏的無窮內涵，那就是二十世紀五〇年代出土於陝西西安半坡遺址的人面魚紋彩陶盆。

這件彩陶盆，淺腹，底部接近平坦，陶盆內壁用黑彩描繪出由人面和魚紋混合組成的圖案，人頭呈現圓形，兩條彎眉又細又長，上面塗成黑色，眼睛是一條直線，鼻子呈現倒丁字形，嘴形是漏斗狀的，頭頂上還有一個高高的三角形髮髻，嘴下面全部塗成黑色，在嘴的兩邊有魚形的紋飾，更為奇特的是，在兩耳旁邊也各有一條魚，魚頭和魚身都呈三角形。圖案整體顯得古拙、簡潔而又奇幻、怪異，先民為什麼要繪製這一複雜的人面魚紋圖案？數十年來，專家們為此爭論不休。

有人認為，此圖反映了半坡人和魚之間的密切關係和特殊的感情，魚是半坡氏族崇奉的圖騰。

半坡人在河谷階地營建聚落，生活方式與漁獵密不可分，他們喜愛魚、崇拜魚，認為其氏族起源於魚，故把魚奉為自己氏族的圖騰祖先加以崇拜，人與魚組合畫在一起，代表著人與魚是不可分的，你中有我、我中有你，共生共存，能力「互滲」。此外，古籍記有人魚互變的神話，《山海經》說顓頊死後復蘇化身為魚，變形的魚紋很可能是代表人格化的獨立神靈——魚神。

曾有學者對國外部落和氏族魚圖騰進行研究，發現在澳大利亞和南美等圖騰比較發達的國家和地區，靠海和沿河而居的部落，大多數都是以魚為圖騰，或以魚為主要圖騰。當時半坡氣候與這些地方類似，同時這裡出土的實物也證明了其漁獵的發達程度，這樣一來，認為魚是保護神或是祖先的說法就有了依據。

但也有人持不同的看法，他們認為既然把魚作為祖先來加以崇拜，那麼照理來說祖先是不能被獵殺的，然而，事實上在半坡遺址裡出土了大量漁獵工具，這顯然與先人們將之作為圖騰崇拜是相矛盾的。

還有人認為，此圖具有宗教祈福的作用。在遠古時代，人們對自然萬物充滿了神祕感，因而產生了萬物有靈的觀念，在這樣的觀念下，原始巫術盛行。天文氣象學家通過對孢粉和植被等情況的分析研究，發現當時的半坡氣候狀況較今天的半坡遺址更為溫暖、濕潤，附近湖沼密布，雨水豐盈，在這樣的環境下，魚類是很繁盛的。人們在半坡出土物中也發現了大量的漁獵工具，其中骨魚叉二十一件，骨魚鉤九件，石網墜三百二十件，可見當時的漁獵非常發達，在半坡人的生活中占據了重要地位，而魚也成為半坡人的主要食物之一。

在這樣的歷史背景下，有人提出，人面魚紋實際是巫師在進行巫術活動時所戴的一種面具，半坡人面魚紋飾是戴著魚形帽子的巫師形象，如果從這個角度來看，也是半坡人對魚施加巫術影響所用的面具。原始人在漁獵活動中，通過巫師進行的巫術活動，可以使魚自動地投入網中，細觀人面魚紋飾，表面的前額塗黑，還留出一塊彎曲的空白，似乎還符合「陰騭臉」的形狀，切合巫師的身分。

而考古發現似乎也在證明著這一觀點：大多數繪有魚紋的器物和陶片都出自半坡氏族的祭祀區，僅見的幾個完整復原的陶盆皆發掘於「大髒土坑」，亦為祭祀重地。可見，被繪製人面魚紋的陶器不是一般的生活用具，應該是有特殊用途的。可以推測魚紋有一定的宗教祭祀作用。

還有一種觀點認為，此圖象徵著生殖崇拜，該說認為是半坡人將魚作為女陰的象徵，實行生殖崇拜，以祈求人口的繁盛。這種論述，主要是以佛洛德的「原欲」理論為主要支撐，而非文獻或實物。但是，弗氏「原欲」理論自身缺乏有效的實證性。而將一切都歸因於「原欲」，貝殼、魚紋皆成為生殖器的象徵，也確實難以令人信服。同時，這種觀點對魚紋之間的差異性，尤其是在形式和色彩方面，無法進行合理的解釋和深入的研究。

有人還提出了此圖象徵著天文曆法的觀點，這一觀點將人面魚紋盆的所有紋飾自天文曆法角度進行了釋讀。學者們認為人面魚紋盆上的網紋既與田獵、漁獵用的網有關，也象徵著星宿與雨季的關係。半坡文化時期，人們還沒有認識到詳細的天文曆法，但是原始農業生產生活又必然直接受到春暖秋涼的季節規律的制約，所以，自然界氣候的週期變化是原始人類最先認識的自然規律。而在天文曆法之前，原始社會人們長期以動植物的變化作為參照以掌握季節的變化，這就是物候曆法。所謂「物候」，是指生物的週期性現象與季節氣候的關係，也指自然界非生物變化（如初霜、解凍等）與季節氣候的關係。魚被作為觀察物候的對象，既有古文獻的證據，也有現代民族學的證據，是具有普遍性的。《詩經・豳風・七月》和《禮記・月令》等先秦文獻，都有依據魚鳥花木以記時節月令的記述。所以這些學者認為：半坡人面魚紋彩陶圖案的來由可以解釋為人們用平常所觀察的物候對象作為彩陶紋飾。

當然除以上幾種說法外，還有幾種非主流的說法，如權利象徵說、摸魚圖說，以及磐兒出生圖說等，總之，對於人面魚紋飾包含的精神指向，到目前也沒有一個統一的公認答案，因而，人面魚紋飾的真實含義也就成了學術界的一大未解之謎。但是，無論半坡人試圖用它表達什麼，人面魚紋圖案所蘊含的創造性和藝術性都是令人驚歎的。即使它只是原始人類為了美的感受而留在陶盆上的裝飾，也讓生活在今天的我們感到震撼。

三星堆文明埋葬了多少傳奇？

神祕的三星堆古蜀國是怎麼消失的？為何如此之多的禮器被深埋地下幾千年呢？

一九二九年春季，位於廣漢三星堆月亮灣的川西平原上，農民燕道誠祖孫三人在勞作時無意間發現了一個長方形的神祕土坑，坑內堆滿了許許多多色彩斑斕的玉石器。裡面有璧、璋、琮、圭、圈、釧、珠、斧、刀及玉石器半成品共四百餘件。一九三四年三月初，華西大學博物館科學發掘隊前來發掘遺址，由於時局動亂，發掘工作只進行了十天便告結束，共獲得各種玉、石、陶器六百多件。一九四九年後，考古工作者再次發掘，前後共出土了一千多件美妙絕倫的珍貴文物！

這横空出世的千餘件大小青銅器、玉石器、象牙、貝藝、陶器和金器等，造型奇特驚人、內涵神祕莫測、工藝精妙絕倫，掀起了考古界、學術界新一輪對古蜀國歷史文明的探索。而在這些出土文物中，有舉世矚目的四件重要文物——青銅神樹、金杖、縱目青銅面具和青銅大立人。它們帶來了一系列至今尚未徹底破解的謎：青銅神樹神鳥因何弓枝折翅？金杖是如西方權杖那樣象徵著權威還是用於神巫法術的「魔杖」？巨大的青銅面具為何人所戴？青銅大立人像雙手各自握成環狀是何用意？

像這樣關於三星堆出土文物的未解之謎數不勝數，其中，最廣為世人關注的是，三星堆古蜀國文明何以產生？持續多久？為什麼在達到其最高峰時突然從成都平原上消亡？

三星堆出土的數量龐大的青銅面具、人像和動物，無論從造型還是從鑄造技術上看，都不能歸屬於中原青銅器的任何一類；同時，這些青銅面具和人像均高鼻深目、顴面突出、闊嘴大耳，耳朵上還有穿孔，表情也似笑非笑、似怒非怒，不像蜀人倒像「老外」。所以，很多外國媒體猜測三星堆的古蜀人可能來自其他大陸，三星堆文明也可能是「外星人的傑作和遺跡」；也有學者根據三星堆出土的大量青銅器物主要是祭祀用品而基本上沒有生活用品，斷定古蜀國的原始宗教體系比較完整；又根據那些青銅人像詭異的造型及金杖上神祕的符號和圖案，與世界上著名的瑪雅文化、古埃及文化非常接近，因而推測三星堆文明是古西亞或古埃及，甚至瑪雅文明雜交的成果；還有學者從三星堆出土的大量帶有不同地域特徵的祭祀用品推斷，三星堆可能曾經是世界朝聖中心。此外，三星堆出土的大量海貝、象牙等文物，揭示了古蜀文化與古南亞文明的許多共有特徵，據此，有學者斷定，三星堆獨特的文明是古蜀國通過「西南絲綢之路」與古印度、古南越等進行海外貿易及文化融合的結果……當然，這些只是限於猜測，並沒有確實的證據。

那麼神祕的三星堆古蜀國是怎樣消失的？為何如此之多的禮器被深埋於地下幾千年呢？

關於古蜀國的滅亡，人們假想了種種原因，但都因證據不足始終停留在假設上。

有人說是因為水患，部分專家認為包括三星堆遺址在內的成都平原古城群均興建於距今三四千年前。當時的氣候處於全球性突變氣候期，以持續性乾燥，伴以突發性洪水為主要特徵。成都平原古城群處在青藏高原與四川盆地兩大地貌單元接合部，平原上的河流具有易徙的天然性質。三星堆遺址北臨鴨子河，馬牧河從域中穿過，因此有學者認為是洪水肆虐的結果。但考古學家並未在遺址中發現洪水留下的沉積層，使得這一說法似乎證據不足。

還有人說是因為戰爭，在距今三千二百年左右的商代晚期，生機盎然的三星堆文化發生突變，具有典型的三星堆文化風格的陶器在此時開始消失，代之而來的是大量的尖底陶器和圜底釜。而尖底杯等曾在商代早、中期大量流行於鄂西地區，是早期巴人所使用的典型陶器。三星堆文化最強盛時，古蜀國人的生活中心在成都平原，川東長江沿岸和鄂西地區的勢力很弱。此時的鄂西，一支以使用尖底杯和圜底釜為代表的文化發展壯大，這就是早期的巴人。漸漸地，巴人將三星堆的勢力擠出了鄂西地區。在三星堆文化末期，不知何故，巴人突然放棄了鄂西這塊生活已久的故土，沿長江舉族西遷，用武力占據了成都平原，古蜀國人被驅逐，三星堆古蜀國文明從此消亡。

二〇〇八年汶川大地震發生後，有人依此認為正是地震使得三星堆文明消亡，從三星堆出土的文物來看，幾乎都有不同程度的灼傷痕跡，充分說明此地以前曾經發生過火災。是不是古蜀國曾發生了強烈的地震將古蜀國一舉摧毀，而地震後引發的火災將這些文物燒成現在的樣子呢？而且在幾千年前，古人生活在木結構的房屋中，地震後誘發火災十分容易。李白的《蜀道難》中有一句「地崩山摧壯士死」的情形與地震類似，可以作為佐證。但後來人們發現，這些器具的年代相差數百年。這又使人們困惑不已。

三星堆古蜀文明的確無與倫比，發達程度超出人們的想像。它在留給我們精美文物的同時，也將疑問留給了莫衷一是的考古界，留給了每一個對其產生好奇的人們。

商紂王真是暴虐無比的昏君嗎？

商紂王並不像現在人所認為的那樣暴虐無比，而現在我們所看到的歷史未必就是真實的歷史。

商朝（約前十六世紀至前十世紀），因最後首都定於殷，又稱殷商，是中國歷史上繼夏朝之後的一個王朝，也是信史時代的開端。原夏朝之諸侯國商部落首領商湯率諸侯國於鳴條之戰滅夏後建立商朝。經歷十七代三十一王後，末代君王紂王於牧野之戰被周武王擊敗而亡。現今一說到商朝，人們似乎便會想起殘暴的商紂王令人髮指的暴行，商紂王到底有多殘暴？他的種種殘暴行為都是真的嗎？

現代人總結紂王的奢靡和暴虐主要是沉溺酒色，為投妲己所好，作「新淫之聲、北鄙之舞、靡靡之樂」，把從百姓那搜刮而來的錢財，修建鹿臺，置滿奇珍寶物。還「積糟為邱，流酒為池，懸肉為林，使人裸形相逐其間」，與宮女們在其間不分晝夜地玩樂。而且殘忍地施行炮烙之刑，把人烙得皮焦肉糊而死。為了看人肚裡的胎兒是怎麼樣的，還讓人剖開孕婦的肚子，使母子倆喪命。小說《封神演義》更是將紂王推上了殘暴荒淫的巔峰。

翻看歷史，我們發現在春秋時期，紂的罪狀還只有「比干諫而死」而已。到了戰國，比干的死法出現了各種版本，屈原說他是被投水淹死，呂不韋的門客則說他是被剖心而死。而西漢司馬遷的《史記》則記載紂王「重刑辟，有炮格（烙）之法」；「九侯女不喜淫，紂怒，殺之」；「脯鄂侯屍」；「剖比干，現其心等事情。」但這些事情在商周史料《今文尚書》之《商書》、《周書》諸篇中，都是沒有的，在商周的史料裡，找不到紂濫殺無辜、嗜血成性之類的記載。到了晉朝，在皇甫謐的筆下，紂又多了一條罪狀，在妲己的慫恿下解剖了懷孕的婦女，要看看胎兒形狀。而妲己也一步一步成為一個蛇蠍美人，禍國殃民，於是「女禍亡國論」也出來了。總之，紂王和妲己隨著年代的久遠愈來愈壞。

實際上，紂王其實應該叫帝辛，後人為了貶低他叫他紂，據正史所載，紂王曾經攻克東夷，把商的疆土開拓到中國東南一帶，開發了長江流域。在對付東夷的戰爭中，紂王一方占盡優勢。為了永絕後患，紂王甚至建起了一條通往東夷的大道，以便迅速調兵鎮壓夷人的反抗。商軍如秋風掃落葉一樣，一直打到長江下游，降服了大多數東夷部落，俘虜了成千上萬的東夷人，取得大勝。從此以後，中原和東南一帶的交通得到開發，中部和東南部的關係密切了。中原地區的文化逐漸傳播到了東南地區，使當地人民利用優越的自然地理條件發展了生產。但這場曠日持久的征戰卻幾乎拖垮了大商王朝。西陲的周武王得知紂王大軍盡出，指向東方，都城內防禦力甚弱，便在一部分叛商部族的引導之下，奇兵突襲，於牧野一戰功成，而這時商王的大軍遠在東南，無力援手，牧野之戰的商軍，並非商王朝的精銳之師，而是臨時武裝起來的奴隸和囚徒。即便如此，牧野之戰也打得非常慘烈，而不是像小說上所說的那樣，奴隸與囚徒們臨陣倒戈，周武王幾乎是兵不血刃地贏得了勝利。

《史記》中除記載商紂王的暴虐外，還記載他說：「帝紂資辨捷疾，聞見甚敏；材力過人，手格猛獸；知足以拒諫，言足以飾非；矜人臣以能，高天下以聲，以為皆出己之下。」也就是說他天資聰穎，視聽敏捷，力大無比，可以空手與猛獸格鬥，而且能言善辯，但就是有點恃才傲物，認為天下的人才能都在他之下，聽不得別人的意見。毛澤東在評價帝辛時說：「其實紂王是個很有本事、能文能武的人。他統一東南，把東夷和中原的統一鞏固起來，在歷史上是有功的。」

實際上，早在春秋時期，孔子的學生子貢就對商紂王的暴虐產生了質疑，他說：「紂之不善，不如是之甚也！是以君子惡居下流，後世言惡則必稽焉。」郭沫若則說：紂王其實是一個很有才能的人，他對古代中國的領土開拓有其貢獻，所謂「紂克東夷」，就是開拓淮河流域和長江流域。西周正是乘「紂克東夷」的機會東進滅商的。

那是什麼原因使紂王一步一步被醜化的呢？這其中有兩個原因，一是政治宣傳的需要。「勝者為王敗者寇」，當時的周王朝雖然滅了商，但並不是一個大國，它要鞏固它的政權，穩定和籠絡它的民心，自然需要一些政治手段。紂王當然不是沒有缺點，於是滅掉商紂王的西周帝王們，以及其後的御用文人們，根據政治的需要，把死去的紂王的事一再編排，終於使他成了一個壞得不能再壞的人。二是紂王身邊有個妲己，可迎合「女人是禍水」的論調，可以順理成章地把罪惡之源引到女人身上。如夏桀的妹喜、周幽王的褒姒、唐明皇的楊貴妃一樣，成了禍水和替罪羊。《列女傳》就把劣跡都歸於妲己一人身上，謂之「女禍亡國論」。

可見，商紂王雖不是什麼明君，但也並不是像現代人所認為的那樣暴虐無比，可見現在我們所看到的歷史，未必就是真實的歷史。

聖人孔子的長相如何？

千百年來研究儒學的專家以及愛戴孔夫子的人們都關心一個問題：孔夫子到底長什麼樣子？

孔子是偉大的思想家和教育家，儒家學派的創始人。孔子所創立的儒家學說從漢武帝開始，登上了「獨尊」地位。從那時起，儒家學說開始和封建專制融為一體，為歷代王朝所尊崇和利用，並不斷豐富它、完善它、發展它，使儒學成為一門包容哲學、倫理學等諸學科的綜合性學說，對民族性格和民族心理的形成發揮重大作用。儒家學說滲透到社會各個層次、各個領域，不僅影響了兩千多年數十代人，而且它的輻射影響遠及朝鮮、日本、東南亞諸國。

千百年來研究儒學的專家以及愛戴孔夫子的人們都關心一個問題：孔夫子到底長什麼樣子？孔子距離我們兩千多年了，我們今天所見到的孔子形象，都是後世想像而來。實際上，在孔子去世後近三百年的時間裡，他一直保持著布衣學者的身分，直到高祖十二年（西元前一九五年），漢高祖劉邦到山東時祭祀過孔子，並封孔子九代孫孔騰為「奉祀君」。後來，漢武帝劉徹「罷黜百家，獨尊儒術」，孔子的地位愈來愈高，歷代帝王紛紛對孔子及其子孫加封加號，各種孔子的畫像才紛紛出現。那麼，真實的孔子長什麼樣子呢？

作《史記索隱》的司馬貞描述說，其體態好像倒過來的屋頂。名之曰丘，固當。當然，這是司馬貞的說法。其實，他叫孔丘，還有一個說法，說是他的父母為求子，禱於尼丘，故生下他後，便名之為丘，字之為尼，又因排行第二，叫仲尼。有關孔子的身高，司馬遷的《孔子世家》裡，稱「孔子長九尺有六寸，人皆謂之『長人』而異之」。按西漢尺二十三・一公分計算，是二・二一公尺，在平均身材不高的古代，孔子如果長得如此偉岸，在他死後，他的弟子子貢、宰予等肯定不會忽略這個足以顯示「聖人」高大形象的資料，在他們的言論中定有所提及，然而他們並沒有這樣做。

而《春秋演孔圖》對孔子的相貌記載則是：「孔子長十尺，海口尼首方面，月角日准河目，龍顙鬥唇，昌顏均頤，輔喉駢齒，龍形龜脊虎掌，胼肩修肱參膺，圩頂山臍林背，翼臂汪頭阜，堤眉地足，穀竅雷聲，澤腹修上趨下，末僂後耳，面如蒙共，手垂過膝，耳垂珠庭，眉十二采，目六十四理，立如鳳崎，坐如龍蹲，手握天文，足履度宇，望之如林，就之如升腰大十圍，胸應矩，舌理七重，鈞文在掌。胸文曰：『製作定世符運。』」東漢的王充在《論衡》裡說「黃帝龍顏，顓頊戴午，帝嚳駢齒，堯眉八采，舜目重瞳，禹耳三漏，湯臂再肘，文王四乳，武王望陽，周公背僂，皋陶馬口，孔子反羽」，意思是黃帝長得像龍，顓頊的頭上長角，嚳的牙齒連成一片，堯的眉毛有八種顏色，舜的眼睛有雙瞳，禹的耳朵有三個孔，湯的胳膊上有兩肘，周文王有四個乳房，周武王眼高可以看見頭頂上的太陽，周公旦駝背，皋陶的嘴像馬，孔子圩頂（頭頂中間低四周高）。其他如《孝經鉤命訣》、《孝經援神契》、《白虎通》、《荀子》等都有類似描述。

這種對孔子相貌的描繪自然有誇張成分，近代史學家顧頡剛先生在《春秋時代的孔子和漢代的孔子》一文中就澄清了這個事實：「到了漢朝，真是鬧得不成樣子了。我們只要把緯書翻出一看，真是笑歪了嘴。他們說，孔子身長九尺六寸，人皆稱他為長人……」孔子「長九尺有六寸」大概是漢初一些儒生們臆想的「傑作」。司馬遷撰《孔子世家》，卻還是採信了「身長九尺六寸」之說。於是，緯書裡的臆想之語就成了史籍中的正式記載。

在孔子的老家孔府中，有一份檔案描述了孔子的形象，還說到了孔子的腰圍：「先聖身長九尺六寸，腰大十圍。」所謂「圍」，《辭海》如是解釋：「計量圓周的約略單位，即兩手的拇指和食指合攏的長度。亦指兩臂合抱的長度。」按照這種標準，「十圍」是三公尺了。這顯然是不可能的。

根據《孔子家語》的記載：孔子到鄭國時，與弟子們失散而獨自站立在東邊的城門外。這時弟子們急忙尋找老師，附近的人們瞧見這些年輕人似乎正在找人，便上前對其中的子貢說：「我剛才在東門外看見一個人，身高大約是九尺六寸（這是古代計量身高的單位）。濃眉大眼，額頭寬寬大大的。他的頭看起來有點像堯，脖子像皋陶，肩膀倒有點像子產，可是腰部以下卻像大禹，只是似乎比較矮了一點。他的樣子看起來似乎很狼狽，像條喪家之犬呢！」於是，子貢便帶領其他的弟子，在東門找到了孔子。並把鄭國人對他的描述告訴孔子，孔子笑著說：「一個人的長相如何那不是十分重要的。但說我像條失去主人家的狗，倒是蠻貼切的啊！」孔子周遊列國想要施展抱負的過程並不順利，此時匆忙的行程中又與弟子們失散，所以神情看起來十分失意。這裡說孔子像喪家之犬，孔子非但不生氣，反倒欣然接受，可見孔子的幽默。而從鄭國人對孔子的描述，我們可以想像孔子的相貌確實不凡，因為堯、禹和皋陶都是古代的聖王、賢臣，而子產更是鄭國了不起的政治家（《論語》中便有對子產的稱讚之語），說孔子長得像他們，可見孔子應該是很有聖人氣象的。

孔子形象的變化也表現在畫像中，目前已知最早的孔子形象是武梁祠東漢畫像石刻中的《孔子見老子圖》。漢畫像石中所出現的孔子，多半是一位學者形象。而流傳最為廣泛的版本，是唐朝吳道子所繪的《孔子行教像》。這幅畫中的孔子寬衣博帶，不著官服，拱手站立，面目慈祥。傳顧愷之所畫的《孔子為魯司寇像》中，孔子著官服、戴官帽，一副官員氣派，體現了孔子較高的政治地位，但也是面容和藹，一副「為政以德」之態。自宋元以後，孔子相繼被謚為「至聖文宣王」、「大成至聖文宣王」，其服飾便由公侯制進到帝王制。

雖然我們在不斷探討孔子的相貌，但據歷史記載，孔子卻不重視一個人的外表長相，從《論語》中來看，孔子比較重視的，應該是一個人內在的品德修養。孔子真實長相雖然早已不可考，但他所創立的儒家思想卻永遠深植人心。

屈原自沉汨羅江有何難言之隱？

關於屈原自沉汨羅江的原因，歷來有諸多說法，卻都相差甚遠，恐怕是因所選擇的分析角度不同所致……

屈原是中國最偉大的浪漫主義詩人之一，也是我國已知最早的著名詩人和偉大的政治家。他在《詩經》的基礎上，對楚國的民歌加以改進，創立了「楚辭」這種詩歌文體，也開創了「香草美人」的傳統。《離騷》、《九章》、《九歌》、《天問》是屈原最主要的代表作。

早年屈原曾受楚懷王信任，任左徒、三閭大夫，常與懷王商議國事，參與法律的制定，主張彰明法度，舉賢任能，改革政治，聯齊抗秦。同時主持外交事務，主張楚國與齊國聯合，共同抗衡秦國。在屈原的努力下，楚國國力有所增強。但由於自身性格耿直，加之他人讒言與排擠，屈原逐漸被楚懷王疏遠。周赧王十年（公元前三〇五年），屈原反對楚懷王與秦國訂立黃棘之盟，但是楚國還是徹底投入秦國的懷抱，使得屈原被楚懷王逐出郢都，流放到漢北。流放期間，屈原感到心中鬱悶，開始文學創作。他的作品文字華麗，想像奇特，比喻新奇，內涵深刻，洋溢著對楚地楚風的眷戀和為民報國的熱情，成為中國詩歌文學的起源之一。周赧王三十七年（西元前二七八年），秦國大將白起揮兵南下，攻破了郢都，屈原在絕望和悲憤之下，懷大石投汨羅江而死。傳說當地百姓投下粽子餵魚以防止屈原遺體被魚所食，後來逐漸形成一種紀念儀式。以後每年的農曆五月初五為端午節，人們吃粽子、划龍舟，以紀念這位偉大的愛國詩人。

關於屈原自沉汨羅江的原因，歷來有諸多說法，卻都相差甚遠，恐怕是因所選擇的分析角度不同所致，總括起來看，主要有以下幾種：

第一種說法是以身殉國。這一種說法，以清代學者王夫之和現代歷史學家郭沫若為代表。他們認為屈原是楚國的貴族。先秦採用分封采邑制，周天子是天下共主，有血緣關係的親戚就親疏有別地分封到不同地方當諸侯，諸侯又按照同樣的方式把國家分給不同的大夫。楚國和其他諸侯國有點不同，國君和周天子並沒有直接的血緣關係，所以在其他諸侯只能稱「公」、「侯」時，楚國國君就能自稱為只有周天子才能使用的「王」的稱號。楚國的君臣同樣有這種關係，屈原和楚王同姓，所以他對楚王和楚國，不僅有一份大臣對國家的忠誠，也有一份難以割斷的血脈親情。王夫之在《楚辭通釋》中認為，屈原之所以寫下著名的詩章《哀郢》，是由於哀歎郢都的陷落，宗廟社稷成為荒丘廢墟，人民流離失所，楚頃襄王不能拼死抵抗秦軍，楚國滅亡指日可待。據此，現代的屈賦研究者大都認為，屈原投江是因秦軍攻破楚國都城，屈原不忍親眼看見國家滅亡，故而投江殉國。郭沫若在《屈原考》中寫道：「就在郢都被攻破的那一年，屈原寫了一篇《哀郢》……他看不得國破家亡，百姓顛沛流離的苦狀，才悲憤自殺的。」他在《偉大的愛國詩人——屈原》中寫道：「屈原的自殺，事實上是殉國難。」

第二種說法是屈原以死諫楚王。持此說的人認為屈原看到楚國「黨人」橫行，百姓看不到希望，朝中沒有忠良之臣，國家沒有抵禦外敵的力量，楚國將面臨亡國大禍。滿懷救國大志的屈原卻遭讒言而被流放，報國無門的他沒辦法身諫楚王，哀歎報國之志無法實現。絕望的屈原決心以死來震醒昏君。屈原在《離騷》篇末有「吾將從彭咸之居」。彭咸是殷朝有名的賢士大夫，他曾忠心勸諫國君，遭到漠視，最後憤然投水而死。由此看來，屈原之死是「屍諫」，是向彭咸學習而來的。

最近，有人對屈原的死提出了新的看法，那就是屈原並非死於自殺，而是被謀殺。屈原是一個具有浪漫主義理想的詩人，他寫過大量的情詩，其中《湘夫人》是其中之一。研究這篇文章，我們透過屈原謙卑的態度判斷，「湘夫人」擁有很高的地位，而且超過了屈原本人，很可能是一個王室成員；「湘夫人」有著驚人的美貌，是一位已經出嫁的、受道德禮教制約的女人，她不能與屈原公開見面，而只能跑到荒郊野外與其祕密幽會。而標題「湘夫人」中的「湘」代表楚國，「夫人」就是妻子。對照王宮裡的所有有身分的女人，符合「湘夫人」這四個特徵的只有楚懷王的寵妃鄭袖。

屈原與楚懷王寵妃的曖昧關係被楚懷王知道後，促使他以政治名義放逐屈原，使他再也無法與鄭袖見面。周赧王十九年（西元前二九六年），楚懷王在秦國病逝，秦國把遺體送還了楚國，「楚人皆憐之，如悲親戚」。楚人正式立太子為王，是為頃襄王。耐人尋味的是，心灰意冷的屈原聞聽此訊後卻禁不住的歡欣鼓舞、欣喜若狂。因為屈原相信他的老情人「湘夫人」會想盡辦法說服頃襄王，讓他重返京城，再握權柄。但是他沒有想到的是，為防止屈原與鄭袖的關係舊情復燃，楚國王室遵照楚懷王的遺命，派人對屈原進行了捕殺。追殺事件的發生地就是今天的汨羅江，兵士們最終在江邊抓住了屈原，將他刺殺後裝進袋子，捆緊了之後綁上石塊投入江心，演出了一幕殘酷的歷史悲劇。

而流傳至今的賽龍舟和包粽子是不是也在暗示當時的追殺情景呢？用賽龍舟隱喻當時追殺屈原的激烈場面；用包粽子來隱喻屈原被投入江中的悲慘事實——糯米飯象徵著屈原的肉體，粽葉象徵著裝他的袋子，粽絲象徵著捆紮他的繩索；而把粽子投入水裡，則象徵著屈原被人謀殺的真相。

當然屈原死於謀殺這一說法並沒有切實的依據，只是一種猜測，但是誰又能說這種猜測完全不可能是歷史的事實呢？

勾踐「臥薪嘗膽」是真是假？

越王勾踐是否曾經臥薪嘗膽，眾說紛紜。難道這個流傳千古的帝王發憤圖強的典故，竟然是欲蓋彌彰的彌天大謊？

眾所周知，在春秋時期的吳越爭霸中曾有這樣一個故事，越國在一次戰爭中被吳國打敗，越王勾踐被吳軍圍困於會稽山上，不得不向吳王夫差屈辱求和。從此，越國臣屬於吳，受到吳國的控制，越王勾踐還到吳國宮廷中服了三年的勞役，過著奴隸般的生活。勾踐被吳王赦免歸國以後，力圖報仇雪恥。為了不忘亡國的痛楚，激勵自己的鬥志，他在屋中吊了一個苦膽，出來進去、起立坐下、吃飯睡覺時，都要嘗一嘗苦膽的味道；他疲倦了要休息時，不用床鋪，不墊被褥，而是把硬柴堆起來睡在上面，使自己的筋骨感到疼痛。經過這樣十多年的磨煉，再加上各項措施得力，越國終於滅了吳國。這就是「臥薪嘗膽」的故事。然而，關於越王勾踐是否真的曾經臥薪嘗膽，在史學界卻是眾說紛紜。

在浩繁的歷史典籍中，《左傳》和《國語》是現存最早記載吳越爭霸和勾踐事蹟的歷史典籍，而且距當時的歷史較近，其中記載的史實也較為可信，因而具有較高的參考價值。但在這兩本史籍中，都沒有講到越王勾踐臥薪嘗膽的行為，西漢時期的史學家司馬遷在《史記・越王勾踐世家》中有這麼一段話：「吳既赦越，越王勾踐返國，乃苦身焦思，置膽於坐，坐臥即仰膽，飲食亦嘗膽也。」司馬遷的話是非常明確的，勾踐確實有「嘗膽」的行為。但「臥薪」呢？司馬遷筆下的「苦身」是不是指的就是「臥薪」呢？司馬遷並沒有給出更為詳細的交代。東漢時期，袁康、吳平作《越絕書》，趙曄作《吳越春秋》，這兩本書雖然是專門記錄關於春秋時期吳越兩國的歷史，但它們卻只是以先秦歷史為基礎，又加上了小說家們的荒誕想像。《越絕書》中臥薪、嘗膽都未提及；《吳越春秋》中的《勾踐歸國外傳》，也僅說越王勾踐「懸膽在戶外，出入品嘗，不絕於口」，根本沒有臥薪之事。由此看來，在西漢的《史記》中最早出現了越王嘗膽一事；而在東漢時期的史料中卻還沒有出現臥薪之事。

蘇軾在《擬孫權答曹操書》中第一次把臥薪、嘗膽這兩個詞連在一起用。但蘇軾起草這封信時帶有很強的遊戲性，信中的內容與勾踐無關，而是設想孫權在三國平分天下時曾「坐薪嘗膽」。到南宋時期，呂祖謙在《左氏傳說》中，曾談及吳王夫差有「坐薪嘗膽」之事。明朝張溥在《春秋列國論》中又說：「夫差即位，臥薪嘗膽。」以後，馬驌在《左傳事緯》和《繹史》兩書中，都把臥薪嘗膽說成吳王夫差的事情。與此同時，南宋的真德秀在《戊辰四月上殿奏劄》、黃震在《古今紀要》和《黃氏日抄》兩書中，又說越王勾踐曾臥薪嘗膽。到明朝末年，梁辰魚寫傳奇劇本《浣紗記》，渲染了越王勾踐的臥薪、嘗膽二事。清朝初年，吳乘權編了一本簡易通俗的史書《綱鑒易知錄》，書中寫道：「勾踐反國，乃苦身焦思，臥薪嘗膽。」不久，又刊刻了明末作家馮夢龍寫的歷史小說《東周列國志》，書中也多次提到勾踐曾臥薪和嘗膽。這樣一來，越王勾踐臥薪嘗膽的故事，也就愈傳愈廣了。

有些學者認為勾踐臥薪嘗膽是歷史事實，據東漢時期的史籍《吳越春秋》記載：「（越王勾踐）

苦身焦思，夜以繼日，用蓼攻之以目臥。」蓼是一種很苦的菜。這樣，《勾踐歸國外傳》中的話，意思就十分明顯了：那時勾踐冥思苦慮，日夜操勞，眼睛十分疲倦，就想睡覺，即「目臥」，但他用「蓼薪」來刺激自己，以便能夠忍耐克服，避免睡覺。「臥薪」、「嘗膽」分別是讓視覺和味覺感到苦。由此可知，後人把「臥薪」說成是在硬柴上睡覺，是曲解了《吳越春秋》的意思，因為「臥薪」是眼睛遭受折磨而不是身體遭受折磨。這種說法的結論是：儘管後人誤解了這個詞語的意思，但勾踐確實有過「臥薪嘗膽」的行為。這似乎與司馬遷筆下的「苦身」之間存在若干聯繫。而關於勾踐「臥薪」之說，卻是今人誤解了古人的記載，這裡的「臥薪」並不是指躺在硬柴上睡覺，而是用蓼草刺激自己的眼睛，使自己不至於犯睏睡著，從這個意義上來說，「臥薪」也是存在的。

勾踐有無臥薪嘗膽，要做出精確的考證已經相當困難了，也許這並不重要，但勾踐堅忍不拔的精神才是我們中華民族在幾千年的發展史上寶貴的精神財富，值得每一個人學習。

美女西施死後香魂歸向何方？

當吳王遇難、勾踐稱霸之時，西施卻神祕地消失了。西施究竟到哪裡去了？這個問題成了千古之謎。

浣紗女西施，是眾所周知的我國古代四大美女之一。相傳西施姓施，名夷光，春秋末期越國苧蘿（今浙江諸暨南）人。「閉月羞花之貌，沉魚落雁之容」中的「沉魚」，講的是西施浣紗的經典傳說。西施與王昭君、貂蟬、楊玉環並稱為中國古代四大美女，其中西施居首。自東漢初年《越絕書》和《吳越春秋》問世以來，范蠡訪西施於苧蘿村、獻西施於吳王夫差，以及勾踐亡吳後與西施浪跡江湖的浪漫傳說，流行了近兩千年。

那麼，吳越戰爭結束後，西施真的與范蠡有情人終成眷屬了嗎？

對此，民間流行的說法是：當姑蘇城破，吳國滅亡之時，西施的戀人范蠡匆匆來到吳宮，把西施領出，從水道進入雲霧濛濛的太湖。後來兩人結為夫婦，離開政治鬥爭的旋渦，遠走高飛，范蠡化名陶朱公，以其雄才大略，經商致富，過著極盡人間奢華的生活，福壽雙全而終。這種大團圓的結局最早見於東漢袁康、吳平的《越絕書》。書中記載說，「吳亡後，西施復歸范蠡，同泛五湖而去」唐代詩人杜牧在其所作《杜娘詩》中這樣寫道：「西子下姑蘇，一舸逐鴟夷。」（這裡的「鴟夷」代指范蠡，《史記・越王勾踐世家》有關於范蠡這樣的記載：「浮海出齊，變姓名，自謂鴟夷子皮。」）而明代胡應麟的《少室山房筆叢》也有類似說法，認為西施原是范蠡的情人或妻子，吳國覆亡後，范蠡帶著西施隱居起來。明代陳耀文的《正楊》卷二《西施》也引用《越絕書》，認為西施跟隨范蠡隱居。明代的戲曲作家梁辰魚在頗具影響的《浣紗記》中也說：「范蠡和西施早已定情。吳亡後，立下了汗馬功勞的范蠡卻認為越王是可共患難，不可共富貴的人，於是急流勇退，在一個風清月白的夜晚，帶著西施，駕著一葉扁舟，泛五湖而去。」宋代詩人張堯同詩云：「少伯曾居此，螺紋吐彩絲，一奩秋鏡好，猶可照西施。」清人朱彝尊也寫過這麼一首詩：「落花三月葬西施，寂寞城隅范蠡祠。水低盡傳螺五色，湖邊空掛網千絲。」這兩首詩說的都是范蠡和西施歸隱五湖後，每天早上，西施對著青銅鏡梳妝，隨手將脂粉水倒入湖中，以致湖中螺呈五色。

但也有人認為這種大團圓的結局只是人們的幻想，歷史上西施的真正結局是沉江而死。《墨子・親士》就記載說：「比干之殪，其抗也；孟賁之死，其勇也；西施之沉，其美也；吳起之裂，其事也。」這句話把西施被沉於水中解釋為因為她的美麗。

明代楊慎《太史升庵全集》卷六十八《范蠡西施》錄《修文御覽》所引《吳越春秋・逸篇》之文亦云：「吳王敗，越浮西施於江，令隨鴟夷以終。」這裡的「浮」字也是「沉」的意思。而「鴟夷」本指夏商時青銅所制的鳥形盛酒容器。到了春秋戰國時期，多用皮革製成袋囊以盛酒，但仍稱之為「鴟夷」。清人黎士宏《仁恕堂筆記》中記載：「秦鞏間人，割牛羊去其首，剜肉空中為皮袋，大者受一石，小者受二三斗，俗曰混沌，即古之鴟夷。」所以鴟夷的意思就是用一整張牛羊皮做的皮袋。「沉水說」理解「越浮西施於江，令隨鴟夷而終」的意思是：吳國滅亡後，越王把西施裝在皮袋裡沉到江裡去了。並繼續引證《吳越春秋・夫差內傳》裡面的記載：「吳王乃取子胥屍，盛以鴟夷之器，投之於江中。」這段話中的「鴟夷」是伍子胥的代稱，伍子胥死後，被裝在鴟夷之器裡投江。照此理解，延伸出西施是被越王獻給吳王的，吳亡後，越王把西施沉江，隨伍子胥去了，而不是隨范蠡泛舟五湖。

那麼，為越國戰勝吳國做出巨大貢獻的西施為什麼被沉江呢？

一種說法是越王妻子吃醋所為。吳越之爭結束後，越王與西施形影不離。勾踐夫人是一個陰險心狠的女人，眼看勾踐沉迷在西施的嬌媚之中，暗暗咬牙，非置之於死地不可。但勾踐與西施形影不離，無法下手。一天，船隊渡江南歸，途中，勾踐夫人對勾踐說：「敵國臣民，正在大江南岸跪迎大王，大王應受臣民歡迎，以示王禮。」勾踐本來對夫人比較畏懼，現又以大義相請，於是應聲而出艙。這時，勾踐夫人將西施騙至船尾，命力士將她綁縛於大石之上，沉入江底。當勾踐發覺後，回艙詢問，勾踐夫人理直氣壯、色厲辭嚴：「此亡國之物，留之何為？」絕代佳人就此香消玉殞，魂斷於江波浪濤之中。

還有一種說法是勾踐將西施溺死。《吳越春秋》記載，越王「乃使相者國中得蘿山鬻薪之女，曰西施、鄭旦，飾以羅，教以容步，習於王城，臨於都巷，三年學服而獻於吳」，西施在宮中三年學習期間，與范蠡產生了感情。越王勾踐顯然也被西施的美貌打動，但他為了成就自己的偉業，只能將西施獻與吳王。為了使西施死心塌地地替他完成使命，勾踐和范蠡約定：滅吳之後，將西施賜予范蠡，不僅可成全二人的一番相戀，同時也穩住了西施的心，才能身在吳宮，心存越國。但是滅吳之後，陰險的勾踐變了卦。他不會讓自己心愛的女人落到別人的手中，於是下令將西施鴟夷沉江。

當然也有西施是不慎落水而亡的說法，這幾種說法儘管存在分歧，但都認為西施是溺水而死的。現在沿海的泥沙中有一種似人舌的文蜊，大家都說這是西施的舌頭，所以稱它為「西施舌」。西施為了越國的勝利做出了巨大貢獻，卻又在越國勝利之後不知所終，真是可悲可歎。

韓非為何被喜歡他的秦王殺死？

秦王嬴政讀了韓非的文章，極為讚賞。但是韓非到秦國之後，並沒有被秦王重用，反而被投進牢獄，不久就被處死。

韓非，戰國時韓國人，為韓國公子（即國君宗族）。是中國古代著名的哲學家、思想家、政論家和散文家，法家思想的集大成者，後世稱「韓子」或「韓非子」。韓非口吃，不善言談，而善於著述。韓非與李斯同是荀卿的學生，他博學多能，才學超人，思維敏捷，李斯自認為不如。韓非寫起文章來氣勢逼人，堪稱當時的大手筆。凡是讀過他的文章的人，幾乎沒有不佩服他的才學的。他的著作很多，主要收集在《韓非子》一書中。秦王嬴政讀了韓非的文章，極為讚賞。他對左右說：「寡人得見此人與之遊，死不恨矣。」大有相見恨晚之意。但是韓非到秦國之後，並沒有如秦王所言那樣，反而被投進牢獄，不久就被處死。韓非究竟為什麼被欣賞自己的秦王處死呢？

最流行的說法是韓非死於李斯的讒言。據《史記・老子韓非列傳》記載：秦王得到韓非後很高興，但還是沒有重用他，秦國大臣李斯和姚賈出於對韓非才情的嫉妒，就在秦王面前詆毀韓非，那個秦王就像歷史上的所有暴君一樣，只做正確的事和不正確的事，在韓非的問題上，卻恰恰做了不正確的事：他下令將韓非關進監獄。不久，滿腹經綸的韓非在獄中服毒自殺，而送給他毒藥的正是李斯。此外《史記・秦始皇本紀》也記載「韓非使秦，秦用李斯謀，留非，非死雲陽」。按司馬遷的意思，韓非是死於李斯的嫉妒陷害。

但是有人卻對這種觀點抱持懷疑態度，理由是當秦王讀到韓非的文章後，認為「得見此人與之遊，死不恨矣」時，向他推薦韓非的正是他的同門李斯，如果李斯有妒賢嫉能之心，又何必多此一舉？另外，韓非被囚禁進而被殺，不是在秦王重用他時，而是在還未任用的情況下發生，根據當時的情形，韓非並未對李斯構成任何威脅，根本談不上什麼嫉妒他的才學。李斯在秦二世繼位之後，甚至被投放監獄的時候，還多次引用「韓非子言」，勸二世實行韓非之術，這足以證明李斯對韓非一直是敬重的，因此暗害之說是站不住腳的。

除此之外，西漢劉向在《戰國策》中說：楚、燕、代等國想聯合起來對付秦國，秦王與大臣商議，姚賈自願出使四國，姚賈的出使瓦解了四國的聯合行動，回秦後得到重賞。韓非對此頗為不滿，就到秦王面前說姚賈的壞話。一開始攻擊姚賈用秦國財寶賄賂四國君王，是「以王之權，國之宜，外自交於諸侯」；接著又揭姚賈的老底，說他是「世監門子，梁之大盜，趙之逐臣」，認為重賞這種人是不利於「厲群臣」的。秦王召姚賈質問，姚賈對答如流。說以財寶賄賂四君是為秦的利益考慮，如果是「自交」，他又何必回秦國？對自己的出身他也毫不隱諱，並列舉姜太公、管仲、百里奚等名人為例，說明一個人的出身低賤和名聲不好並不礙於效忠「明主」。他勸秦王不要聽信讒言，於是秦王以為韓非出於一己之利詆毀姚賈，遂下令誅殺了韓非。按照這種說法，韓非似乎又是咎由自取，因為妒忌別人而最終害了自己。

但也有人指出這一觀點的缺陷。第一，《戰國策》這部書相當龐雜，雖然經過劉向校錄，但仍然錯誤百出。而司馬遷對於史料的鑒別相當認真和慎重，他在《史記》中採用了《戰國策》的材料十幾處，但是唯獨沒用《秦策》「四國合一」的內容，可見這一段的真實性值得懷疑。第二，韓非「為人口吃，不能說道」，在韓國時，他只是「數以書諫韓王」，為何到了秦國後能一反常態，在秦王嬴政面前唇槍舌劍起來？所以韓非之死咎由自取的觀點並不可靠。

《史記》之中，另有幾篇，也寫到過韓非之死，如《秦始皇本紀》、《六國年表》和《韓世家》，但都是蜻蜓點水，片言隻語，不足以構成一種完整的說法，最多只能說明，韓非的確是死於秦人之手。韓非的死因，因此陷於撲朔迷離之中。究竟是無辜受害？還是咎由自取？抑或還有別的原因？只能等待進一步的考證了。

荊軻刺秦王的歷史與真相究竟如何？

一些史學家根據相關記載認為，荊軻根本就不是我們想像中的擅長打鬥的武士，他並不具備做刺客的能力和本領。

據《史記・刺客列傳》記載：荊軻本是衛國人，其先人乃是齊國人，後來秦滅衛國，他逃亡到了燕國。在燕國，荊軻不被當政者重用，整日在市井放歌縱酒，酒醉之後往往與好友高漸離等相對而泣，旁若無人。荊軻「好讀書擊劍」，「雖遊於酒人乎，然其為人沈（同「沉」）深好書」。後來燕太子丹找人行刺嬴政，首先找到田光，田光因年老力衰，故而推薦了他門下的荊軻。荊軻起初推辭過，但燕太子將他尊為上卿，給予他極為優厚的禮遇。荊軻本打算再等一個能助其一臂之力的朋友共赴秦國，但因燕太子催之甚急，荊軻只得帶領秦舞陽離燕赴秦，慨然踐諾。

荊軻出發前，做了三項周密準備：由勇士秦舞陽陪同荊軻行刺；帶上秦王一直想殺死的樊姓仇人的人頭；再拿上燕國打算要獻給秦王的最肥沃的燕地督亢地區地圖。這後兩項準備，當然是為了取信秦王的安排，那卷地圖更有特別功用，裡面藏著刺殺秦王時用的淬過了烈性毒藥的鋒利匕首。秦王見荊軻帶著仇人的人頭，又聽說燕國欲獻大片土地，興奮不已打開地圖，地圖全部展開時匕首出現了。荊軻一個箭步跑過去，拿起匕首又拉住秦王，但秦王推倒桌几，掙脫而逃，衣袖都撕斷了，圍柱追逐一番之後，秦王才醒悟過來，抽劍砍傷荊軻，眾大臣侍衛隨後用亂刀將荊軻殺死。

「荊軻刺秦王」這個中國老百姓耳熟能詳的故事，將荊軻塑造成了一個具有大俠膽識，又渾身充滿正義感的英雄。那麼，荊軻是為了什麼去刺殺秦王呢？真實的荊軻真的是一個武功高強的英雄嗎？

據《史記》所載，燕太子丹當時是這樣囑咐荊軻的：「得劫秦王，使悉反諸侯之地……則大善矣。則不可，因而刺殺之。」這就是說，至少燕太子丹起初是想生擒秦王嬴政，脅迫他退還已侵占的諸侯國領土，如果這一步能取得成功，他們未必想害嬴政的性命，倘若嬴政不肯，他們才準備殺掉他。

關於荊軻其人，《史記・刺客列傳》記載：「荊軻……好讀書擊劍，以術說衛元君，衛元君不用。」「荊軻嘗與蓋聶論劍，蓋聶怒而目之。荊軻出，人或言復召荊卿。蓋聶曰：『曩者吾與論劍有不稱者，吾目之；試往，是宜去，不敢留。』使使往之主人，荊卿則已駕而去榆次矣。使者還報，蓋聶曰：『固去也，吾曩者目攝之！』」「荊軻游於邯鄲，魯句踐與荊軻博，爭道，魯句踐怒而叱之，荊軻嘿而逃去，遂不復會。」「荊軻既至燕，愛燕之狗屠及善擊筑者高漸離。荊軻嗜酒，日與狗屠及高漸離飲於燕市，酒酣以往，高漸離擊筑，荊軻和而歌於市中，相樂也，已而相泣，旁若無人者。荊軻雖遊於酒人乎，然其為人沈深好書；其所游諸侯，盡與其賢豪長者相結。其之燕，燕之處士田光先生亦善待之，知其非庸人也。」

這些記載的意思是：一、荊軻最初曾想投靠衛元君，但是衛元君並不重用他。二、與蓋聶討論劍法，言不及意不知所謂，蓋聶瞪目鄙視，荊軻離走。三、與魯句踐切磋，魯句踐怒罵他，荊軻不吭聲，走後再也沒有回去。最後荊軻流落到了燕國，受到田光的優待。

《史記》還記載：「荊軻遂見太子，言田光已死，致光之言。太子再拜而跪，膝行流涕……久之，荊軻曰：『此國之大事也，臣駑下，恐不足任使。』太子前頓首，固請毋讓，然後許諾。」「久之，荊軻未有行意。秦將王翦破趙，虜趙王，盡收入其地，進兵北略地至燕南界。太子丹恐懼，乃請荊軻曰：『秦兵旦暮渡易水，則雖欲長侍足下，豈可得哉！』荊軻曰：『微太子言，臣原謁之。今行而毋信，則秦未可親也。夫樊將軍，秦王購之金千斤，邑萬家。誠得樊將軍首與燕督亢之地圖，奉獻秦王，秦王必說見臣，臣乃得有以報。』」

這段的意思是：知名隱士田光雖以命相薦荊軻於太子，但荊軻卻再三推辭，不敢受命。太子再三磕頭，事已至此，卻之不恭，荊軻最後只得先勉強應承下來。荊軻答應了太子後，久久沒有行動，太子丹在秦軍的攻勢下敦促荊軻立即行動，荊軻提出了自己的要求。

關於荊軻在出發前的情況，《史記》記載說：「乃令秦舞陽為副。荊軻有所待，欲與俱；其人居遠未來，而為治行。頃之，未發，太子遲之，疑其改悔，乃復請曰：『日已盡矣，荊卿豈有意哉？丹請得先遣秦舞陽。』荊軻怒，叱太子曰：『何太子之遣？往而不返者，豎子也！且提一匕首入不測之秦，僕所以留者，待吾客與俱。今太子遲之，請辭決矣！』遂發。」這段記載說明樊將軍的腦袋和燕國地圖都備齊了後，荊軻仍然沒有動身的意思，仍然還要等一個遠方趕來的搭檔。在太子丹的激將法之下，才終於有所行動。

一些人從以上記載以及《戰國策・燕策》中的相關記載綜合分析認為，荊軻根本就不是我們想像中的擅長打鬥的武士。他並不具備做刺客的能力和本領。事實上，荊軻應該更是一個戰國時期常見的縱橫之士，他喜歡讀書，善於遊說，有一定的學問，可以說他是個俠士，但他不是一個武夫。這就是為什麼荊軻開始婉拒太子丹讓他刺秦的要求，後來又一拖再拖。他是在等一個真正的刺客，一個有能力行刺的武士。但是太子丹不容許他再等下去了，所以他只好和秦舞陽一起去，而秦舞陽只是一個在市井中殺人的小角色，到了秦王大殿裡自然嚇得臉色大變。於是荊軻只得自己來扮演這個他並不願意扮演的角色，最後死於秦宮。

第2章

巍巍秦漢

大一統時代帝國風雲

秦始皇為什麼鑄造十二個銅人？

秦滅六國以後，下令收繳天下兵器，鑄成十二個重千石的銅人，立於咸陽阿房宮前，因為銅是黃色的，所以又稱作「金人」。

秦王政二十六年（西元前二二一年），秦國軍隊向東攻齊，齊國土崩瓦解，這樣，中國歷史結束了長期的分裂、割據局面，出現了統一的、專制的中央集權的秦王朝。秦滅六國以後，除了在原來政權機構的基礎上調整和完善統一了中央集權的國家機制，建立一套從中央到地方的、嚴密的統治機構和官僚制度外，還採取了一系列其他措施，其中有一條就是下令收繳天下兵器，鑄成十二個重千石的銅人，立於咸陽。

這十二個大銅人，屹立於秦都咸陽宮殿前，因為銅是黃色的，所以又稱作「金人」。它們身著外族服裝，每個都非常巨大和沉重，個個耀武揚威，精神抖擻，英勇無比，日夜守護著秦王宮殿。銅人造型之大，製作之精巧考究，為歷史上所罕見。在這方面，有很多歷史書籍記載。據《三輔黃圖》載：「營朝宮於渭南上林苑中」；「可受十萬人。車行酒，騎行炙，千人唱，萬人和，銷鋒鏑以為盎人十二，立於宮門。」又據史書記載，銅人背後銘刻著李斯篆、蒙恬書的「皇帝二十六年初兼天下，改諸侯為郡縣，一法律，同度量」等字樣。《史記・秦始皇本紀》也記載：「二十六年……收天下兵，聚之咸陽，銷以為鐘，金人十二，各重千石，置遷宮中。」賈誼的《過秦論》

也有「收天下之兵聚之咸陽，銷鋒鏑鑄以為金人十二，以弱黔首之民」的紀錄。

秦代一石約折合現今三十七．五公斤，以此推算，十二個大銅人就重達四十五萬公斤。秦始皇為什麼要鑄造十二個如此巨大的銅人？圍繞這個問題，存在這幾種主要說法。

有人認為秦始皇在統一全國後，始終在憂慮和思考著如何長治久安、使江山傳之萬世的問題。而要坐穩天下、江山永固，首先要解決的一個問題，就是應該收繳和銷毀流散在民間的各種兵器。應該說，秦始皇收兵器造銅人，完全是出於政治上安定的考慮。

也有人認為秦始皇鑄造銅人是出於迷信，是為了「祥瑞」。秦始皇相當迷信，曾封泰山，禪梁父，訪神州，求仙人，輕信方士之言，竭力搜尋長生之藥。《漢書．五行志》也記載：「秦始皇帝二十六年，有大人長五丈，足履六尺，皆夷狄服，凡十二人，見於臨洮。天戒若曰，勿大為夷狄之行，將受其禍。是歲始皇初并六國，反喜以為瑞，銷天下兵器，作金人十二以象之。」這種說法有一定依據，但也有疑點，那就是秦始皇完全可以徵集天下一般銅料作為鑄造的原料，何必非要下令收繳天下的兵器呢？

還有一部分學者認為，秦始皇銷毀兵器、鑄造銅人，是表明今後不再將銅兵器作為主要作戰武器。但是，這種說法同樣也有疑點，那就是雖然鐵製兵器始於秦始皇之前，但到漢代才普遍化。秦始皇統一天下時，便決然把青銅武器廢除不用，使百萬軍隊全部換上鐵製武器，以當時的製鐵水準來說，是不可能的事情。

最讓人信服的說法是秦始皇這一舉措的目的，有兩方面：一方面是為了誇耀武功、粉飾太平；另一方面是為了防止人民反抗。實際上，秦統一後，曾採取不少措施防止人民反抗，而收繳天下兵器的做法，也是有先例的。《左傳・襄公十九年》載，春秋時期魯國的季武子曾經「以所得於齊之兵，作林鐘，而銘魯功焉」。秦始皇鑄銅人只是做得更為徹底，把民間的兵器也收繳了。根據《史記・秦始皇本紀》記載，秦統一後，秦始皇接受李斯的建議，不封國置王，說：「天下共苦戰鬥不休，以有侯王。賴宗廟，天下初定，又復立國，是樹兵也，而求其寧息，豈不難哉！」於是「收天下兵，聚之咸陽，銷以為鐘，金人十二，各重千石，置遷宮中。一法度衡石丈尺。車同軌。書同文字」。這裡把「收天下兵」與「求其寧息」聯繫在一起，可以看出，秦始皇的意圖是為了太平無事。他宣布「大酺」，舉國同慶這一偉大勝利，表現出好大喜功的情緒，而銅人、鐘也是象徵吉祥、天下太平的意思。此外，秦始皇巡遊各地的刻辭，也都是誇耀武功、粉飾太平之語。

令人遺憾的是，今天我們已經看不到這十二個銅人的蹤影了。那麼，它們究竟到哪裡去了呢？目前，關於金人的下落問題存在著三種猜測：有人認為，當初楚霸王項羽在攻克秦都咸陽後，曾經火燒阿房宮。在火燒阿房宮時，連同象徵秦王朝永固的這十二個金人也一起燒毀了。這種說法始於元明時期，證據並不充分。

還有一些歷史學者指出，這十二個金人毀在董卓和苻堅的手上。據《後漢書》和《三國志》記載：漢獻帝初平元年（西元一九〇年），董卓「壞五銖錢，更鑄小錢，悉取洛陽及長安銅人、鐘、飛廉、銅馬之屬以充鑄焉」。晉人潘嶽《關中記》：「董卓壞銅人，餘二枚徙清門裡。」也就是董卓將其中的十個銅人銷毀，並鑄成銅錢，而剩下的兩個被他下令遷到長安城清門裡。到三國時期，魏明帝曹叡下令把這兩個銅人運到洛陽。當成百上千的工匠們運到霸城時，由於金人的重量太沉，不得不放棄了這個巨大的工程，於是就停止了搬運。到了東晉十六國時，後趙的石季龍又把這兩個金人運到了鄴城。後來前秦苻堅統一北方，他又把這兩個金人從鄴城運回長安銷毀。至那時，存在於世間約六百年的十二個金人就全部被銷毀了。

還有一種比較樂觀的看法，那就是十二個金人是秦始皇生前最喜愛之物，所以在秦始皇陵墓營造好後，十二個金人和其他精美的珍寶一起隨著秦始皇的死去被當作隨葬品葬於陵墓中了。

現在，由於一些技術等方面的原因，秦始皇陵墓的發掘工作暫時還不能開展，因此十二金人的下落問題至今仍是一個未解之謎。也許到了考古技術達到秦始皇陵墓可以開掘的那一天，這個歷史上的未解之謎才有可能被解開。

秦始皇神祕死亡背後有何黑手？

對於秦始皇的死因，一種觀點認為秦始皇死於「驚恐勞累」，還有一種觀點是秦始皇死亡背後有一雙神祕的黑手：那就是他的兒子胡亥。

秦始在最後一次巡遊途中，死於沙丘（今河北省廣宗縣境內），對於他的死因，一種觀點認為秦始皇死於「驚恐勞累」，他們的證據是秦始皇小時候患過軟骨病和氣管炎，壯年時患上癲癇病（俗稱羊角風），且經常發作。而且秦始皇在統一天下之後，無休無止地徵調賦稅和夫役，修長城、建宮殿、築陵寢、開邊戍守，使剛剛脫離戰亂之苦的廣大農民，又陷入疲於奔命的勞役之中。內外遠近，事如山積。秦始皇為人又剛愎自用，事無巨細都要親自裁決，每日批閱文書有一定數量，處理不完規定的數量不休息，工作極度疲勞。

始皇帝二十九年（西元前二一八年），秦始皇在巡遊至陽武（今河南省原陽縣境）的博浪沙附近時，被人行刺，他身後一輛副車被飛來的一隻大鐵錘砸得粉碎。秦始皇從此患上了驚恐症，以後便經常夢見與海中怪獸怪魚作戰，無以寧日。始皇帝三十六年（西元前二一一年），東郡（今河南濮陽）發現刻有「始皇帝死而地分」字樣的隕石，秋天又發生使者被「仙人」截留，告之「今年祖龍死」的事件，更加重了他的恐懼心理。始皇帝三十七年（西元前二一〇年）的巡遊使得秦始皇極其勞累，加上癲癇病發作，頭部撞在座位側邊用來消暑的青銅冰鑒上，受當時醫療技術的限制，此種外傷誘發的內在疾患，仍屬絕症。因此秦始皇死於沙丘，是多種因素促成的。

還有一種觀點是秦始皇死亡背後有一雙神祕的黑手：那就是他的兒子胡亥。據《史記・秦始皇本紀》記載：「三十七年十月癸亥，始皇出遊，左丞相斯從，右丞相去疾守，少子胡亥愛慕請從，上許之。」胡亥是諸公子中最小的，也最無才無德，最不為秦始皇喜愛的一個。胡亥是個昏聵糊塗，只知快活享受的混帳角色，伴駕遠遊是異常辛苦的事，像這樣的人怎麼會突然「愛慕請從」，願意自討苦吃呢？先前，曾有人獻錄圖給秦始皇，其中有「亡秦者胡也」之語（《淮南子・人間訓》）。不知此人是否已經偵知胡亥在搞篡逆陰謀，有意告密，警示秦始皇。但是秦始皇卻從未想到自己的兒子會對自己不利，而是將矛頭指向了當時被認為是「胡」的匈奴，因此派出幾十萬大軍前去征討。

圍繞在胡亥周圍的還有兩個重要角色，那就是趙高和李斯，趙高本是趙國的貴族，在秦國統一六國的戰爭中，他的父兄死於長平戰場，趙高則與母親被俘，後來趙高的母親抑鬱而死。一家人因為秦國發動的戰爭而慘死，使幼小的趙高在心中埋下了仇恨的種子。後來，當有機會復仇時，他甘於自閹入宮，在宮中，他察言觀色，深得秦始皇的信任。他當時是中車府令，是最能接近秦始皇的高級奴僕，並與胡亥早有勾結。《史記・秦始皇本紀》就記載：「趙高故嘗教胡亥書及獄令律法事，胡亥私幸之。」李斯本為上蔡一布衣，於秦王政十年（西元前二三七年）投奔秦國，除了能言善辯之外，其實無甚專長。他只是效仿過去商鞅搞的嚴刑、峻法加苛政的那一套，給秦廷出謀劃策，逐漸受到秦始皇的器重。「焚書坑儒」就是李斯的建議。秦始皇的長子扶蘇才氣、品質皆在諸公子之上，平時甚受秦始皇喜愛，是最有希望嗣位的人選。可是，他卻因為強烈反對「焚書坑儒」而一時失去了父皇的歡心，受到李斯的坑害，於此次出巡之前被秦始皇罰到北方去監軍。

在秦朝最高權力的爭奪上，可以說三人各有打算。如果按常理傳位，顯然是輪不到胡亥，要得到帝位，他只有和趙高、李斯勾結在一起，採取特殊手段，才能達到目的。趙高需要一個庸才來當傀儡皇帝，以便由他自己掌握實權，為所欲為。李斯則是絕對不希望讓扶蘇繼承帝位的，因為扶蘇在「焚書坑儒」上與自己有著極大的矛盾，如果扶蘇繼位，李斯很可能死於非命，只有讓帝位傳給別人才能消除這種危險，因此他必然要參與胡亥、趙高的謀逆。

秦始皇此番出巡，一是離開了朝廷諸臣，二是離開了其他兒子，將自己置身於三個賊人之中，給了他們最方便的弒逆機會。也許秦始皇在臨死之前已經意識到了胡亥和李斯的陰謀，他避開李斯和胡亥，親筆寫下了木簡遺詔於扶蘇：「朕巡天下，禱詞名山諸神，以延壽命，不幸歸途疾發。今命在旦夕，其以兵屬蒙恬，與喪會咸陽而葬。」但是，他沒有料到趙高也與他們是一夥的，他讓趙高派人專送上郡。在看了這個詔書後，胡亥、李斯和趙高的弒君之心更加堅定了，秦始皇不久便一命嗚呼。

以上兩種說法各有道理，但又都無確鑿事實依據，因此，秦始皇之死也就成了一樁歷史懸案。

秦始皇死後，李斯又假造聖旨「賜死扶蘇、蒙恬」和「以兵屬稗將王離」，賜死了公子扶蘇，扶胡亥繼承帝位。回到咸陽，他們又殺掉了秦始皇的其他子女和不便駕馭的公卿大臣。原本人才濟濟、實力雄厚的秦王室，一下成了空殼，剛剛建立起來的、強大的帝國統治立刻受到了毀滅性的破壞。

秦始皇陵打開會有多少謎破解？

時至今日，這座千年皇陵仍舊深埋地下，只是不斷出土的陪葬墓文物時時誘惑著人們去遐思：如果秦始皇陵打開，那麼將會有多少謎迎刃而解？

秦始皇陵位於西安以東三十公里的驪山北麓，南依驪山，層巒疊嶂，山林蔥郁；北臨渭水，逶迤曲轉，銀蛇橫臥。高大的陵塚在巍巍峰巒環抱之中與驪山渾然一體，景色優美，環境獨秀。一九七四年春天，正在打井的臨潼縣西楊村村民無意中發現了一個龐大的地下軍團——秦陵兵馬俑，然而，時至今日，這座千年皇陵仍舊深埋地下，只是不斷出土的陪葬墓文物時時誘惑著人們去遐思：如果秦始皇陵打開，那麼將會有多少謎迎刃而解？

最先解開的謎團肯定是秦陵地宮的規模。關於秦始皇陵地宮的建造及相關情況，《史記》中這樣記載：始皇初繼位，穿治驪山，及并天下，天下徒送詣七十萬人，穿三泉，下銅而致槨，宮觀百官奇器珍怪徙藏滿之。令匠作機弩矢，有所穿近者輒射之。以水銀為百川江河大海，機相灌輸，上具天文，下具地理。以人魚膏為燭，度不滅者久之。

司馬遷向我們展示了地宮富麗堂皇的情景，地下有穿三泉而建的地宮，窮奢豪華的陪葬品，有以水銀來表現的百川江河大海，有防止盜墓人的機關弩矢，玄宮頂部裝飾天文星宿之象，地上模擬有統一後的中國疆域圖，還有用鯨魚油做成的長明燈，照亮了整個地宮，經久不熄……。

《舊漢書》中對秦始皇陵的描述有「已深已極」、「深極不可入」之語。此外，在史料《漢舊儀》一書中也有關於秦始皇陵地宮深度的一段介紹，始皇帝三十七年（公元前二一〇年），即秦始皇五十歲生日時，丞相李斯向他報告：我帶了七十二萬人修築驪山陵墓，已經挖得很深了，連火也點不著了，鑿時只聽見硿硿的聲音，好像到了地底一樣。秦始皇聽後，下令「再旁行三百丈乃至」。而《呂氏春秋》則記載「淺則狐狸揚之，深則及於水泉」，即最深到泉水。如果「旁行三百丈」可信的話，那麼秦陵地宮下部的面積就會大得令人震驚！

歐洲核子研究中心的研究人員，他們推斷地宮的深度在五百至一千五百公尺之間。大多數中國學者認為這個數字難以置信，因為倘若地宮挖至一千公尺，那它就超過了陵墓位置與北側渭河之間的落差。那樣不僅地宮之水難以排出，甚至會造成渭河之水倒灌秦陵地宮的危險。與此同時，中國文物考古、地質學界專家學者在研究後推測，秦陵地宮並沒有人們想像的那麼深。地宮坑口至底部實際深度約為二十六公尺，至地表最深處約為三十七公尺。

無論地宮的確切深度是多少，可以確定的是地宮的規模之龐大，結構之複雜，以及構造之巧妙必定是超乎想像的。那麼，傳說與史書中對地宮「上具天文，下具地理」的想像，其含義究竟是什麼呢？著名考古學家夏鼐先生給出了這樣的推斷：「上具天文，下具地理」應當是在墓室頂繪畫或線刻日、月、星象圖，位於西安交大的漢墓陸續發現了類似「天文」、「地理」的壁畫進一步印證了這一推斷。那麼「下具地理」呢？北魏學者酈道元的解釋是「以水銀為江河大海在於以水銀為四瀆、百川、五嶽九州，具地理之勢」。按照此種說法，地宮之中應有以水銀象徵山川地理，與「上具天文」相對應。在一九八一年和一九八二年，研究人員曾經對秦始皇陵園進行了大規模的汞含量測試，結果發現，在封土中心一‧二萬平方公尺的範圍內有一個強汞異常區，其汞含量的平均值為陵墓外其他地方汞含量的八倍。秦始皇陵封土中的汞異常是地宮大量存在的水銀揮發造成的，其分布呈有規律的幾何形狀，這證明了司馬遷所記地宮中「以水銀為百川江河大海」的內容屬實。

人們不禁好奇地追問，地宮中到底是怎樣一番景象。民間存在著許多的傳說，流傳最廣的說法是，秦陵的地宮內有水銀所製的五湖四海，秦始皇躺在純金打造的棺材裡，遊蕩在水銀製成的江河上，巡視著帝國的領地。當然，在真相不為人知之前，這些仍然只是傳說。

秦始皇陵以其宏偉的規模、大量價值連城的陪葬品而聞名遐邇，歷史的記載使許多人為之蠢蠢欲動，那麼，秦始皇陵有沒有被盜過？地宮有沒有被破壞呢？從史書的記述來看，秦始皇陵的確遭受過幾次大的破壞，通過對陵園部分陪葬坑的發掘也找到了被盜的痕跡，考古人員在陵園地區的鑽探也常發現有火燒土和被焚燒的木炭，證明陵園的附屬設施的確被毀壞，那麼，秦始皇陵地宮有沒有遭到破壞呢？

通過對地宮周圍水銀含量的勘測，考古人員斷定地宮依然完好，地宮表面檢測出的大片強汞區，成為秦陵地宮尚未被盜的有力證據，如果秦始皇陵有通往地宮的盜洞的話，水銀早已順盜洞揮發掉。

《史記》中明確記載了地宮中有防盜的「機弩矢」，並且能做到「有所穿近者輒射之」，不僅如此，秦始皇以水銀為江河大海的目的，不單是營造恢宏的自然景觀，在地宮中彌漫的汞氣體，還可以使入葬的屍體和隨葬品保持長久不腐爛。而且，汞的熔點很低，即使在常溫下也極易揮發，而汞本身是劇毒物質，一旦吸入一定濃度的汞，即可導致死亡，因此在地宮中的水銀還可毒死膽敢闖入的盜墓者。考古人員在秦陵封土周圍找到的若干個通往地宮的甬道，也顯示甬道中五花土（編按：考古學術語，指挖土坑墓時，會將坑中各色土挖出，下葬後，再將這些土填回）並沒有人為掘動跡象。

當然這種種的猜測只能止步於此，直至我們發掘秦始皇陵，揭開這位皇帝的棺槨之時，才能得到解答。以上這些謎團只是秦陵地宮眾多謎團之冰山一角。對於地宮的眾多瞭解還只是建立於猜想和勘測，相信這一系列的謎團和疑雲將會在未來揭開。

徐福東渡日本留下了多少謎團？

史籍中最早記載徐福東渡之事的是司馬遷，可是沒有講明徐福浮海到了何處。後人以為是臺灣或琉球，也有說是美洲，但大多數認為是日本。

始皇帝二十八年（西元前二一九年），秦始皇東巡到了山東沿海的琅玡（今諸城東南），齊人徐福與一些人士上書秦始皇，聲稱海中有三座神山，請求秦始皇派童男童女和他一起去求長生不老藥。秦始皇聽信了他的話，派數千童男童女乘船隨他出航。經過幾年，花去了許多費用，並沒有得到神藥。始皇帝三十七年（公元前二一〇年），秦始皇再次巡幸琅玡時，徐福怕受到責備，便編造謊言，說是由於海中有大鮫魚，求神藥受到阻難，一定要派善於使用連弩的射手去才能排除困難。據徐福東渡後二十年出生的伍被和淮南王劉安的對話中透露，這次秦始皇又派徐福率領童男童女三千人，裝載五穀種子、技藝百工下海。徐福的這次東渡，一去無影蹤，留給了後人種種謎團。

首先是，徐福東渡的真正原因是什麼？據《史記》所言，秦始皇支持徐福東渡，是為了尋神山仙藥，求長生不死藥。但也有人認為徐福東渡不僅寄託了秦始皇長生不老的理想，還有負責開拓疆土的含義。《呂氏春秋．為欲篇》指出了秦國統治者的理想：「北至大夏，南至北戶，西至三危，東至扶木，不敢亂矣。」「扶木」就是「扶桑」，即後來所說的日本。秦始皇一再派徐福等入海尋找三神山，絕不是單純為了採神藥，而是為了把東方疆土開拓至日本。

秦始皇統一天下只有十二年的時間，但是四次到東方沿海巡視，這說明他對東方諸島的極大關注。有的學者說：「始皇東巡的根本目的在於實現東至扶木的理想，而徐福探海東渡正是實現始皇理想宏願的具體行動。」秦始皇曾在琅玡刻石中說：「普天之下，摶心揖志。器械一量，同書文字。日月所照，舟輿所載。皆終其命，莫不得意。」又說：「西涉流沙，南盡北戶，東有東海，北過大夏，人跡所至，無不臣者。」從中可以看出，秦始皇早有吞併日本之意，徐福東渡，或許正與此有關。

徐福東渡到了哪裡，也是眾多史學家爭論之處！有人說那時航海技術落後，碰到大風浪，全部覆沒。而史籍中最早記載徐福史事的是司馬遷，可是沒有講明徐福浮海到了何處。後人以為是臺灣島或琉球群島，也有說是美洲，但大多數認為是日本。

據《史記‧淮南衡山列傳》中的記載：「徐福得平原廣澤，止王不來。」可以推測徐福登陸地是一平原。日本列島符合這一特徵，除日本列島外，其他島嶼沒有「平原廣澤」的地理特徵。另外，徐福東渡日本，在後世的史書資料中也有記載。在《三國志‧吳書‧吳主傳》中記載：「長老傳言秦始皇遣方士徐福將童男女數千人入海，求蓬萊神山及仙藥，止此洲不還。」《後漢書》中，把徐福入海求仙事件附在倭國之後。五代時期義楚和尚所寫《義楚六帖》中提到：「日本亦名倭國，在東海中，秦時，徐福將五百童男、五百童女止此國。」宋代文學家、史學家歐陽修也認為徐福東渡到日本，明初，日本和尚空海到南京，向明太祖獻詩，提到「熊野峰前徐福祠」。清末駐日公使黎庶昌、黃遵憲等人，都參觀了徐福墓，並作詩文題記。在日本學術界，也有不少史料記述徐福到日本的情況，有《神皇正統記》、《林羅山文集》、《異稱日本傳》、《同文通考》等文獻。

在日本民間，徐福被尊稱為農神、蠶桑神、醫藥神。還有一些日本人認為自己是徐福的後裔，他們的根據是：在日語中，秦與羽田的發音相同。日本前首相羽田孜就稱自己是徐福的後裔。他說：「我是秦人的後裔，我的姓在很早以前寫作『秦』，我當首相時，考古學家和歷史學家對我的家族進行了調查，並在祖墓碑上發現了『秦』字。」

然而，也有人認為，徐福東渡並不是到了日本，而是到了美洲。在隋唐時期，日本與中國交往極為頻繁，但在文獻之中卻罕見「徐福」二字。而日本古文獻中載有徐福傳說者以《神皇正統記》（一三三九年）為最早，這是受了宋元以來中國文獻的影響。因為徐福東渡的時間與美洲瑪雅文明的興起相吻合。在哥倫布發現美洲之前，已有多位中國人到過美洲，故徐福後來東渡美洲很有可能。吳人《外國圖》指出「洲去琅玡萬里」，根據距離分析根本不是日本，而是美洲。最早記述倭國的《後漢書》，是把亶洲與日本區別開來的。因「亶」字有大島的含義，美洲大陸像「亶」字，故以字形命名。現在檀香山還遺有帶有中國篆書刻字的方形岩石，舊金山附近也有刻有中國篆文的古箭等文物出土，所有這些都是徐福東渡美洲的明證。

除了徐福東渡的原因和徐福東渡所到之地外，徐福東渡起航港在何處也備受爭論。

關於這一點的主要說法有：河北省的秦皇島和黃驊附近說、浙江省慈溪和舟山說、江蘇省海州一帶（今連雲港贛榆區）說、山東省登州灣（龍口市黃縣）、膠州灣徐山（青島）琅玡及成山頭說等。

這其中，最有可能的一種是琅玡出海說。徐福東渡起航點的確定，起決定作用的是當地的物資條件，一是經濟的發達，二是港口的自然狀況。否則，聚集大批的人員，徵調大量的物資，建造很多的船隻等大規模的準備工作就無法進行。還有港灣也應寬廣，並與腹地有便利的交通。比較而言，具備上述優越條件的，據史書所記，只有當時的瑯玡。戰國時，楚國滅掉越國之前，越國在瑯玡建都已經有一百餘年。瑯玡曾是一度強大的越國的政治、經濟、文化中心。戰國中期歸屬齊國後，它也是齊國都城臨淄之外的又一重要的經濟文化區域。秦統一後，瑯玡作為瑯玡郡的治所，其重要地位更加提升了。

瑯玡不僅經濟條件優越，而且也是戰國及後來的秦國著名的海港之一。位於瑯玡臺下石河入海河段，附近屬花崗岩侵蝕性海岸地貌，水深港闊，起航條件好。另外，徐山附近還有大小珠山、瑯玡山等，山上有大量的優質木材，具備打造樓船的充足資源。而且，《史記・秦始皇本紀》明確記載，徐福第一次在瑯玡上書後，即被就地派遣出海求仙，第二次更是由秦始皇親自從瑯玡送出海的。

阿房宮真是項羽一把火燒掉的嗎？

這樣一座耗費了巨大的人力物力、極度奢華的阿房宮，卻在項羽入關時，一把火燒掉了，大火燒了整整三個月，方圓百里盡成灰燼。

熟讀歷史的人都知道，阿房宮建於兩千多年前的秦代。秦始皇在統一中國的過程中，每征服一國，就繪製該國宮室圖，在秦國都城咸陽的渭水南岸仿造宮殿，稱「六國宮殿」。相傳當時共有宮室一百四十五種，著名的有信宮、甘泉宮、興樂宮、長楊宮等宮殿。想當年，咸陽宮可謂殿宇林立，樓閣相屬，曲廊幽徑，花香景深。秦始皇三十五年（西元前二一二年），秦始皇在消滅六國一統天下以後，認為都城咸陽人太多，而以前的皇宮又太小，於是下令徵發刑徒七十餘萬人伐運四川、湖北等地的木材，開鑿北山的石料，在故周都城豐、鎬之間渭河以南的皇家園林上林苑中，仿集天下的建築之精英靈秀，營造一座新朝宮。這座朝宮便是後來被稱為阿房宮的著名宮殿。

阿房宮規模空前，氣勢宏偉，《史記》記載：阿房宮前殿，東西五百步，南北五十丈，殿中可以坐一萬人。《漢書》中也記載：「起咸陽而西至雍，離宮三百，鐘鼓帷帳，不移而具。又為阿房之殿，殿高數十仞，東西五里，南北千步，從車羅騎，四馬鶩馳，旌旗不撓，為宮室之麗至於此。」唐代詩人杜牧在《阿房宮賦》中寫道：「六王畢，四海一，蜀山兀，阿房出。覆壓三百餘里，隔離天日。驪山北構而西折，直走咸陽。二川溶溶，流入宮牆。五步一樓，十步一閣；廊腰縵回，簷牙高啄；各抱地勢，鉤心鬥角……一日之內，一宮之間，而氣候不齊。」若是根據《史記》中的記載推算：秦代一步合六尺，三百步為一里，秦尺約〇・二三公尺。如此算來，阿房宮的前殿東西寬六百九十公尺，南北深一百一十五公尺，占地面積八萬平方公尺，容納萬人自然綽綽有餘了。根據《漢書》推算，規模則更大。

但是據傳說，這樣一座耗費了巨大的人力物力，極度奢華的阿房宮；卻在數十年後，楚霸王項羽入關時，一把火燒掉了，大火燒了整整三個月，方圓百里盡成灰燼。

二〇〇二年，為了尋找過往的輝煌，考古學家們來到了今陝西西安西郊三橋鎮以南，東起巨家莊，西至古城村的阿房宮遺址上，開始了探索。

考古隊員在第一次挖掘了探坑之後，並沒有找到任何東西，然而大家並沒有氣餒，決定繼續挖掘，隨著勘探工作的進一步深入，大家決定從夯土層入手開始探測，古代建築的地基都是夯土打成的，鋪一層打一層，從夯土臺基的側面看過去，就像千層餅一樣。夯土和普通的耕土不同，它非常堅硬，也很密實，普通的平頭鐵錘都很難砸進去，這個夯土層雖然經過了兩千多年的歲月，幾乎沒有任何變化，依然堅硬。然而就在考古隊順利地打進了探杆以後，結果卻出乎人們的意料——沒有發現阿房宮被火燒的痕跡。

沒有找到大火過後的殘留物，考古隊開始猜測可能是挖掘的地方較少，剛好錯過了阿房宮被燒的那一部分。於是，考古隊開始對阿房宮遺址進行了「地毯式」的全面勘探，這次考古隊改進了方法，他們採用的是梅花點位法。所謂梅花點位法是每一平方公尺就以梅花點的形式打五個探測孔。梅花點位法是一種比一般性的勘測更加縝密的方法。但是，鑽探了數萬個孔和對地層的土樣進行了元素分析後，都沒有發現火燒的痕跡。

會不會因為兩千多年過去了，無數次風霜雨雪的侵襲，已經把大火留下的痕跡抹去了呢？為了進行比較，阿房宮考古隊來到了漢代長樂宮的遺址，這裡曾經是漢朝首都長安城中最為華美的宮殿之一，是漢武帝母親的居所，至今仍被人們津津樂道的「金屋藏嬌」風流韻事就發生在兩千多年前的這個宮殿中，東漢末年，長樂宮也和漢代其他宮殿一樣，逃不過被焚毀的命運，兩千多年過去了，這裡被火燒過的痕跡卻仍然歷歷在目。

那麼，是不是流傳了兩千年的西楚霸王項羽的軍隊入關以後，移恨於物，將阿房宮及所有附屬建築縱火焚燒，化為灰燼的說法不是事實呢？

考古學家發現，人們通常所說的阿房宮遺址實際上是阿房宮的前殿遺址，阿房宮前殿遺址夯土臺基東西一千二百七十公尺、南北四百二十六公尺，臺基上面西、北、東三面已有夯築土牆，牆頂部有瓦的鋪設；夯土臺基上面沒有建築南牆。三面牆裡面沒有發現秦代文化層和秦代宮殿建築遺跡。從路土分布的情況來看，人們是把夯築臺基用土從南面運到北面，再從北面開始往南逐漸夯築臺基。專家就此大膽的推測，阿房宮的所有工程只有前殿建成了臺基，其他工程尚未動工，阿房宮沒有建成，也沒有像史書記載那樣被項羽放火焚燒！

那麼，歷史記載難道錯了嗎？《史記．秦始皇本紀》載：「項籍為從長，殺子嬰及秦諸公子宗族。遂屠咸陽，燒其宮室，虜其子女，收其珍寶貨財，諸侯共分之。」項羽是對咸陽採取了燒、殺、搶掠的政策，然而這裡並沒有明確提到燒阿房宮。《史記．項羽本紀》載：「燒秦宮室，火三月不滅。」在這裡也隻字未提火燒阿房宮。火燒的很可能是秦朝的其他宮殿。《史記》中的另一條記載也從側面證明阿房宮並未建成：「四月，秦二世還至咸陽，曰：『先帝為咸陽朝廷小，故營阿房宮。為室堂未就，會上崩，罷其作者，復土驪山。驪山事大畢，今釋阿房宮弗就，則是章先帝舉事過也。』復作阿房宮。」但是這年七月陳勝、吳廣就反了。前後就這麼點時間，顯然建不成阿房宮。

既然阿房宮連前殿都沒有建成，前殿夯土臺基上面沒有宮殿建築，項羽也就沒有必要渡過渭河來放火燒一個沒有宮殿建築的夯土檯子，所以傳說認為項羽燒了阿房宮是錯誤的！

楚漢爭霸決戰地點到底在何處？

垓下之役是楚漢戰爭的最重要的一次大決戰，是劉漢王朝奠定霸業的關鍵性戰役。然而，垓下的詳細地點到底在何處，歷來爭議很大。

「力拔山兮氣蓋世，時不利兮騅不逝；騅不逝兮可奈何，虞兮虞兮奈若何。」這首《垓下歌》是楚霸王項羽被劉邦逼到垓下時，與寵妃虞姬所唱的曲。一曲既罷，虞姬自刎而死，項羽則率精銳突圍，但仍被逼困在烏江，最後只留下一句「縱江東父兄憐而王我，我何面目見之？」也自刎身亡。垓下之役是楚漢戰爭最重要的一次大決戰，是漢王朝奠定霸業的關鍵性戰役。然而，楚漢戰爭至關重要的地點——垓下的詳細地點到底在何處，歷來爭議很大。

有關垓下地理位置的記載，在《漢書．地理志》沛郡侯國下注云：「垓下，高祖破項羽處。」《水經注．淮水篇》載：「水東南流，經縣故城北，有垓下聚，漢高祖破項羽所在也。」唐《元和郡縣誌．河南道五》在宿州虹縣下載言「垓下聚，在縣西南五十四里，漢高祖圍羽於垓下，大破之，即此也」。以上書中的垓下或垓下聚就在今安徽靈璧縣東南十五里處。這是傳統說法認為垓下在安徽靈璧縣的依據。這一觀點也得到了郭沫若的支持，他在《中國史稿》中這樣寫道：「垓下在安徽省靈璧縣南、沱河北岸」這種觀點是最傳統的說法，絕大多數學者都支持這一觀點。

但著名史學家范文瀾認為垓下為今天的鹿邑，他在《中國通史簡編》中寫道：「垓下在河南省鹿邑縣境」這一觀點的根據是唐代張守節《史記正義》的記載：「高崗絕岩，今猶高三四丈，其聚邑及堤，在垓之側，因取名焉。今在亳州真源縣東十里，與老君廟相接。」范文瀾這樣分析，唐朝的真源縣是秦漢時的苦縣，故城在今河南鹿邑縣，老君廟即今天鹿邑城東的太清宮，所以垓下在今天的鹿邑。此說由於晚出，因而從其說者較少。

然而，有人認為上述兩種說法均不能成立，垓下應該是陳縣（即今河南淮陽縣）。根據《史記》、《漢書》記載，固陵之戰以後，劉邦退保固陵縣城，深塹拒守。其時楚軍集結在附近進行阻擊，以防止漢軍繼續東進或南下。而至垓下之圍前，史書並沒有項羽從固陵附近敗走的紀錄，也沒有劉邦從固陵追擊項羽至垓下的記載，也就是說，垓下應距固陵縣城不遠，否則兩軍無法交戰。而垓下如在今安徽靈璧的話，相隔兩百多公里，楚軍根本無法阻止漢軍東進。況且，靈璧一帶，自古是平川，縣東南是古蘄水、古波水、澳水、沱水、唐水的五河河網地帶，既不能攻，又不能守，根本不適合兵團作戰。

而垓下不是今鹿邑縣也有理由：第一，鹿邑縣城東距固陵有七十公里左右，不可能近距離作戰，楚軍當然也不可能阻止漢軍東進南下。第二，據《史記・樊酈滕灌列傳》中記載得更清楚：韓信遣驍將灌嬰率軍「擊楚將公杲於魯北，破之。轉南破碭郡長，身虜騎將一人。攻博陽，前至下相以東南僮、取慮、徐，渡淮，盡降其城邑，至廣陵。項羽使項聲、薛公、郯公復定淮北。嬰度淮北，擊破項聲、郯公下邳，斬薛公，下下邳。擊破楚騎於平陽，遂降彭城，虜柱國項佗。降留、薛、沛、蕭、相。攻苦、譙，復得亞將周蘭。與漢王會頤鄉……」最後才破楚軍於垓下。如果垓下在鹿邑的話，灌嬰軍就應來回穿越項羽大軍的駐地，而史書上沒有這樣的記載，事實上也沒有發生這種情況，因此，垓下不可能在鹿邑。

推翻了上述兩種觀點，這種觀點舉出垓下在陳縣（即今河南淮陽縣）的理由。首先，《史記》、《漢書》中幾個參加此次決戰的將領的傳記中，有明確的記載。如《史記・樊酈滕灌列傳》記：樊噲「從高祖擊項籍……圍項籍於陳，大破之」；夏侯嬰也「從擊項籍，追至陳，卒定楚」；灌嬰「從擊項籍軍於陳下，破之」。《史記・曹相國世家》亦云：「韓信為齊王，引兵詣陳，與漢王共破項羽。」《漢書》的記載也與此相同。其次，陳縣北部正與固陵相接，垓下在陳縣，正與楚軍阻止漢軍東進或東南進的軍事形勢相符。從軍事防禦的觀點看，楚軍無論是單純的防守還是以攻為守，駐軍於距固陵不遠的陳縣北部是最恰當的。不僅如此，陳縣北部古代有很多丘陵和山岡，利於防守。所謂「垓」，階次也。有山有岡的地方，自然會形成階梯地形，垓下正是這階梯地形之側。再次，史書記載項羽從垓下突圍，是在夜間率騎南逃，平明始達淮河北岸。如果垓下是在安徽靈璧的話，靈璧離淮河很近，騎馬南奔，不需要一個晚上的時間。最後，陳縣是一個軍事戰略要地，它傍鴻溝，接潁水、淮水，有邗溝直通江南，最宜屯兵駐軍。據考古發現，淮陽「貯糧臺」遺址有屯糧的痕跡，有人推測這實際上就是楚漢垓下決戰時楚軍的軍糧倉。當時，項羽不派文官而派武將利幾為陳縣縣令，就是要利幾保護至關重要的軍糧倉。

但是，這一觀點卻遭到了質疑。質疑者認為從歷史上看劉昭補注的《後漢書・郡國志》對陳國的記載非常詳細，唯獨不見有垓下在陳這一重大歷史事件的隻字片言。而且從楚漢決戰的軍事形勢來看，《史記》、《漢書》雖然對於項羽軍如何從固陵東撤至垓下記述得不夠具體，但是，也不是無跡可尋的。根據《漢書》的記載，楚漢兩軍的這次大會戰，歷時兩個多月。開始時楚軍並不是一支抵抗力很差的「窮寇」。兩軍經過多次交鋒，戰線不斷東移。楚漢兩軍在陳下（陳郡一帶）激烈交戰，楚軍再次失利，特別是項羽看到彭城淪陷，柱國項佗被俘，大司馬周殷又於淮南叛楚歸漢，很自然地無心戀戰，被迫東撤，漢軍猛追，圍於垓下。從史書各篇記載相互參照來看，有理由可以斷定，楚漢兩軍這次會戰大體可分為四個階段：一是固陵之戰，漢軍擊破楚主力鐘離昧軍，楚軍敗退；二是陳下之戰，楚軍再敗；三是城父之戰，楚軍又被重創；四是垓下之戰，楚軍終被殲滅。

認為楚漢之爭決戰之地在陳縣是把史書所稱「陳下」之戰與「垓下」之戰混淆了的緣故。陳下之戰項羽雖然失敗，但這並不是決戰的失敗。沛郡縣之垓下確實是劉邦破項羽的地點，絕對不是班固等人的任意杜撰，而是以充分的歷史、地理事實做依據的。垓下戰場在今安徽省靈壁縣東南、泗縣西南和固陵縣東北的毗鄰地區實應確信無疑。戰場的中心地點垓下聚故址，在今靈壁縣東南韋集附近的高阜地帶。

垓下之爭在史學界延續了很久，如今又出現了新的觀點，究竟哪一種是正確的呢？綜合來看，垓下在安徽省靈璧更加讓人信服。

名將韓信是被冤殺的嗎？

對於韓信的死因，有人說他是因謀反而遭殺戮的，罪有應得；有人說是劉邦不容人，他是含冤而死。那麼真實情況如何呢？

韓信（？至前一九六年），中國歷史上偉大的軍事家、戰略家、戰術家、統帥。中國軍事思想「謀戰」派代表人物。被後人奉為兵仙、戰神。「王侯將相」韓信一人全任。「國士無雙」、「功高無二，略不世出」是楚漢之時人們對他的評價。他原本是項羽手下的一員大將，後來歸附劉邦，為劉邦奪取天下立下了汗馬功勞。司馬光《資治通鑒》中稱：「漢之所以得天下者，大抵皆信之功也。」漢高祖劉邦也盛讚韓信的功勞。西漢建立後，他分析楚漢成敗原因時說：「夫運籌帷幄之中，決勝千里之外，吾不如子房（即張良）。鎮國家，撫百姓，給餽餉，不絕糧道，吾不如蕭何。連百萬之軍，戰必勝，攻必取，吾不如韓信。此三者，皆人傑也，吾能用之，此吾所以取天下也。項羽有一范增而不能用，此其所以為我擒也。」然而，這位百戰功臣卻不能壽終正寢，後被呂后、蕭何設計誘殺，他全族也遭誅，落得一個可悲的結局。

對於韓信的死因，有人說他是因謀反而遭殺戮的，罪有應得；有人說是劉邦不容人，他是含冤而死。那麼真實情況如何？

持「謀反說」的人認為，對於韓信的死因，《史記》、《漢書》均記載是謀反。高祖七年（西元前二〇〇年），陽夏侯陳豨擔任趙相，鎮守趙、代地區，當他離開都城赴任之時，曾與韓信密謀陳豨在邊地起兵反漢，韓信從中回應配合。陳豨至代後，果然招兵買馬，積蓄力量，準備謀反。高祖十年（西元前一九七年）秋七月，劉邦之父太上皇死，召陳豨入朝，陳託病不往。九月，公開宣布反漢，自立為代王。劉邦聞訊後，統率大軍前來征討。韓信藉口有病，沒有隨同出征，等到劉邦離都之後，立即按照原先計畫準備回應陳豨。次年春天，韓信部署已定，密謀假傳聖旨，釋放奴隸和犯人，把他們組織起來襲擊呂后與太子劉盈。這時韓信的一位門客得罪了韓信，韓信囚禁了他並準備殺他。那位門客的弟弟就向呂后密告韓信要謀反的事。呂后與蕭何謀劃，詐稱陳豨叛亂已平息，命令朝臣入宮慶賀。在蕭何的勸說之下，韓信前往長樂宮，被埋伏的武士斬於鐘室之中。

韓信反叛，早有苗頭，早在楚漢戰爭最緊要的關頭時，韓信就逼劉邦封他為齊王，完全暴露了野心家的嘴臉，垓下之戰前夕，又為一己之利拒不出兵，因而楚漢戰爭一結束，劉邦就奪了他的兵權，並徙封為楚王。韓信到楚以後，野心不死，巡行所轄縣邑，出入陳列兵仗，又收羅原項羽部將，被人告發。劉邦採用陳平的調虎離山之計，以出遊雲夢澤（今洪湖、洞庭湖一帶）、會諸侯於陳（今河南淮陽）為名，趁韓信前來朝會之際，將他逮捕。後劉邦念其大功，又赦免了他，降封淮陰侯，並讓他居留在長安，韓信從此「常稱病不朝從」，「日怨望，居常怏怏」。由此，他勾結手握重兵的邊將陳豨，再次陰謀叛亂。正在此時，他的密謀再次被人告發。蕭何與呂后設計捕殺了韓信，消除了叛亂。

但也有人認為韓信是被冤殺的，據《史記》、《漢書》記載，高祖六年（西元前二〇一年），韓信被囚時，十分感歎地說：「果然如人們所說：『狡兔死，走狗烹；禽鳥盡，良弓藏；敵國破，謀臣亡。』現在天下已定，我已經沒有用了，應當殺頭了。」劉邦只好以「人告公反」為由，把他帶回洛陽，查無實據，降封為淮陰侯。後被呂后所殺，臨刑前又感歎道：「我後悔不用蒯通的計謀，竟落入小女子的圈套，這也是天意吧！」意即沒有聽從蒯通計謀，背漢自立。

而且所謂韓信密謀假傳詔旨，赦放官府中的囚徒和官奴，率領他們去襲擊呂后和太子，並試圖與叛將陳豨裡應外合，都是沒有實據的。首先，告發者是韓信準備處死的一名罪犯的弟弟，有挾怨誣告的嫌疑，即使韓信確有密謀，也不可能讓這個人知道。其次，當年韓信雄踞齊地，握有重兵，有人勸他反漢並與楚聯合，三分天下稱王，韓信卻認為劉邦待他不薄，不忍心背叛劉邦。在絕對有利條件下尚且不反，而在閒居長安，既無兵權，又無武裝的情況下，韓信為什麼又要造反呢？再者，韓信被擒之後，未經審訊，立即被斬於長樂宮鐘室。假設謀反有證據，為什麼不昭示群臣？最後，劉邦平定陳豨是在高祖十一年（西元前一九六年）年底，而韓信「謀反」卻在第二年正月，此時陳豨已經兵消瓦解，韓信又怎能與他裡應外合？劉邦平叛歸來後，對於韓信的死，「亦喜且憐之」。所喜者，心腹之患已經除掉，所哀憐者，大臣無辜遭誅殺。從這種心情也可以看出，劉邦本人也並不認為韓信真會謀反。韓信之死是因為他功高震主，加以「貪」、「驕」相循，因而招致殺身滅族之禍。

總之，韓信有無謀反之心？是否參與陳豨叛亂？目前史學界尚未論定。韓信被殺真相，如處迷霧，難以認清。

絲綢之路的東方起點在哪裡？

絲綢之路不僅是一條商貿之路，也是一條友誼之路，它加深了各地人們的交流，豐富了人們的生活。那麼，絲綢之路的東方起點在哪兒？

絲綢之路，是指西漢時，由張騫出使西域開闢的，經甘肅、新疆，到中亞、西亞，並連接地中海各國的陸上通道。絲綢之路是歷史上橫貫歐亞大陸的貿易交通線，促進了歐、亞、非各國和中國的友好往來。中國是絲綢的故鄉，在經由這條路線進行的貿易中，中國輸出的商品以絲綢最具代表性。十九世紀下半葉，德國地理學家李希霍芬就將這條陸上交通路線稱為「絲綢之路」，此後中外史學家都贊同此說，沿用至今。絲綢之路，基本走向定於兩漢時期，包括南道、中道、北道三條路線。

絲綢之路不僅是一條商貿之路，也是一條友誼之路，它加深了各地人們的交流，豐富了人們的生活。那麼，絲綢之路的東方起點在哪呢？

傳統認為絲綢之路的東方起點在西安。這部分專家認為，絲綢之路不僅是一個商貿通道，而且是一個廣泛概念，是世界的東方和世界的西方兩個文明的交流聯繫，是一種政府的、民族的行為。長安不但是絲綢之路的起點，也曾是亞洲最大的國際交流中心。

在中國古代典籍《史記・大宛列傳》、《漢書・西域傳》上，對絲綢之路的開發過程有更確鑿翔實的記載。西漢建元三年（西元前一三八年），漢武帝派張騫出使西域。張騫自長安出發，經大宛（今烏茲別克費爾干納）、康居（今哈薩克南部鹹海與巴爾喀什湖之間），抵達媯水（阿姆河）以北的大月氏（今阿富汗），於元朔三年（西元前一二六年）返回長安。元狩四年（西元前一一九年），漢武帝再次派張騫率領三百人，每人備馬二匹，攜牛羊萬頭與價值「數千巨萬」的金帛財物出使烏孫（今伊犁河與伊塞克湖一帶）。張騫抵達烏孫後，分遣副使前往西域、中亞各國。張騫回國後，漢武帝又多次派遣使節出使西域、中亞各國。從此，一條以漢長安城為起點的絲綢之路正式開通。

為保證絲綢之路安全暢通，西漢王朝採取了一系列有力措施，派軍隊攻擊匈奴、遠征大宛，設置酒泉、武威、張掖、敦煌等河西四郡，並在敦煌至鹽澤（新疆羅布泊）絲綢之路沿線設立交通亭站。漢宣帝神爵二年（西元前六〇年），完全控制了絲綢之路的西漢王朝在今新疆設立西域都護府，從此，巴爾喀什湖與費爾干納盆地以東廣大地區正式納入西漢王朝版圖。

上述歷史事實證明，從「絲綢之路」的特定含義衡量，這條古代商道開闢於西元前二世紀西漢時期。它的起點無疑是西漢王朝首都長安。之後雖有中國的王朝更迭、首都遷徙，但這對絲路的總體狀況產生不了什麼影響，更不意味著絲綢之路就此中斷或應該就此改變路程。所以以中國的王朝更迭、首都遷徙來變更絲路起點和路線，是把絲路過於微觀化的認識。絲綢之路起點長安說的意義，表明了長安在時空兩大方面都是絲路的起點。長安是歷史上最強盛時代——漢唐的代表與象徵，今天的漢族、漢字、漢文化、漢文化圈概念都與長安密切相關。作為中國最著名的古都與國際都會的典型代表，以長安為絲路起點是和絲路寬廣深的總體包容量及總體形象相稱的。

也有人認為，絲綢之路的東方起點不在西安，而在洛陽。這些人認為西漢的首都在長安，長安是全國的政治、經濟、文化中心。西漢政府經營西域的出發點是長安，西域諸國與西漢政府貢使往來，經濟、文化交流的彙集點也是長安，因此長安很自然地成為西漢時期絲綢之路的東端起點。到了東漢時期，洛陽成為首都，成為全國政治、經濟、文化中心，也是對外聯繫的中心，因此絲綢之路的東端起點，自然也就從長安轉移到洛陽。此後的曹魏、西晉、北魏先後都以洛陽為首都，從整個絲綢之路的開拓、形成和繁榮的過程來看，洛陽才是絲綢之路的最東起點。

東漢建都雒陽（今洛陽東）後，雒陽逐漸取代長安（今西安）成為全國最大的商業中心。在雒陽的東方，青州、兗州地區適宜種植桑麻，民間絲綢手工業得到普遍發展，官府也擁有規模巨大的絲綢手工業作坊，這些民間或官府生產，輸往西方的高級絲綢，由中原商賈或西方商人來到雒陽採購外運。東漢絲綢之路的主要途經地點是自雒陽西行，經長安（今西安西北）和西域後到達西方各國。東漢的絲織業比西漢進步，以洛陽為起點的東漢絲路交通較之前更加繁榮。

而且，一九〇七年，英國考古學者斯坦因在敦煌西北長城的烽火臺下，發現了一組用中亞粟特民族的文字所寫的信件，這是在涼州（武威）的粟特商人寫給家鄉撒瑪律幹（今烏茲別克境內）貴族的書信，信中說，這些以涼州為大本營的粟特商團，活動的範圍東到洛陽，西到敦煌，長途販賣中國絲綢等商品。從這封外國人寫於西晉末年的書信中，可以真切地看到「洛陽」的名字，這也佐證了絲綢之路的東方起點是在洛陽。

還有人認為，絲綢之路的東方起點應從開封或鄭州算起，因為絲綢之路是在西漢時形成，當時開封和鄭州的絲業相當發達。在一些考古資料裡，鄭州的絲業可以追溯到五千六百年前，既有考古發現，也有歷史記載，在《詩經》裡關於在鄭州採桑方面的詩歌也很多。所以絲綢之路的起點應在開封或鄭州，洛陽只是一個集散地，只是起點的一部分，真正的起點是一個區域，或者說是一個地區。

關於絲綢之路東方起點的爭論還在繼續，不論古絲綢之路的起點在何方，絲綢之路猶如一條彩帶，將古代亞洲、歐洲和非洲的文明連接在一起。正是透過這條路，古代商人將中國的造紙術、印刷術、火藥、指南針四大發明，養蠶絲織技術以及絢麗多彩的絲綢產品和茶葉、瓷器等傳送到了世界各地；同時，也將中亞的汗血馬、葡萄，印度的佛教、音樂，西亞的樂器、天文學，美洲的棉花、煙草等輸入中國。東西方文明在這種融合中，不斷地向前發展著。

匈奴被擊敗後流落到了何處？

十六國及魏晉南北朝時期，匈奴在中國歷史舞臺上進行了最後一場演出。之後，匈奴作為一個獨立的民族逐漸從中國歷史中消失。

匈奴是西元前三世紀興起於中國北方的一支古老民族，繁衍在河套地帶（今內蒙古、山西一帶），遊牧於大漠南北。匈奴的首領叫作單于，相當於中原的國王。在單于之下，則有左、右二賢王，各率領一大部落。匈奴族早在西元前七至八世紀時就已生息和繁衍在中國北方的廣大地區，建立起氏族和部落聯盟了。西元前三世紀時，匈奴進入鐵器時代，軍事實力得到相應加強，於是不斷騷擾秦、趙、燕等國的邊境。周赧王五十年（西元前二六五年），匈奴騎兵被趙將李牧擊敗，但不久又捲土重來。直至始皇帝三十二年（西元前二一五年），秦始皇嬴政派遣蒙恬出兵攻擊匈奴，匈奴戰敗後「不敢南下牧馬，士不敢彎弓而報怨」。但是到了秦朝末年，匈奴又乘機向南發展，逐漸接近秦朝的邊塞。到了漢武帝時期，漢王朝開始主動攻擊匈奴，在軍事天才衛青和霍去病的持續打擊下，匈奴元氣大傷，逐漸衰弱下去。並最終分裂為南、北匈奴。

北匈奴在西漢軍隊的持續壓力下，開始了始無前例的民族大遷移。北匈奴的遷移歷時幾個世紀，其過程已經很難考證，史料記載也是相當模糊。大體上我們可以知道，北匈奴西遷途中經過康居、大宛、鄯善等西域諸國。西元四世紀中葉，北匈奴滅掉了強大的突厥國度阿蘭國，西方為之震動。當時，在北匈奴人西面，居住著兩個日爾曼人部落聯盟：一個是聶伯河以西至聶斯特河以東的東哥德人聯盟，另一個是聶斯特河以西至喀爾巴阡山之間的西哥德人聯盟。西哥德人聯盟的西南方，就是統治歐洲大部的羅馬帝國的領土。

阿蘭國被匈奴滅亡後沒多久，當哥德人還沉浸在對匈奴的巨大惶恐中時，匈奴鐵騎已經兵臨城下，並以迅雷不及掩耳之勢襲擊東哥德，東哥德軍隊被匈奴全殲，國王自殺，部眾四散逃逸。西哥德得知東哥德滅國後，立刻在聶斯特河布陣，意圖阻止匈奴人渡河，不料匈奴人在遠處上游偷渡後夜襲敵營，重創西哥德軍。打敗西哥德人，占據南俄羅斯草原後，匈奴人得以休整，人口開始急劇增加，同時，小部分的匈奴騎兵仍然持續騷擾鄰國：一股匈奴騎兵渡過了多瑙河，與哥德人一起騷擾羅馬帝國；另一股匈奴人，於西元三八四年進攻美索不達米亞，攻占了愛德沙城；還有一股匈奴人於西元三九六年，侵入了薩珊波斯帝國。在疆土不斷擴大的情況下，以匈牙利平原為統治中心的匈奴帝國再次興盛起來。

匈奴的極盛時期是在大單于阿提拉的統領下達到的，他在西元四三四年與布列達共同繼承王位，西元四四五年，布列達單于神祕的遇刺身亡後，阿提拉獨掌大權。他發動針對北歐和東歐的大規模戰爭，使盎格魯撒克遜人逃亡到英倫三島，而許多日爾曼和斯拉夫人的部族戰敗，紛紛向匈奴投降。他還大舉進犯東羅馬帝國，迫使東羅馬帝國賠款六千羅馬鎊黃金，年貢二千一百羅馬鎊黃金。至此，匈奴帝國的疆域東到裡海，北到北海，西到萊茵河，南到阿爾卑斯山，盛極一時。但是阿提拉對此並不滿足，他還發動了對西羅馬的戰爭，將義大利北部變成一片廢墟，使得西羅馬帝國皇帝萬分驚恐，被迫議和。

西元四五三年，阿提拉迎娶一位日爾曼族的新娘伊爾迪科，婚宴上他喝得酩酊大醉。第二天，眾人走進新房，發現阿提拉血管爆裂，倒在血泊中氣絕身亡，而他的新娘縮在床角瑟瑟發抖。有人認為阿提拉死於循環系統疾病，也有人懷疑是伊爾迪科謀殺了阿提拉。在阿提拉的葬禮上，匈奴人割斷頭髮，刺破臉頰，用鮮血悼念他們的國君。阿提拉的棺材分為三層：最外層是鐵，第二層是銀，最內層是金，以象徵他的不朽功業。匈奴人堵塞一條河流的水，把阿提拉的遺體埋葬在乾枯的河床下，然後再開閘放水。所有參與施工的奴隸都被處死，以便後世的盜墓者無機可乘。正因如此，他的墳墓至今未能被找到。

阿提拉死後，他的兒子們為爭奪大單于之位，打起了內戰，匈奴帝國在瞬間瓦解崩潰了。在東哥德人、吉皮迪人的反抗下，匈奴人在西元四五四年被迫退回了南俄羅斯草原。西元四六一年，阿提拉的一個兒子妄圖重建匈奴帝國，發動了對多瑙河流域東哥德人的戰爭，遭到失敗。四六八年，他又發動了對東羅馬帝國的戰爭，結果自己戰死沙場，從此匈奴人逐漸沉寂下去，直至被歷史徹底遺忘。

而就在北匈奴遷居歐洲之際，南匈奴的駐地向南遷移，他們一直居住在河套一帶，東漢末年，曹操把匈奴分成五個部，到了三世紀，匈奴族的五部大都督劉淵在成都王穎手下當將軍，當時西晉正在經歷八王之亂。劉淵擔任了匈奴族的大單于，占領了北中國的大部分地區，自稱漢王，史稱漢趙。

匈奴的另一支族群稱為羯人。漢趙的大將羯人石勒篡漢，建立趙國，史稱石趙或後趙。後被氐人苻氏前秦所滅。

融入匈奴人中的月氏人，稱為匈奴別部盧水胡。其中沮渠家族推舉後涼漢官段業為主，在現甘肅地區建立北涼。後來沮渠蒙遜殺段業，自立為北涼主。之後又被鮮卑人拓跋氏北魏所滅。

匈奴與鮮卑的混血後代稱為鐵弗人。鐵弗人劉勃勃被鮮卑拓跋氏擊敗後投奔羌人的後秦。後自認為是末代的匈奴王，改姓赫連，在河套地區（現寧夏）創立夏國，史稱胡夏，後被北魏所滅。

匈奴融入靠近高麗的鮮卑宇文氏部落，進入朝鮮半島。後來宇文氏在西魏建立的北周政權被漢族外戚楊堅所篡。楊堅經過南征北戰後，創立隋朝，再次統一中原地區。

以上是十六國及魏晉南北朝時期，匈奴在中國歷史舞臺上進行的最後一場演出。之後，匈奴作為一個獨立的民族逐漸從中國歷史中消失。匈奴後裔融入漢族以後，所改漢姓有劉、賀、叢、呼延、万俟等，大多生活在今天的陝西、山西、山東等地。

河西走廊上有「羅馬古城」嗎？

「河西走廊」生活著一些具有明顯歐洲人相貌特徵的人。有人認為，他們可能是經過絲綢之路與中國貿易的西方商團的後裔。

「河西走廊」位於今甘肅省內，又稱「甘肅走廊」。自古以來，河西走廊上祁連山融化的雪水一直滋潤著山腳下多個民族的繁衍與生息，也造就了精彩紛呈的西部文化史。而鮮為人知的是，在山腳下，甘肅永昌縣境內的者來寨，一直生活著一些身材高大、膚色深紅、鼻梁高聳、眼睛深陷、毛髮棕色彎曲，具有明顯歐洲人相貌特徵的人。

有人認為，他們可能是經過絲綢之路與中國貿易的西方商團的後裔。眾所周知，絲綢之路曾是古代中國與西方國家文化交流和商品貿易的重要通道，因此，在河西走廊出現西方人的後代也就不足為奇了。但是，這種觀點隨即被推翻，者來寨的地理位置在西漢時屬經濟不發達的邊遠地帶。即使有人的活動，也大多是出於軍事目的所設要塞的駐軍。商團應選擇走人煙稠密、經濟發達的安全路徑，走者來寨是有悖常理的。況且，絲綢之路在西漢時期才粗具雛形，那時西方商團還沒有大批進入中國。因此，者來寨這些奇特村民不可能是西方商團留下來的後裔。也有人認為，他們就是歷史上神祕消失的「羅馬軍團」的後裔，這種解釋有依據嗎？者來寨真的是羅馬軍隊建造的「羅馬古城」遺址嗎？

翻開世界史，我們可以看到，西元前五十三年的古羅馬正值多事之秋，執政官克拉蘇為了與凱撒、龐貝兩個掌握兵權的實力派人物爭權奪利，決定向東擴張勢力。他糾集了一支由七個軍團組成的大軍，發動了對古帕提亞王國（今伊朗）的侵略戰爭。但是，古羅馬大軍在卡爾萊（今敘利亞的帕提亞）遭到帕提亞軍隊的圍殲，統帥克拉蘇被俘斬首，一度所向無敵的羅馬軍團幾乎全軍覆沒，只有克拉蘇的長子普布利烏斯所率的第一軍團約六千餘人拼死突圍。三十三年後，羅馬帝國與安息在經歷了無數次大大小小的戰爭之後，終於化干戈為玉帛，簽訂了和約，雙方開始相互遣返戰爭俘虜。當羅馬帝國要求遣返在卡爾萊戰爭中被俘的官兵時，安息國當局否認其事。羅馬人驚奇地發現，當年突圍的古羅馬第一軍團六千餘人神祕地失蹤了。第一軍團的消失成了羅馬史上的一樁懸案，而這樁懸案千百年來一直困擾著中西方史學界。

據中國的史書《漢書・陳湯傳》中記載，建昭三年（西元前三六年），西漢西域都護甘延壽和副校尉陳湯曾率兵四萬討伐郅支城，並與匈奴人在此展開了激戰。戰鬥中，匈奴人派出了一支長相非常奇特的軍隊，他們會使用一種被稱為「夾門魚鱗陣」的奇怪陣法——在敵人進攻情況危急時，用盾牌把自己圍成一圈進行防禦，而圈內的人則會把盾牌舉在頭上以防弓箭流矢。整個陣勢擺起來就像一個頭腳縮入殼中的大烏龜。因此，這個陣法又被形象地稱為龜甲陣。而龜甲陣正是古羅馬軍隊特有的一種作戰方式。此外《漢書》中還提到，漢軍不僅在這次戰役中大獲全勝，而且還俘獲了這支長相非常奇特、會使「夾門魚鱗陣」的軍隊中的一千餘人，並將他們帶回了西漢。

不久，在西漢涼州府的行政區劃中，就新設置了一個驪縣。而驪這個怪僻的縣名，其實就是漢時中國對古羅馬的稱謂。而據《永昌縣縣誌》載：「在今涼州府永昌縣南，本以驪降人置縣。」

這說明驪縣的設置與古羅馬軍團的戰俘有著密切聯繫。

當考古學家對者來寨進行考察時，意外地發現：在者來寨發現了一座有較大規模的古城遺址。但是因為一直有未間斷的人類活動，遺址被嚴重地破壞，已不具備什麼考古價值了。不過，從它長方形的形制和僅存的一段約三百公尺的城牆來看，可確定這是一座西漢古城。古城牆是「重木城」——城牆外加固重木，這種防禦方式是古羅馬所獨有的。而且，在這座古城遺址還發掘出了一處前後兩室的漢代墓葬，前室有四件完整的灰陶、陶灶和陶倉，後室遺體的頭骨旁有一撮毛髮，呈棕紅色，遺體下面有一枚紅色紐扣。經考古論證，墓主為漢代的歐洲人。鄰近的河灘村則出土了寫有「招安」二字的橢圓形器物，專家認為，這可能是羅馬降人軍帽上的頂蓋。

不僅有考古發現和歷史記載說明者來寨與羅馬人有著密切的關係，當地的民俗也具有古羅馬遺風：當地人的葬俗與眾不同，他們在安葬死者時，不論地形如何，一律頭朝西方，這正是面向古羅馬的方向；當地人還對牛十分崇尚，且十分喜好鬥牛；村民們在春節時都愛用發酵的麵粉做成牛頭形饃饃，俗稱「牛鼻子」，以作祭祀之用；他們還習慣在村社和主要路口修牛公廟；放牧時，村民們特別喜歡把公牛趕到一起，想方設法讓它們角鬥，如將牛群趕到屠宰過牛的地方，牛群嗅到血腥後會發狂地突奔吼叫，或拼死抵鬥，俗稱「瘋牛紮杠杠」，這正是古羅馬人鬥牛的遺風。

根據一件件的出土文物、歷史記載及民風民俗，我們可以推測出：當年，古羅馬第一軍團雖從帕提亞王國軍隊薄弱的東部防線殺出了重圍，但由於他們回國的路線被封鎖，故只能向東流竄。而當時，整個中亞的大部分地區都是匈奴的勢力範圍，因此，這股古羅馬軍團很可能逃到匈奴人的地盤，無奈之下他們只得屈服於強大的匈奴，並成為匈奴人的雇傭兵。而其中一部分羅馬人在陳湯與匈奴人的交戰中被俘獲帶回西漢。甘肅永昌縣的者來寨正是西漢政府為了安置這批俘虜所設立的驪古城，者來寨就是在漢朝時屹立在河西走廊上的「羅馬古城」——驪古城的遺址。

王昭君出塞的真正動機是什麼？

王昭君是主動要求出塞的，她之所以甘願遠嫁匈奴，是由於入宮很長時間卻一直沒有得到皇上召幸的機會，因而心生悲怨，決定出塞，這個說法有沒有根據呢？

「昭君出塞」的故事是我國歷史上的一段佳話，說的是漢元帝時期南郡秭歸（今湖北省興山縣）人王昭君以秀女的身分被選入宮中，由於宮中的美女甚多，元帝沒有時間一一挑選，便讓畫工將每名宮女的相貌畫出，他再對著畫像選擇美貌的秀女引入臨幸。因此宮中的秀女為了能得到皇上的寵幸，紛紛賄賂宮中的畫工，要求將自己的容貌畫得生動漂亮，但王昭君入宮後耿直清高，不肯賄賂畫工，於是得罪了畫工毛延壽，毛延壽把她畫得面目醜陋，皇帝自然不願臨幸王昭君。

竟寧元年（西元前三三年），匈奴首領呼韓邪單于主動入宮稱臣，並要求和親示好，元帝便派人找了一名相貌普通的秀女冒充公主嫁給呼韓邪單于，畫工就推薦了王昭君。結果王昭君入宴覲見的時候，漢元帝才發現王昭君竟是一位絕世佳人，元帝當即心生悔意，但君無戲言，又事關漢匈兩族的友好關係，便只得忍痛割愛，將王昭君嫁給了呼韓邪單于。事後漢元帝查清事情原委，勃然大怒，將毛延壽斬首處死。

王昭君真的是受毛延壽的陷害才無奈出塞的嗎？認為王昭君被迫出塞有哪些依據呢？

東晉時期，葛洪所撰《西京雜記》是這種解釋的最早記載：「元帝後宮既多，不得常見，乃使畫工圖形，按圖召幸之。諸宮人皆賂畫工，多者十萬，少者亦不減五萬，獨王嫱不肯，遂不得見。匈奴入朝，求美人為閼氏。於是上按圖以昭君行。及去，召見，貌為後宮第一，善應對，舉止閑雅。帝悔之，而名籍已定，帝重信於外國，故不復更人。乃窮案其事，畫工皆棄市，籍其家資皆巨萬。畫工有毛延壽，為人形，醜好老少必得其真；安陵陳敞、新卞劉白、龔寬，並工為牛馬飛鳥眾勢，人形好醜不逮延壽；下杜陽望亦善畫，尤善布色；樊育亦善布色。同日棄市，京師畫工，於是稀差。」其中並沒有將全部責任加到毛延壽一個人的身上。唐代吳兢的《樂府古題要解》中也有類似的記載，只是將毛延壽描繪成這些畫工的頭目，到了張時起《昭君出塞》及吳昌齡《夜月走昭君》等作品時，罪過已經全是毛延壽一人扛了。馬致遠的《漢宮秋》繼承了原有的傳說，更將毛延壽塑造成了敗類的形象。

對於王昭君的出塞，還有人認為毛延壽不僅不是罪人，甚至是千古功臣。據說王昭君入宮後，宮廷畫工毛延壽見她美麗異常，怕漢元帝召見後沉溺於美色不能自拔，於是故意將王昭君的畫像畫醜，不讓她有見到漢元帝的機會，這樣王昭君便一直被冷落在後宮中。直到呼韓邪單于請求和親的時候，毛延壽為免除後患，便向元帝推薦將王昭君遠嫁匈奴，一來可以徹底將王昭君與漢元帝分開，二來可以安撫匈奴的情緒，免除兩國之間的戰爭，王昭君就這樣嫁給了呼韓邪單于。明代江陰士子題《昭君詞》就這樣寫道：「驪山舉火因褒姒，蜀道蒙塵為太真。能使明妃嫁胡虜，畫工應是漢功臣。」但這種觀點多起於案頭遐想，沒有依據。實際上，毛延壽操縱整個事件的故事並不可靠，宋人王觀國就說：「殺畫工毛延壽之事，尤不可信。按匈奴和親，乃漢家大事。若以宮女妻之，而未嘗簡閱其人，憑圖畫以定大事，恐當時君臣，不致如此之魯莽。漢賜單于閼氏，乃披畫圖擇貌陋者賜之，又非和親之意。蓋小說多出於傳聞，不可全信。」毛延壽的出現是人們無法解釋為什麼王昭君貌美如花，元帝還遣送其出塞的動機。於是便將畫工拿出來，使其成為阻礙元帝與昭君相會的罪魁禍首。

那麼昭君出塞的真實原因到底是怎樣的呢？

《漢書》多次提到王昭君，但均是一筆帶過，如《漢書·元帝紀》詔曰「賜單于待詔掖庭王嬙為閼氏」，《漢書·匈奴傳》中載「元帝以後宮良家子王嬙字昭君賜單于」等。《後漢書·南匈奴傳》中則說：「昭君字嬙，南郡人。初，元帝時，以良家子選入掖庭。時呼韓邪來朝，帝敕以宮女五人賜之。昭君入宮數歲，不得見御，積悲怨，乃請掖庭令行。呼韓邪臨辭大會，帝召五女以示之。昭君豐容靚飾，光明漢宮，顧影徘徊，竦動左右。帝見大驚，意欲留之，而難於失信，遂與匈奴。」《琴操》傳為東漢蔡邕所著，其中也這樣記述：「……積五六年，昭君心有怨曠，偽不飾形容。元帝每歷後宮，疏略不過其處。後單于遣使者朝賀，元帝陳設倡樂，乃令後宮妝出。昭君曠恚日久，乃便修飾，善妝盛服，光輝而出，俱列坐……帝大驚，悔之，良久太息曰：『朕已誤矣！』遂以與之。」

以上記載離王昭君出塞發生的時間較短，因此較為可信，看得出，王昭君是主動要求出塞的，而她之所以甘願遠嫁匈奴的原因是「入宮數歲，不得見御，積悲怨」，由於入宮很長時間了，卻一直沒有得到皇上召幸的機會，因而心生悲怨，於是決定出塞。這其中與畫工沒有任何關係。畫工毛延壽的事情只是詩詞、傳奇、戲曲中的杜撰。

王昭君嫁給匈奴首領呼韓邪單于後，生了一個兒子，呼韓邪單于死後，又按照匈奴「父死，妻其後母」風俗，嫁給了呼韓邪單于的大兒子復株絫若鞮單于雕陶莫皋，並生了兩個女兒。王昭君的一生為聯結漢朝與匈奴的友好關係做出了卓越的貢獻，她的出塞下嫁使漢朝與匈奴歸於和好，消弭了邊塞戰爭達五十年之久。

精絕國為什麼消失得無影無蹤？

《漢書・西域傳》記載：在離長安有八八二〇里的地方，住著四百八十戶人家，養著士兵五百人，這就是西域三十六國之一的精絕國。

二十世紀初，英國人斯坦因在新疆塔克拉瑪干大沙漠的南緣尼雅河畔發現了一座古城遺址，並從這裡挖掘出封存了千年的各種珍貴文物十二箱之多。當這些文物被帶回英國時，西方學者大為震驚。經過考證，斯坦因所發現的就是被稱為東方「龐貝城」的尼雅遺址。尼雅遺址不僅是古代絲綢之路的一處重要遺址，它同時向人們展示被斯坦因稱為「死亡之海」的塔克拉瑪干大沙漠存在著一個悠久、古老、光輝燦爛的沙漠古代文明。

據史書中記載，在西漢時期，塔克拉瑪干沙漠腹地一共大大小小林立著三十六個王國，其中在尼雅地區就有一個非常著名的國家。《漢書・西域傳》曾這樣記載：這裡離長安有八八二〇里，住著四百八十戶人家，養著士兵五百人，這就是西域三十六國之一的精絕國。這個遙遠的精絕國，有官有民，有兵有將，儼然是絲綢之路上機構完整的要塞。但是到了西元四世紀左右，這個國家突然神祕地消失在歷史的塵埃當中，它究竟是一個什麼樣的國家，又為什麼會神祕地消失，西方世界人們為什麼會把它稱之為是東方的龐貝呢？

從《漢書・西域傳》的記載來看，「精絕國」只是一個人口僅與村落般多的國家。可是在兩千多年以前，西域的許多小國家大多如此。「精絕國」這小小國家，在古代絲綢之路上是商旅的必經之地，因此成為東西方文化的交匯之所。那精美的絲綢、犍陀羅藝術和盧文木牘，以及至今仍保存完好的民居和佛塔，都表明「精絕國」的經濟文化有相當高的水準，學者們稱之為「尼雅文明」。

從《漢書》首次記載了精絕國以來，此後的史籍對精絕國的記載都很少，精絕國人最後在歷史上出現時，已經是改名為鄯善的樓蘭國的子民了。作為一個袖珍國家，僅有五百名士兵的精絕國在那個兼併戰爭如同家常便飯一樣的時代是不可能長期獨立存在的。樓蘭國在改名鄯善之後，因為是西出陽關第一站，又得到了中原王朝的扶植，曾經盛極一時。大約在東漢王朝的末年，強大起來的鄯善兼併了包括精絕在內的鄰近的幾個綠洲城邦。從那時起，尼雅河流域被納入鄯善王國的版圖，變成了它的一個行政區，精絕國改名為精絕州。西晉以後，精絕復國，仍然在故土上延續著自己的文明。

但是後來，尼雅文明卻逐漸衰落下去，精絕國也逐漸變為沒有人煙、流沙肆虐的荒漠。到了唐朝，玄奘在《大唐西域記》中記載精絕國已經成為一片荒野了，在這之後，再無精絕國的記載，精絕國神祕消失了，直到二十世紀初被斯坦因發現。

在尼雅廢墟的流沙中，可以看到保存完好的民居、畜舍，房頂雖然被風吹落，可高大的房柱卻依然屹立在流沙之中。此情此景，不禁使人追問是什麼原因導致了尼雅文明的衰落。

有專家認為是尼雅河的變遷導致了尼雅文明的衰落。尼雅河發源於崑崙山，其上游有六十條冰川，冰川融水是尼雅河水的主要來源。在秦漢時期，尼雅河水源相當充沛，流程比較遠，其尾閭可以到達尼雅廢墟一帶。於是尼雅地區在河水的滋潤下，林木蔥郁，灌草繁茂，成為一個良好的綠洲。在沙漠地區，綠洲是人類唯一可以居住生活的地方。於是在尼雅綠洲上出現了居民和精絕國，出現了尼雅文明。

但是隨著氣候的變化，尼雅河出現了河道退縮，由於尼雅河的退縮，原先精絕國的地區失去了水源，居民無法耕種與生活，最後只好離開這裡，遷移到其他地方。於是尼雅的歷史發展完全中斷，成為沒有人煙的廢墟。水是生活之源，斷絕了水源以後，胡楊林成片地死亡，飛禽、走獸也逃離了這裡，於是尼雅逐漸成為沒有生命的荒漠。人類古代文明都是在河水資源充沛的地方出現的，古代的埃及文明、兩河文明和黃河文明，莫不如此。早已絕滅的尼雅文明同樣印證了這一道理。

也有人認為是戰爭毀滅了尼雅文明。從尼雅文明發掘出的文獻來看，精絕國長期受到西南方向的強大部落「SUPIS」人的威脅和入侵，而考古學家們在這個沉睡了一千六百年的廢墟上，看到了宅院四周屍骨累累，內部各種遺物四處散落，房門敞開或半閉。用來存放盧文的陶甕密封完好沒有拆閱，儲藏室裡仍有大量的食物，甚至紡車上還有一縷絲線。這一切似乎告訴人們尼雅王國在面臨長期的外族入侵威脅後，遭到了慘重的致命一擊，甚至沒有留下最後的文字記載。

雖然這兩種說法都有道理和依據，但是考古學家在尼雅遺址中發現，不少住宅周圍都有巨樹環繞，果園中林木整齊。住處附近從堆積的淤泥看，還有水塘的痕跡。在這樣好的生存環境中，很難說尼雅河會突然斷流，導致精絕王國覆滅。而且，在尼雅遺跡中，沒有斷戟殘劍沉埋沙中，所有出土的古屍，都是平靜而又安詳的。所有的房屋遺址，都是完整的。如果說精絕是毀於戰爭，又該如何解釋這一切呢？

讓人百思不得其解的還有，考古學家在尼雅遺址的一所房子廢墟中發現一隻脖子上拴著繩子的狗的遺骸。顯然，狗的餓死是因為主人離去時忘了解開繩子。究竟發生了什麼事，讓精絕國的人們在離去時連愛犬的繩子都忘了解開？他又為何一去不返？如果說精絕的居民真的集體遷徙了，他們究竟遷到了哪裡？由於資料的缺乏，至今仍是一個難解的科學之謎，尚無法做出確切的說明。

誰把樓蘭古國變成沙漠廢墟？

究竟是什麼力量促使樓蘭衰亡？來自內部的損耗，還是不可抵禦的外力侵襲？樓蘭的子民去向了何方？

二十世紀初，瑞典探險家斯文・赫定率一支龐大的駱駝隊來中國的羅布泊地區考察時，無意間發現了一個古國遺址，並在遺址上獲取了大批漢魏古錢、一枚羅馬錢幣、一枚于闐錢幣、各類精美的絲織品、頗具中亞希臘化藝術風格的雕花建築構件等文物。其中一件帶有木雕小佛像的佛殿建築飾件，十分精美，迄今仍是中國境內發現的最早的佛像藝術品。而最重要的文物當屬那些魏晉木簡殘紙。魏晉書法真跡留傳至今者寥寥無幾，被歷代收藏家視為珍寶，而赫定在遺跡裡一次發掘所獲就達一百五十餘件。根據赫定帶回的盧文和簡牘上的「Krorain」一詞，德國語言學家研究後確認：這片廢墟就是在歷史上赫赫有名後又銷聲匿跡的樓蘭！

樓蘭是中國古代西部的一個小國，屬西域三十六國之一。它西南通且末、精絕、拘彌、于闐，北通車師，西北通焉耆，東到白龍堆，通敦煌，是扼絲綢之路的要衝。最早記載「樓蘭」這一名稱的是《史記》：「鄯善國，本名樓蘭，王治扜泥城，去陽關千六百里，去長安六千一百里。」根據《史記》描述，樓蘭人在西元前三世紀時建立了自己的國家。當時樓蘭受月氏統治。後來，匈奴打敗了月氏，樓蘭又被匈奴所管轄。樓蘭在西漢時有居民一萬四千多人，士兵將近三千人。

這樣一個並不算大的國家，在漢朝以前，是不為中原人所知的。直到張騫奉漢武帝之命出使西域時，樓蘭才第一次進入中原人的視線。隨著絲綢之路的開闢，樓蘭古城成為古代絲綢之路的必經之地，繁榮的商業為樓蘭帶來了巨大的利潤，使樓蘭人過上了富足的生活。中原的商品和文化也借著絲綢之路傳入樓蘭，給樓蘭帶來了發達的物質文明和精神文明。樓蘭在當時已經成了西域的樂土，沙漠裡的天堂。

西漢王朝衰落之後，無暇顧及西域，樓蘭也漸漸與中原失去聯繫。隆安四年（西元四〇〇年），高僧法顯西行取經，途經此地時，此地已是「上無飛鳥，下無走獸，遍及望目，唯以死人枯骨為標識耳」。樓蘭這座絲綢之路上的重鎮在輝煌了近五百年後，逐漸沒有了人煙，在歷史舞臺上無聲無息地消失了。

究竟是什麼力量促使樓蘭衰亡？內力的損耗還是不可抵禦的外力侵襲？樓蘭的子民去向了何方？

有人認為是交通路線以及水系的變化導致了樓蘭的衰亡。西漢時，絲路出玉門關，北道一路經過車師，另一路經過樓蘭。經過樓蘭之路最為便捷，但是沿途缺乏水草，多風沙，然而車師靠近匈奴，受匈奴侵擾，動盪不穩。因此，樓蘭成為西域交通重要樞紐，擔負著「負水擔糧，送迎漢使」的重任。交通地位的確立帶來了樓蘭的繁榮。但是隨著高昌局勢的穩定，中央政府在高昌建立了穩定的統治，使高昌成為西域的門戶。經過高昌的天山南麓道路逐漸代替了經過樓蘭的道路。道路的變化，使樓蘭漸漸喪失了中西交通中樞站的地位。

同時，隨著社會的發展和人們改造自然的能力增強，對環境的破壞也就加大了，對水資源的利用範圍也愈來愈大，河水資源日見短缺。在位於樓蘭上游的尼雅遺址出土的文書中，發現官府對河水灌溉管理得很嚴格，這就是水資源難以滿足社會需要的反映。上游用水量增多，下游河水就減少了。《辛卯侍行記》記載：「塔里木河羅布莊各屯，當播種時，上游庫車迤西，城邑遏流入渠，河水淺涸，難於灌溉……」塔里木河是新疆第一大河，水量最豐，上游攔水灌溉，竟會導致下游「淺涸」，說明了上游對下游的影響。樓蘭古城地處孔雀河下游，必然最先受到影響。在沙漠地帶，水就是生命線，一旦失去了水資源，綠洲就必然衰亡。

與此針鋒相對的一種說法是，樓蘭毀於洪水。在樓蘭有一種墓葬形制被稱為「太陽墓」。「太陽墓」外表奇特壯觀，圍繞墓穴的是一層套一層共七層的由細到粗的圓木。木柱由內而外，粗細有序，圈外又有呈放射狀而展開的列木，井然不亂，蔚為壯觀，整個外形酷似一個太陽。太陽墓的盛行，大量樹木被砍伐，使樓蘭人在不知不覺中埋葬了自己的家園。已發現的一座墓葬中，成材圓木達一萬根之多，數量之多令人咋舌。同時，戰爭和人口的增加、手工作坊、民用炊火都要砍伐大量的林木。過度的採伐使自然環境遭到嚴重的破壞，致使水土流失淤積河道、湖泊，河床抬高、湖深淤淺。而樓蘭古城建在高地平臺上部，城外被水環繞。樓蘭城的毀滅可能是當時某一段時期裡羅布泊抬升湖水，導致水位上漲，向西蔓延樓蘭城，同時樓蘭城及周邊地層下陷，孔雀河與塔里木河等河流下游注入樓蘭城致使樓蘭古城毀滅。

不管是何種原因導致樓蘭古城成為沙漠中的廢墟，樓蘭文化都永遠地存在我們的追憶中。保護環境就是保護我們的家園，也許這是樓蘭消亡留給我們的啟示吧！

夜郎國為什麼出現若干個首都？

隨著考古發掘的不斷進展，一個奇怪現象出現在人們眼前。從發掘成果，夜郎國的首都好像到處都是……

夜郎自大是一個婦孺皆知的故事，夜郎這一國名第一次出現在文獻中，大約是在戰國時期，楚襄王（前二九八至二六二年）派「將軍莊蹻溯沅水，出且蘭（今貴州福並縣），以伐夜郎王」，「且蘭既克，夜郎又降」（常璩《華陽國志・南中志》）。至西漢成帝和平年間，夜郎王興同脅迫周邊二十二邑反叛漢王朝，被漢使陳立所殺，夜郎也隨之被滅，前後約三百年。後古夜郎國神祕消失。這個古老的文明在中原史籍記載中留下了一團迷霧。

雖然漢族文獻中對夜郎的記載少之又少，但是，在另一民族彝族的文獻記載中，竟然有非常詳細的關於夜郎國的記述。根據彝族的史料可知，夜郎興起於夏朝時期，歷經武米夜郎、洛舉夜郎、撒罵夜郎、金竹夜郎四個朝代，於後漢時王朝終結，歷時大概有兩千餘年。夜郎的最高統治集團由君、臣、師和匠組成。師有些像祭司，又有些像史官，負責講解道理、規矩，記載歷史事件和君的言行，君則按照規矩發號施令，臣和匠按君的命令列事。臣主要管理行政和領兵征戰，匠則專門管理經濟事務，領導生產、建設。由此可見，夜郎有一整套嚴密的經濟、文化、政治和軍事制度。

那麼，這個並不是彈丸之地的夜郎國國都何在呢？

有人認為是貴州畢節赫章可樂，在浩如煙海的彝族文獻中，有大量描述夜郎的誕生、發展和遷移的資料，其中以《西南彝志》、《彝族流源》、《夜郎史傳》和《益那悲歌》為代表，《益那悲歌》和《夜郎史傳》不但記載了夜郎古國在可樂的生產、生活、城池和統治狀況，而且還記載了夜郎王在可樂的政治、經濟、文化和生活瑣事等情形，因此有人認為夜郎古國鼎盛時期的古都就在可樂。另外，彝族文獻《夜郎創基業》記載：「武夜郎先攻占周圍一些小部族的土地，接著起兵向日出之方，攻占東濮的古諾（古時稱貴陽為古諾），繼而揮師西向，奪下西濮的可樂，後又進攻漏臥不勝，撤兵回來建設可樂。」「在可樂建八方殿、九層宮，外設九營十八卡。」這是目前各種文獻資料明確記載可樂夜郎皇宮模式的唯一文字資料，並與《史記》、《華陽國志》記載，基本吻合。在可樂發現的大量夜郎時期的古建築遺跡也將夜郎古都指向可樂。

也有人認為是貴州長順縣廣順鎮。據《後漢書》記載「有竹王者興於遁水，有一女子浣於水濱，有三節大竹流入女子足，推之不肯去。聞有兒聲，取持歸，破之，得一男兒。長養有才武，遂雄長夷狄，以竹為氏」。這是來自民間的傳說，生動地反映了夜郎的建國經過。夜郎在西漢後期逐漸建立政權，而「竹崇拜」則成為夜郎的一種標誌。貴州長順縣廣順鎮為古夜郎文明中心的說法就是建立在這個基礎上的。廣順鎮，坐落在天馬山下，左有美女山，右有郎山、夜合山。當地人代代相傳說，夜郎國時的金竹夜郎王府就坐落在這裡。當地老百姓稱那裡的古城池為夜郎王府、竹王府等。「竹」字與「夜郎」的同時存在，也證明了夜郎國「竹崇拜」的猜測。現在，在那裡仍可看到殘垣斷壁舊址。古城池面積為二平方公里，有四個出口，內有兩道城牆，用土石築成。近代，人們在郎山西側山下墾荒時，還曾挖出銅劍、方印、青銅匙等多種文物，也挖出過多處古夜郎的墳墓。

還有人認為是湖南沅陵。《史記‧西南夷列傳》載：「西南夷君長以什數，夜郎最大，其西，靡莫之屬什數，滇最大；自滇以北君長以什數，邛都最大。」持此說的人以為，司馬遷在此所指的西南夷，不是廣義上的西南夷，而是僅指荊楚黔中地的西南夷，是一種狹義的地理概念。因為在古代，中國現在的西南域及緬甸北部，都是當時眾多原始部族散居地，因種族繁多，又不明其狀況，所以古人將這一區域統稱為西南夷。如果司馬遷在這裡指廣義上的西南夷，那麼「夜郎最大」的說法，就難以成立，其後的「滇最大」、「邛都最大」也會自相矛盾。同時《史記》、《後漢書》、《華陽國志》都載有楚將溯沅水而伐夜郎的歷史，這就可以進一步斷定，夜郎國在黔中地的沅水岸畔。

而之後的文人墨客也不斷用詩詞佐證著湖南沅陵就是夜郎的國都。唐代大詩人劉禹錫於唐永貞元年（西元八〇五年）被貶至朗州（今常德），其間作《楚望賦》云：「武陵（西漢初年由黔中郡改名）故郢（楚都，代指楚國）之裔邑，夜郎諸夷雜居。」指的是古黔中境內為夜郎各族雜居之地。唐代大詩人李白所作《聞王昌齡左遷龍標遙有此寄》：「楊花落盡子規啼，聞道龍標過五溪。我寄愁心與明月，隨君直到夜郎西。」這裡的夜郎指的是今日沅陵。這首詩被收入明代萬曆年間的《辰州府志》和《沅陵縣誌》。《唐人七絕詩釋》一書為這首詩注解時特別說明：「此夜郎在今湖南省沅陵縣。」因沅陵戰國時為夜郎都城（中心），故梁天監十年（西元五一一年）「辟沅陵縣置夜郎縣」（《沅陵縣誌》）。戰國時期沅陵農耕十分發達。《史記》與《漢書》均稱夜郎「其人皆稚結左衽，邑聚而居，能耕田」。這也比較吻合。

種種說法都有自己的證據，不能輕易否定。實際上，夜郎國時期戰爭頻繁，疆域不斷變動，其國都也不可能長久地固定於一地，應該是不斷變遷，經常變化的。這樣來看，各地證明自己曾是夜郎的國都也就都能自圓其說了。

第3章

魏晉南北朝

滄桑分合幾多謎

「三請諸葛亮」難道是編造出來的？

「三顧茅廬」是三國中的一段佳話，歷來為人傳頌。但也有人對三顧茅廬的真實性提出懷疑，他們認為真實的歷史是諸葛亮自己去見劉備。

《三國演義》是我國古代四大名著之一，作者羅貫中在書中記述了劉備「三顧茅廬」請諸葛亮出山的故事：漢末，黃巾起義爆發，天下大亂，曹操把持朝廷，孫權擁兵東吳，漢宗室豫州牧劉備在謀士徐庶和司馬徽的推薦下，和關羽、張飛一起到隆中（現今湖北襄陽縣）臥龍崗去請諸葛亮出山。第一次去時，恰巧諸葛亮外出，劉備只得失望地回去。不久，劉備又和關羽、張飛冒著大風雪第二次去請，不料諸葛亮又外出閒遊去了。張飛本不願意再來，見諸葛亮不在家，就催著要回去。劉備只得留下一封信，表達自己對諸葛亮的敬佩和請他出來幫助自己挽救國家危難局面的意思。過了一些時候，劉備準備再去請諸葛亮。關羽說諸葛亮也許是徒有虛名，未必有真才實學，不用去了。張飛卻主張由他一個人去叫，如果他不來，就用繩子把他捆來。劉備把張飛責備了一頓，又和他倆第三次拜訪諸葛亮。到時，諸葛亮正在睡覺。劉備不敢驚動他，一直站到諸葛亮醒來，才彼此坐下談話，諸葛亮於是提出了對劉備的發展有戰略意義的《隆中對》。諸葛亮出山後為蜀國的建立立下了汗馬功勞。《三國演義》把劉備三次親自敦請諸葛亮的這件事情，叫作「三顧茅廬」。

「三顧茅廬」是三國中的一段佳話，歷來為人傳頌。但也有人對三顧茅廬的真實性提出懷疑，他們認為真實的歷史是諸葛亮自己去見劉備。據考證，《三國志》之外的史料再沒有「三顧茅廬」的記載，而且，縱覽整個三國史料以及相關歷史人物，竟無一人提到劉備三顧於諸葛亮，這個被後世尊之為禮賢下士的典範事蹟在三國時代竟無人提起，真是無法想像，與之相對的是，有些史料對劉備和諸葛亮見面的相關記載，與《三國志》的記載大相徑庭。根據《魏略》和《九州春秋》的記載，劉備來到荊州後，屯兵於樊城。建安十二年（西元二〇七年），曹操平定了北方，諸葛亮料定其下一個攻擊目標必是荊州，而劉表「性緩，不曉軍事」，於是「北行見備」。劉備與諸葛亮初次相見，又見諸葛亮年齡不大，於是對其並不是特別在意，只當作一般士人接待（以其年少，以諸生意待之）。劉備和大家談完之後，諸葛亮並沒有像其他人一樣隨即離開，而是留了下來。劉備對他並不在意，而是編起草鞋來。諸葛亮便說，將軍的雄心壯志難道就是編草鞋嗎？劉備知道諸葛亮有話要說，於是就說，你這是什麼話！我不過「聊以忘憂」罷了。諸葛亮接著說，將軍度量一下，劉鎮南（指劉表）和曹公相比怎麼樣？劉備說，比不上。諸葛亮又問，將軍自己呢？劉備說，也比不上。諸葛亮說，都比不上，難道就等著人家來宰割嗎？劉備說，我也發愁，那你說怎麼辦？諸葛亮就給他出了個主意，讓劉備建議劉表鼓勵遊民自力更生，並登記在冊，這樣就可以增加荊州的實力了。經過這一番談話，最後，劉備才「以上客禮之」。西晉司馬彪《九州春秋》也有相同的記載。

先拋開《魏略》和《九州春秋》的記載是否屬實，若劉備真的曾經「三顧茅廬」，從常理分析，諸葛亮是位胸有宏圖之士，劉備請他出山，正合其意，他擺擺架子，考察一下劉備的誠心當然也有可能，但讓人不懂的是，當時，曹操幾十萬南征大軍正威脅著劉備，諸葛亮的《隆中對》不提這個緊迫的現實問題，非常不合乎情理。同時，劉備第一次見諸葛亮，諸葛亮的《隆中對》從當時危如累卵的形勢來看必定要高度保密，劉備怎會讓人現場做好紀錄而讓天下盡知。與之相比較的是，郭嘉初見曹操時對天下大勢的分析，後人一字不知，只有曹操感歎：能使我安天下者，必此人。看來，所謂《隆中對》，很有可能是後人附會《出師表》而杜撰的。據此，「三顧茅廬」之說就不可信了。

那麼，陳壽在寫《三國志》時為什麼會寫劉備「三顧茅廬」呢？因為諸葛亮在《出師表》中說得很明白：「臣本布衣，躬耕於南陽，苟全性命於亂世，不求聞達於諸侯。先帝不以臣卑鄙，猥自枉屈，三顧臣於草廬之中，諮臣以當世之事。由是感激，遂許先帝以驅馳。」也就是劉備親自到隆中找過諸葛亮，而且去了多次。這也是諸葛亮決定出山輔佐劉備的直接原因。從諸葛亮出山到上表，不過二十一年，許多當事人都還健在，諸葛亮憑空捏造一個「三顧茅廬」的故事，無論從諸葛亮的為人來看，還是從當時的實際情況看，恐怕都不可能。於是陳壽記載劉備曾「三顧茅廬」。後來，陳壽在他的《上〈諸葛亮集〉表》中，也做了很清楚的描述。陳壽說：「左將軍劉備以亮有殊量，乃三顧亮於草廬之中。亮深謂備雄姿傑出，遂解帶寫誠，厚相接納。」這就把前因後果說得再清楚不過了。

還有人認為《三國志》、《魏略》、《九州春秋》的記載並不衝突，這部分學者認為「三顧茅廬」與諸葛亮的自請相見都是真實可信的。如清代學者洪頤煊在《諸史考異》中說諸葛亮初見劉備於樊城，劉備雖以上客待之，但沒有特別器重他。於是諸葛亮就又回去了。等到徐庶舉薦時，劉備才意識到諸葛亮的價值，只好親自出馬，三顧茅廬，重新把諸葛亮請了出來。正因為有前面的那個曲折，這才需要親自出馬，也才需要「三顧」而不是「一顧」。

不管是諸葛亮自薦於劉備，還是劉備三顧諸葛亮於草廬之中，或是諸葛亮先自薦於劉備，劉備再三顧諸葛亮於草廬之中，諸葛亮終因為劉備的禮賢下士而出山輔佐劉備，為劉備出謀劃策，整肅軍隊，在蜀漢的建立過程中發揮了不可或缺的重要作用。

諸葛亮所造木牛流馬究竟為何物？

根據現代的能量守恆定律，木牛流馬類似於永動機，這是不符合科學定律的。然而根據史書記載，諸葛亮確實製造過木牛、流馬。

我們都知道能量是守恆的，世界上不存在永動機。但是據史籍記載，在一千七百多年前，三國時蜀漢丞相諸葛亮發明了類似永動機的木牛流馬，木牛流馬真的存在嗎？假若存在，木牛流馬是長怎樣的呢？

據《三國志‧諸葛亮傳》記載：「亮性長於巧思，損益連弩，木牛流馬，皆出其意。」《三國志‧後主傳》記載：「建興九年，亮復出祁山，以木牛運，糧盡退軍；十二年春，亮由斜谷出，以流馬運，據武功五丈原，與司馬懿對於渭南。」上述記載明確指出，木牛流馬確實是諸葛亮發明的，而且木牛流馬分別是兩種不同的運輸工具，從木牛流馬使用的時間順序來看，先有木牛，後有流馬，流馬是木牛的改進版。

給《三國志》作注的南北朝時期的裴松之，在注中引用了現在已經失傳的《諸葛亮集》中有關木牛流馬的一段記載，對木牛的形象做了描繪，對流馬的部分尺寸做了記載：「木牛者，方腹曲頭，一腳四足，頭入頸中，舌著於腹。載多而行少，宜可大用，不可小使；特行者數十里，群行者二十里也。曲者為牛頭，雙者為牛腳，橫者為牛頸，轉者為牛足，覆者為牛背，方者為牛腹，垂者為牛舌，曲者為牛肋，刻者為牛齒，立者為牛角，細者為牛鞅，攝者為牛鞦軸。牛仰雙轅，人行六尺，牛行四步。載一歲糧，日行二十里，而人不大勞。」這段記載，儘管對木牛形象做了描繪，並且下文還對流馬的部分尺寸做了記載，但是因為沒有任何實物與圖形存留後世，使得後人對木牛流馬的認識始終是鳳毛麟角、雲山霧罩。

諸葛亮造出木牛流馬兩百年後，據說南北朝時期的科技天才祖沖之造出了木牛流馬。《南齊書．祖沖之傳》說：「以諸葛亮有木牛流馬，乃造一器，不因風水，施機自運，不勞人力。」令人難以理解的是，他同樣也沒有留下任何詳細的資料。

作為正史的《三國志》和《南齊書》都存在木牛流馬的記載，我們不禁想問木牛流馬究竟是什麼樣的機械？

有人認為木牛、流馬都是經諸葛亮改進的獨輪車。《宋史》和明代王圻所著的《稗史類編》等史籍，認為木制獨輪小車在漢代稱為鹿車，諸葛亮加以改進後稱為「木牛流馬」，北宋才出現獨輪車的稱呼。北宋前期官修「四大書」之一的《太平御覽》卷七七五所引的東漢學者應劭的《風俗通》，是最早記載「鹿車」的典籍。其曰：「鹿車，窄小載容一鹿也。」陸游的詩《送子坦赴鹽官縣市征》中也提到了「鹿車」：「游山尚有平生意，試為閒尋一鹿車。」這種說法認為，諸葛亮的「木牛流馬」是在鹿車的基礎上改進的，和後來的獨輪車沒有太大的差別。

從考古發現來看，在四川的渠縣出土有蒲家灣東漢無名闕背面的獨輪小車浮雕，還有燕家村東漢沈府君闕背面的獨輪小車，大致再現了「木牛流馬」的模樣。這兩種獨輪車都很獨特，其車形似牛似馬，具有獨特的運輸功能。木牛有前轅，行進時人或畜在前面拉，人在後面推。而流馬沒有前轅，行進時不用拉，僅靠人推。三國時蜀漢偏處西南一隅，馬匹有限，並且多被用於騎兵作戰。運糧運草主要靠人力，這樣，木牛流馬便應運而生，發揮了很大的作用。

宋代典籍《事物紀原》卷八也認為：「木牛即今小車之有前轅者；流馬即今獨推者是，而民間謂之江州車子。」《事物紀原》是宋代高承編撰的一部書，專記事物原始之屬。凡十卷，共記一七六五事。此書「自博弈嬉戲之微，魚蟲飛走之類，無不考其所自來」，作者的考證功夫很深，所持之說有極大的參考價值。

但是，也有人認為獨輪車的機械原理十分簡單，無須大書特書，諸葛亮的本領也不至於如此平庸。

還有人認為，木牛、流馬是新款的自動機械。《南齊書》、《太平御覽》，還有現在的《辭源》認為，三國之時，運用齒輪原理製作機械，已屢見不鮮，包括東漢畢嵐所做的翻車，三國韓暨所做的水排，魏國馬鈞所做的指南車。《南史》說：祖沖之「以諸葛亮有木牛流馬，乃造一器，不因風水，施機自運，不勞人力」。意思指祖沖之在木牛流馬的基礎上，造出更勝一籌的自動機械。以此推論，三國時期利用齒輪製作機械已屬常見，後世所推崇的木牛流馬，很有可能是令祖沖之感興趣的、運用齒輪原理製作的自動機械，否則祖沖之不會有興趣拿它來做參考和對比。

從科學角度來看，「木牛流馬」如果真的像書中描述的那樣可以不吃不喝還能走，這顯然是不符合現代科學上的能量守恆定律的。因為如果「木牛流馬」要行走，必定會消耗能量，當時並沒石油、天然氣之類的能源物質，它又不吃不喝，它從哪裡得到能量？這是值得考慮的問題。如果要造出像小說裡描述的那種木牛流馬來，就必須拋棄現代的「能量守恆」定律，必定是一個令世界矚目的事蹟。歷史上有無數個謎團需要我們去解決，這可能只是一個虛構的物品，但是在謎團未揭開之前，誰也不能否認它的存在。

諸葛亮到底有沒有寫過《後出師表》？

無論《後出師表》的作者是誰，其中的「鞠躬盡瘁，死而後已」這兩句話都準確地概括了諸葛亮一生的精神。《後出師表》的全部價值也就在此。

《出師表》分為《前出師表》和《後出師表》兩篇，是三國時期蜀漢丞相諸葛亮兩次北伐曹魏前，上呈給後主劉禪的奏章。《前出師表》作於建興五年（西元二二七年），收錄於《三國志》卷三十五，文章情意真切，感人肺腑，表明諸葛亮北伐的決心。他在表中告誡後主要「親賢臣、遠小人」，多聽取別人的意見，為興復漢室而努力。

《後出師表》作於建興六年（西元二二八年），說是諸葛亮第一次北伐失利，引咎責躬，厲兵講武，當孫權破曹休，魏兵東下、關中虛弱之時，他上此表請求再次伐魏。因為他第一次北伐時有一篇《出師表》，因此這一次的被稱為《後出師表》。諸葛亮在文中表示為了國家，下定決心「鞠躬盡瘁，死而後已」，深刻地表現了諸葛亮對國家的耿耿忠心。其中有「先帝慮漢賊不兩立，王業不偏安」。經常被後人引用。南宋謝枋得於《文章軌範》引用安子順之說：「讀《出師表》不哭者不忠，讀《陳情表》不哭者不孝，讀《祭十二郎文》不哭者不慈。」

《後出師表》記載於《三國志・諸葛亮傳》注引東晉的習鑿齒的《漢晉春秋》。但南朝裴松之注《三國志》引這篇《表》時卻注明：「此表，《亮集》所無，出張儼《默記》。」他持論謹慎，不言其非，也不言其是，不過，他客觀記述的情況，卻啟發人們去懷疑《後表》的真偽。所以，清人錢大昭在《三國志辨疑》中就懷疑《後表》是後人偽撰的，他認為，習鑿齒把它收進《漢晉春秋》欠考慮，陳壽《三國志》不載此文「極有卓見」。

當然也有人認為《後出師表》應是諸葛亮所寫。因為張儼與諸葛亮是同時代的人，對諸葛亮的生平事蹟很熟悉，如果《後出師表》為他人偽撰，張儼不會不加辨別就把它收進《默記》。至於陳壽，因為不敢犯司馬氏之諱，所以不敢把罵他們為魏賊的《後出師表》收入《三國志》中。但較多的人還是認為《後出師表》不是出自諸葛亮之手，理由如下：

一、《後出師表》與《前出師表》的立意完全不同。《前出師表》表明了諸葛亮對北伐必勝的信心：「當獎率三軍，北定中原，庶竭駑鈍，攘除奸凶，興復漢室，還於舊都。」又說，「願陛下托臣以討賊興復之效；不效，則治臣之罪，以告先帝之靈。」《後出師表》卻語氣沮喪：「然不伐賊，王業亦亡；惟坐待亡，孰與伐之？」雖然此時已有街亭一敗，但「受任於敗軍之際，奉命於危難之間」的諸葛亮怎會雄心全挫呢？而且，如果是諸葛亮自己所寫，此文應該暢所欲言，沒必要故意貶低自己。

諸葛亮一向有膽略，有抱負，有堅韌不拔、百折不撓的毅力。未出茅廬，他就自比管仲、樂毅，劉備請他出山時，正是劉備勢單力孤，處境最困難的時候，他卻在這時為劉備描繪出據荊州、取益州，以成帝業的宏偉藍圖。就在上《後出師表》的前一年，他上《前出師表》，先主崩殂，益州疲弊，正值危急存亡之秋，但他仍相信，只要後主親賢臣，遠小人，「漢室之隆，可計日而待」，而他率軍北伐，也有決心「攘除奸凶，興復漢室，還於舊都」。但不到一年，在《後出師表》中，這一切全不見了，消沉、沮喪，列舉的六條，都是對北伐缺乏信心。「然不伐賊，王業亦亡；惟坐待亡，孰與伐之？」北伐全然是無可奈何的。「凡事如是，難可逆見」，只有盡力而為，「至於成敗利鈍，非臣之明所能逆睹也」。看不到勝利的希望，對前途悲觀渺茫。這不是《前出師表》中那個諸葛亮的精神狀態。

二、《後出師表》所說的很多事情與史實不合。比如，它列數曹操的幾次失利，如困於南陽、險於烏巢、危於祈連、偪於黎陽、幾敗北山、殆死潼關，除南陽、烏巢、潼關幾次遇險史書中有記載，另幾次都沒有確切依據。又如，《後表》說劉繇、王朗各據州郡，連年不征不戰，坐使孫策據有江東，這和史書記載的情形也不合。這或者可以解釋為史書缺載或誤載，或諸葛亮誤記，但有一件事卻不可能誤記，即趙雲之死。趙雲是建興七年（西元二二九年）死的，他在第一次北伐中雖然失利，但未大敗，更不至於喪生，他還被貶為鎮軍將軍，這是退軍以後的事。這是《三國志・趙雲傳》和注引《雲別傳》明確記載的。但上於建興六年（公元二二八年）十一月的《後表》卻說趙雲和另外七十多名戰將都已經死了。這個明顯的漏洞很難做出合理的解釋。

三、《後出師表》的行文不像出自諸葛亮之手。《前出師表》是上給後主的，諸葛亮受劉備臨終之重托，因此，他對後主一向是恭謹的，雖時時苦心勸諫，但措辭總是誠懇委婉。不像這篇《後表》，開頭就直說後主無能，當面指問：「今陛下未及高帝，謀臣不如良、平，而欲以長計取勝，坐定天下，此臣之未解一也。」這不是臣下對君主的口氣，更不像諸葛亮說的話。

因此，有人認為《前出師表》是忠臣志士無意為文，故風格至為高邁。《後出師表》是作偽者有意為文，因而辭意不免庸陋，如「群疑滿腹，眾難塞胸，今歲不戰，明年不征」四句，均一句四字，兩句對偶，意思完全雷同，《前出師表》就沒有這樣的句子。清代學者黃式之就說：「《前表》悲壯，《後表》衰颯；《前表》意周而辭簡，《後表》意窘而辭繁。」

既然認為《後出師表》非諸葛亮自作，那麼，偽造者又是誰呢？由於《後出師表》出於張儼的《默記》，因此，一些學者就認為它是張儼所作。但有人指出張儼對於諸葛亮的將才評價很高，對北伐也抱有樂觀態度，認為假使諸葛亮壽命長一些，北伐是可以取勝的——這與《後出師表》悲觀失望的態度全然不同，因此，偽作者不可能是張儼。

無論《後出師表》的作者是誰，其中的「鞠躬盡瘁，死而後已」這兩句話都準確地概括了諸葛亮一生的精神。《後出師表》的全部價值也就在此。羅貫中把《後出師表》寫入《三國演義》，大約也是看準了這一點，他抓住諸葛亮「鞠躬盡瘁，死而後已」的精神，塑造了一個光彩奪目，為世代人們景仰的藝術典型。諸葛亮也成為後世所敬仰的忠義與智慧的象徵。

神醫華佗死於自己比曹操有才嗎？

曹操不開顱尚且可以存活一段時間，如果開顱必然是九死一生。生性多疑的曹操豈能容忍這樣的結果？

華佗是我國歷史上著名的醫學家之一。他行醫四方，足跡與聲譽遍及安徽、江蘇、山東、河南等省分。曹操聽聞華佗醫術精湛，徵召他到許昌為自己看病。曹操常犯頭風眩暈病，經華佗針刺治療有所好轉。《三國志》對此的記載是：「佗針鬲，隨手而差。」後來，隨著政務和軍務的日益繁忙，曹操的「頭風」病加重了，於是，他想讓華佗專門為他治療「頭風」病，做自己的侍醫。但是華佗卻不願意，他藉口妻子有病，告假回家，不再到曹操那裡去了。曹操非常憤怒，派人到華佗家裡去調查。曹操對派去的人說：如果華佗的妻子果真有病，就送給他小豆四十斛；要是沒有病，就把他逮捕來治罪。

傳說華佗被逮捕送到曹操那裡以後，曹操仍舊請他治病。他給曹操診斷了以後，對曹操說：「此近難濟，恒事攻治，可延歲月。」意思是說，你的病在短期內很難徹底治好，即使長期治療，也只能苟延歲月。而要全部治好，使之不再重犯則需要先飲「麻沸散」，麻痹腦部，然後用利斧砍開腦袋，取出「風涎」，這樣才可能去掉病根。多疑的曹操以為華佗是要借機殺他為關羽報仇，於是下令將華佗殺害。

但是，華佗之死責任果真全在曹操嗎？華佗真的沒有任何過失嗎？

在中國古代社會裡，「萬般皆下品，唯有讀書高」和「學而優則仕」是眾多讀書人的信條。華佗所生活的東漢末期，學儒讀經成為社會風尚，而醫藥醫術雖為上至帝王、下至百姓所需，但卻為士大夫所輕視，醫生的社會地位不高。據《三國志・方技傳》記載，華佗「然本作士人，以醫見業，意常自悔」，他在行醫的過程中，深深地感到醫生地位的低下。由於他的醫術高明，前來請他看病的高官權貴愈來愈多，他的名氣也愈來愈大。在這些高官權貴的眼中，華佗即使醫術再高明，也只是一個醫生而已，在與他們的接觸過程中，華佗的失落感更加強烈，性格也變得乖戾了，難以與人相處，因此，范曄在《後漢書・方術列傳》中毫不客氣地說他「為人性惡，難得意」。在懊悔和自責的同時，他在等待入仕為官的機遇再度降臨。

恰恰在此時，曹操得知了醫術高明的華佗，而華佗也仿佛看到了走入宦途的機會。華佗正是想利用為曹操治病的機會，以醫術為手段，要脅曹操給他官爵。「頭風」病確實比較頑固，在古代的醫療條件下，想要徹底治癒確實很困難，華佗雖為神醫，也未必有治癒的良策。但若說即使「恒事攻治」，也只能苟延歲月，死期將近，就未免危言聳聽了，很明顯有要脅的成分在內。

但是，曹操畢竟不是一般的人物，他識破了華佗的用心。他後來說，「佗能愈此。小人養吾病，欲以自重」，意思是說，華佗能治好這病，他為我治病，想借此抬高自己的身價。曹操對華佗的「要脅」很不滿，他並沒有滿足華佗的要求。於是，華佗便以家中有事為藉口，請假回家。到家後，華佗又托詞妻子有病，一直不回，對曹操再度進行要脅。曹操大怒，將華佗拘捕。為了治病，曹操再度容忍華佗，沒有將他處死。但是華佗卻提出了用利斧砍開腦袋，取出「風涎」，去掉「病根」

的治療方法。多疑的曹操再也不能容忍，將華佗殺害。

那麼，假如曹操真的同意用此方法療病，會出現什麼結果呢？

首先，動手術克服不了感染的問題。在當時的醫療條件下，華佗所使用的器械「利斧」根本不可能做到無菌，在有菌的條件下進行頭部手術，曹操在手術後肯定會發生顱內感染，由於當時沒有有效的廣譜抗生素，僅僅一個感染就足可以置曹操於死地。現代醫學那麼發達，手術後的感染還經常發生，稍有不慎就會造成感染不癒合。曹操那時動手術，後果就可想而知了。除非曹操的抵抗能力非常強，否則他是必死無疑。然而曹操當時已經不再強壯，他的抵抗能力能經得住華佗的折騰嗎？

其次，華佗能夠順利地進行腦部手術嗎？華佗的確是當時最傑出的神醫，但他對人的大腦研究以及是否做過腦科手術，在史書中並無一字記載。按照顱腦的解剖來看，人的大腦不同區域的功能也不同，有分管語言的語言中樞、記憶中樞、視覺中樞、味覺中樞。人類認識大腦的解剖只不過是近代的事情。即使是現在，大腦斜坡部位仍是手術的相對禁區。按照當時的認識，華佗不可能知道大腦的精細解剖結構。如果真的動手術，稍有不慎，曹操就會立即命喪黃泉。

最後，華佗能否對曹操進行急救也是一個問題。開顱手術時要有起碼的急救設備，如心電監護設備、輸血補液設施、吸氧設備等，這些基本的設備缺一不可。一旦血壓下降或者是心跳驟停，在這些基本的急救條件都不具備的情況下，曹操開顱肯定凶多吉少。

除此之外，華佗開顱面臨的醫學問題還有不少，不論缺少哪一項開顱條件都是十分危險的事情。曹操不開顱尚且可以存活一段時間，如果開顱必然是九死一生。生性多疑的曹操豈能容忍這樣的結果？在這種情況下，曹操認為華佗是在故意暗算自己也是講得通的。

曹操殺害華佗雖然主要是憑藉自己的好惡，但是，從《漢律》上來講，也有他的依據。曹操在「挾天子以令諸侯」的情況下，以「動以王法從事」著稱。無論是理政還是治軍，甚至齊家、誡子，曹操都以漢律為基本準則。依照漢律的規定，華佗犯了兩宗罪：一是欺騙罪，二是不從徵召罪。而令華佗命喪黃泉的主要是後者。漢律中有「大不敬」罪，對「虧禮廢節」之犯者要處以重刑，《漢書・申屠嘉傳》便載有人「通小臣，戲殿上，大不敬，當斬」的案例。「大不敬」的具體內容較多，其中「徵召不到大不敬」適用華佗所犯之罪。在當時的情況下，曹操以此為華佗定罪，別人也就無話可說了。

傳國玉璽歷經千年神祕失蹤之謎

歷經兩千餘年風風雨雨，「傳國玉璽」數隱數現。自從五代時期傳國玉璽失蹤，這塊國寶就真假難辨。那麼，真正的傳國玉璽現在到底在哪裡？

中國歷史上，堪稱國之重寶的器物不在少數，但恐怕沒有一件比得上傳國玉璽。它是野心家夢寐以求的目標，又是史學家濃墨重彩描繪的對象。籠罩在它身邊的，是重重的刀光劍影，低沉的鼓角錚鳴，它的出現和消失，甚至成為王朝更替、江山易幟的象徵。

秦始皇二十六年（西元前二二一年），秦始皇滅六國統一中國後，將和氏璧琢為玉璽，命丞相李斯在其上篆「受命於天，既壽永昌」八個蟲鳥字，由玉工孫壽刻到上面，成為傳國玉璽。

秦二世死後，由子嬰把傳世玉璽獻給漢高祖劉邦，授之為「漢傳國玉璽」。西漢末年，王莽專權，當時皇帝孺子年僅二歲，傳國玉璽置於長樂宮，由元帝王皇后代為掌管。王莽篡位，建立新朝，派人前去索要，太后大罵：「我老已死，如爾兄弟，今族滅也！」將傳國玉璽摔在殿廷，玉璽被摔碎一角，後來用黃金鑲補。地皇四年（西元二三年），王莽被殺，玉璽被校尉公賓所得，獻給綠林軍將領李松。又由李松派人送給更始帝劉玄。劉玄為赤眉軍所擄後，傳國玉璽落入赤眉軍擁立為帝的劉盆子手中。後來劉盆子兵敗宜陽，將傳國玉璽拱手奉於東漢光武帝劉秀。東漢末年，宦官專權。外戚何進謀誅宦官不成，反為宦官所害。袁紹領兵入宮誅殺宦官，宮中大亂，漢少帝夜出北宮避難，倉促間未帶傳國玉璽，返宮後傳國玉璽查無下落。

東漢末年各路諸侯討伐董卓時，率先攻入洛陽城的孫堅，在井中見一宮女之屍身上有一紅色匣子，匣中之物正是傳國玉璽（見《吳志》）。之後孫堅之子孫策將玉璽獻予袁術以借兵馬。孫策用此璽從袁術處換來三千兵將，從而奠定了孫吳霸業之基。袁術稱帝失敗後，玉璽歸屬曹操。

曹魏代漢，傳國玉璽作為「君權神授」的象徵，傳入曹丕之手。曹丕使人在傳國玉璽肩部刻下八個隸字「大魏受漢傳國之璽」。西晉受禪，傳國玉璽又落入司馬氏手中。此後，北方陷於十六國分裂動盪的局面，傳國玉璽幾經輾轉，又落入東晉征西將軍謝尚之手，謝尚用三百精騎連夜把它送至首都建康，獻給晉帝，傳國玉璽重歸晉朝司馬家。永初元年（西元四二〇年），劉裕廢東晉恭帝自立為帝，國號宋，史稱劉宋。在南朝，傳國玉璽歷經了宋、齊、梁、陳的更迭。南朝梁武帝時，降將侯景反叛，攻破宮城，劫得傳國玉璽，不久侯景敗死，他的部將侯子鑒將玉璽投入棲霞寺的井中，有一個寺僧將玉璽撈出收存，後來他的弟子將玉璽獻給了陳武帝。

楊堅滅陳統一全國，傳國玉璽入了隋宮。大業十四年（西元六一八年）三月，隋煬帝楊廣被殺於江都（今揚州），隋亡。蕭后及太子元德攜傳國玉璽遁入漠北突厥。唐初，太宗李世民因無傳國玉璽，於是刻數方「受命寶」、「定命寶」等玉璽，聊以自慰。貞觀四年（西元六三〇年），李靖率軍討伐突厥，同年，蕭后與元德太子背突厥而返歸中原，傳國玉璽歸於唐朝。唐末，天下大亂，群雄四起。朱溫篡唐後，傳國玉璽又遭厄運。後唐廢帝被契丹擊敗，登樓自焚，玉璽也遭焚燒，下落不明。郭威建後周後，遍尋傳國玉璽不著，無奈鐫「皇帝神寶」等印璽兩方，一直傳至北宋。北宋哲宗時，有一個農夫在耕田時發現了傳國玉璽，送至朝廷。經十三位元大學士依據前朝記載多方考證，認定這就是始皇帝所製傳國玉璽。但是朝野也有一些有識之士懷疑它的真偽。宋靖康元年（西元一一二六年），金兵破汴梁，徽欽二帝被掠走，傳國玉璽也被大金國掠走，隨後便銷聲匿跡。

在南宋、金朝長期並存的一百多年中，傳國玉璽一直沒有音訊。金天興三年（西元一二三四年）正月，蒙古攻滅金朝，金哀宗自盡，並未發現傳國玉璽。南宋景炎元二年（西元一二七六年），元朝攻滅南宋，宋恭帝奉上傳國玉璽投降，但這是南宋自己製作的玉璽，並非秦始皇傳下來的。元世祖至元三十一年（西元一二九四年）正月，忽必烈去世，秦始皇的傳國玉璽卻神祕地在大都出現了。夏四月，在上都舉行的蒙古王公貴族大會上，御史中丞崔彧將玉璽獻給皇孫鐵穆耳，其文曰「受命於天，既壽永昌」。鐵穆耳即位，是為元成宗。此後，傳國玉璽在元朝傳了數代皇帝。

洪武元年（西元一三六八年）正月，朱元璋在南京稱帝，建立明朝。閏七月，元惠宗逃往蒙古草原，元朝在中原的統治結束。明洪武五年（西元一三七二年）正月，明太祖以歷代傳國玉璽未得，遣徐達率精兵十五萬，分三路攻入漠北，追擊遁逃的北元朝廷，以期得到傳國玉璽。但明朝大軍最終還是空手而返。至此，經歷了一千五百多年風風雨雨的傳國玉璽，就此湮沒在漫漫的歷史長河中。

明清兩代，偶爾有「傳國玉璽」現身之鼓噪，但都是附會、仿造之贗品。明弘治十三年（西元一五〇〇年），有一名陝西人得到一塊玉印，據稱是傳國玉璽，呈獻明孝宗，但明孝宗對此深表懷疑，沒有採用。明末，相傳由元順帝帶入漠北的傳國玉璽，為其後裔林丹汗所有，林丹汗兵敗之後，玉璽落入後金太宗皇太極手中，皇太極因此稱皇帝，定國號為「大清」，表示要占領中原，取代明朝的統治。清朝初期，故宮交泰殿藏御璽三十九方，其中一方刻有「受命於天，既壽永昌」八字的玉璽被稱為傳國玉璽。但乾隆欽定御璽時，卻認為這塊玉璽「按其詞雖類古所傳秦璽，而篆文拙俗，非李斯蟲鳥之舊明甚」，欽定為贗品。直到一九一二年十一月，馮玉祥發動北京政變，末代皇帝溥儀被馮玉祥驅逐出宮，此「傳國玉璽」復不見蹤影。當時馮部將領鹿鐘麟等人曾追索此鑲金玉璽，至今仍無下文。據說，玉璽現在在臺灣的故宮博物院，但這只是一種猜測，臺灣當局並沒有承認此事。

由是，歷經兩千餘年風風雨雨，「傳國玉璽」數隱數現。自從五代時期傳國玉璽失蹤，這塊國寶就真假難辨。真正的傳國玉璽到底現在在哪裡？沒有人能回答。

《洛神賦》中的神祕女子是誰？

千百年來，人們一直有一個疑問，曹植所描寫的「洛神」和顧愷之畫中的「洛神」到底是誰呢？是不是就是曹植的嫂子甄氏呢？

東晉時期的著名畫家顧愷之有一幅流傳千古的名畫：《洛神賦圖》，此圖描繪的是曹植與洛神相逢，但是洛神卻無奈離去的情景。在畫中，站在岸邊的曹植表情凝滯，一雙秋水望著遠方水波上的洛神，癡情嚮往。畫中的洛神梳著高高的雲髻，被風而起的衣帶，給了水波上的洛神一股飄飄欲仙的來自天界之感。她欲去還留，顧盼之間，流露出傾慕之情。但最終在雲端中漸去，留下此情難盡的曹植在岸邊，終日思之，最後依依不捨地離去。

《洛神賦圖》依據曹植的千古名篇《洛神賦》所作。其中曹植這樣描述洛神的美貌：「翩若驚鴻，婉若游龍，容曜秋菊，華茂春松，髣髴兮若輕雲之蔽月……延頸秀項，皓質呈露，芳澤無加，鉛華弗御。雲髻峨峨，修眉聯娟，丹唇外朗，皓齒內鮮，明眸善睞，靨輔承權，瓌姿豔逸，儀靜體閒，柔情綽態，媚於語言。」從抽象到具體，從神韻、風儀、情態、姿貌，到明眸、朱唇、細腰、滑膚，描繪得淋漓盡致，使人如聞其聲，如睹其形。此外曹植還描寫了洛神的動態美：「體迅飛鳧，飄忽若神，淩波微步，羅襪生塵……轉眄流精，光潤玉顏，含辭未吐，氣若幽蘭，華容婀娜，令我忘餐。」曹植借助自己的夢境，將他的夢中情人如夢如幻地描繪了出來。

千百年來，人們一直有一個疑問，曹植所描寫的「洛神」和顧愷之畫中的「洛神」是現實中的人物還是夢境中的想像？

有人認為，所謂的「洛神」現實中是存在的，那就是曹植的嫂嫂甄氏。據《文昭甄皇后傳》載：甄氏乃中山無極人，上蔡令甄逸之女。建安年間，她嫁給袁紹的兒子袁熙。官渡之戰，袁紹兵敗病死。曹操乘機出兵，甄氏成了曹軍的俘虜，繼而嫁曹丕為妻。甄氏嫁給曹丕後，當時曹操正醉心於他的霸業，曹丕也援有官職，而曹植則因年紀尚小，又生性不喜征戰，遂得以與甄妃朝夕相處，進而生出一段情意。曹操死後，曹丕登上帝位，定都洛陽，是為魏文帝。魏國建立。甄氏被封為后，並於次年鬱鬱而死。

就在甄后去世的那年，曹植到洛陽朝見哥哥。甄后生的太子曹叡陪皇叔吃飯。曹植看著侄子，想起甄后之死，心中酸楚無比。飯後，曹丕遂將甄后的遺物玉鏤金帶枕送給了曹植。曹植睹物思人，在返回封地時，夜宿舟中，恍惚之間，遙見甄妃淩波御風而來，曹植一驚而醒，原來是南柯一夢。回到鄄城，曹植腦海裡還在翻騰著與甄后洛水相遇的情景，於是文思激蕩，寫了一篇《感甄賦》。曹植在這篇賦文中以神話的方式來寄託他思念甄氏的哀思。魏明帝繼帝位後，為避其母諱，乃改名為《洛神賦》。

《洛神賦》語言優美，感情真摯。唐代大學者李善注解《洛神賦》，將曹植和甄妃的一段戀愛故事講述得活靈活現，生動逼真，更使洛神和甄妃畫上等號。人們喜愛這段浪漫故事，更願意相信這段故事的曲折、真實。這樣，洛神甄夫人的傳說借助《洛神賦》的優美文字和李善的浪漫注解不脛而走，風行天下。

同樣，有人提出了所謂的「洛神」並不是甄氏的理由：首先，即使曹植愛上他的嫂嫂，他也沒有那麼大的膽量寫《感甄賦》。曹丕與曹植兄弟之間因為政治的鬥爭，本來就很緊張，曹植寫《感甄賦》，豈不是色膽包天，不怕掉腦袋嗎？

其次，《洛神賦》原名《感鄄賦》，亦作《感甄賦》。而此「鄄」不同彼「甄」，「甄」字通「鄄」，在作《感甄賦》的前一年，即黃初二年（西元二二一年），曹植被曹丕封為鄄城侯，第二年又晉封為鄄城王（今山東濮縣）。所謂感鄄者，所感的不是甄后之甄，而是鄄城之鄄。胡克家在《文選考異》中認為這是世傳小說《感甄記》與曹植身世的混淆，作品實是曹植「托詞宓妃，移寄心文帝」而作，「其亦屈子之志也」，「純是愛君戀闕之詞」，就是說賦中所說的「長寄心於君王」。朱幹在《樂府正義》中指出，「感甄」之說確有。但所感者並非甄妃，而是曹植黃初三年（西元二二二年）的被貶地鄄城。

而洛神，則是洛水之神，名宓妃，是傳說中伏羲氏之女。曹植在《洛神賦序》裡寫道：「黃初三年，余朝京師，還濟洛川。古人有言，斯水之神，名曰宓妃。感宋玉對楚王神女之事，遂作斯賦。」後來，甄后的兒子曹叡即位為魏明帝，他對叔叔的文章倒是很喜歡，不過覺得題目取得不好，便將《感甄賦》改為《洛神賦》。無論是曹植，還是曹叡，他們都沒有想到，這一改名舉動竟被後人理解成「欲蓋彌彰」，於是文人附會，臆想百出，那個在洛水之畔贈送枕頭的女子，便由宓妃變成了甄妃。

由此看來，是差之毫釐，謬之千里。「鄄」與「甄」的混淆，使得甄妃成了《洛神賦》的主角，也成全了後人傳說的美麗愛情故事。

曹操墓找到了，劉備墓在哪裡呢？

二〇〇九年河南安陽疑似曹操墓的發現，隨後，與他一同「煮酒論英雄」的劉備也「不甘寂寞」，眾多專家學者開始討論劉備死後的真正葬身之地……

二〇〇九年，河南安陽疑似發現了曹操墓，吸引了全中國人的目光，隨後，與他一同「煮酒論英雄」的劉備也「不甘寂寞」，眾多專家學者開始討論劉備死後的真正葬身之地，有人認為劉備葬於四川彭山牧馬鄉的蓮花壩，有人認為劉備葬於重慶奉節，也有人認為劉備就葬於成都武侯祠的惠陵，眾多說法紛紛擾擾、不一而足。

據陳壽的《三國志》記載，劉備死後葬於惠陵，惠陵就位於今成都武侯祠。但有人對此提出了質疑，認為劉備死於農曆四月，對於四川來說，正是烈日炎炎、氣溫極高的夏天。當時的交通很不方便，從白帝城（今奉節）到成都全是逆流而上的水路和崎嶇的山路，僅單程也得需要三十多天時間。如果花這麼長的時間把劉備的屍體運到成都，屍體很可能已經腐爛，也就是說，諸葛亮根本不可能拉著臭氣熏天的劉備屍體，經過長達三十多天的跋涉，把劉備安葬在成都。惠陵並不是真的劉備墓，只不過是紀念劉備的衣冠塚。

據此，有人認為真正的劉備墓在四川彭山牧馬鄉的蓮花壩。他們還提出了自己的理由：首先，從文史資料來看，有關牧馬鄉蓮花壩有皇墳的文字史料，《彭山縣誌》載：「治北四十里蓮花壩有皇陵，並傳蓮花壩有皇莊。墓依山勢，封土呈覆斗形，傳此為劉備墳。民國時期，有自稱劉備後裔的劉冬冬在此結廬守墓，言留有劉氏族譜，此人已死，族譜難覓……」

從歷史遺跡來看，在蓮花村有一座神祕的大山丘，這座山丘朝向東南，正對府河、黃龍溪，占地一百多畝，被當地人稱為九片蓮花瓣的小山丘將皇墓環抱其中。古代風水先生還把這一帶叫作「九龍回頭望」。如此的風水寶地，除蓮花村以外，在中國還有北京的十三陵，這種「九龍回頭望」只有封建時期的帝王才能享用。據當地文管所提供的資料，皇墓垂直高二十一公尺，封土周長一百餘公尺。一九九五年四月，四川省冶金地質勘測局六〇五勘測隊的紅外線檢測結果顯示，皇墓的頂部位於封土頂部下方五十公尺，堆土下方建築物面積約為三十乘三五平方公尺，極有可能是巨大的古墓。

現在的皇墳上，長滿了各類雜草和茶樹，被村民挖出來的墓磚四處散落，隨處可見。墓頂側，有幾個六七公尺的盜洞，這些可能都是盜墓賊「光顧」後的痕跡。沿著洞口往下觀察，全是一層三合土加一層黃泥土夯築起來的，靠近皇墳的地方還曾發現一塊數十噸重的灌縣石。由於墓建築中混合有石灰，所以在皇墳的半山腰以上，竟然看不到螞蟻蚊蟲之類的生物。

但這一觀點也存在問題，其一，彭山牧馬鄉蓮花村離成都騎馬也就半天的時間，難道劉備的屍體運到蓮花村就不會腐爛嗎？其二，這座皇墳總面積達一百多畝，全是由墓磚、墓牆、數十噸一塊的灌縣石和石灰、蛋清、黃泥混合夯築成的，遠看近觀都像一座小山丘。按照當時的施工手段及進度，這些至少需要數十萬工人苦幹一個月以上，當時，哪來那麼多石灰、蛋清？哪來那麼多黃泥之類的東西？如此笨重的石頭又是怎樣從數百里之外的地方運到蓮花村的？其三，彭山人稱劉備墓在彭山牧馬鄉蓮花村皇墳處，雖然歷經盜墓賊頻頻光顧，但是為何至今未有一件可以證明劉備墓在此的實物？

還有一種說法是，劉備死後，由於屍體運輸困難，原地葬在了奉節。二十世紀六〇年代奉節修繕縣委辦公樓時，曾在該處挖出一個大洞。縣政府在修建出城公路時，也挖出一條一公尺寬的土槽，當時被文物界認為是劉備墓的墓道。一九八二年，安徽物理探測所應邀前往探測，發現夔州賓館地下有十八公尺深的空洞，並有金屬反應，推測可能是金屬陪葬品或鐵墓碑。在後來的多次探測中，均得出相同的報告。但是，歷史史籍對此卻沒有記載，也沒有其他佐證證明這或許存在的墓址就是劉備墓。

以上兩種說法，都沒有確切的證據，實際上，劉備墓最有可能就位於成都武侯祠裡的惠陵，陳壽的記載最有可能是歷史的真相。

首先，《三國志・蜀書・先主傳》明確記載：劉備於章武三年（西元二二三年）夏四月癸巳（即四月二十四日）卒於永安（今奉節）後，「五月，梓宮自永安還成都，謚曰昭烈皇帝。秋八月，葬惠陵」。這是蜀漢朝廷要昭告天下的國家大事，也是新即位的後主劉禪所面臨的第一件大事。先皇的葬禮不僅莊重嚴肅，還關乎朝廷威信，劉禪和總攬國政的丞相諸葛亮不可能說假話，也毫無隱瞞事實的必要。

從陳壽的經歷來看，他雖然在西晉時期寫就《三國志》，但他生於蜀漢後期的蜀漢之地，熟悉蜀漢史事，沒有任何理由隱瞞或歪曲事實。《三國志・蜀書・二主妃子傳》記吳皇后云：「延熙八年（西元二四五年），后薨，合葬惠陵。」從另一個角度印證了《先主傳》記載的可靠性。且沒有任何一本正史的任何記載否認劉備的葬身之處。

再者，按照古代禮制，皇帝的陵墓均置於京城附近；即使君主卒於外地，遺體也要運回京城附近的陵墓安葬。劉備遺體運回成都，葬於惠陵，正是繼承漢制的體現。如果將他葬於外地，不僅違背了帝王的葬制，而且也破壞了漢朝「以孝治天下」的傳統，不僅劉禪不能接受，其他臣子和舉國臣民肯定也無法接受！

而對屍體防腐的懷疑則是低估了老祖先在遺體保存方面的高超技術。早在西周時期，古人就已解決了屍體保存的難題；秦漢以來，遺體保存完好者比比皆是，儘管古人保存遺體的具體方法尚不清楚，但資料的散失絕不等於這種技術不存在，鐵的事實是誰也無法否認的。所謂「就近安葬」一說，沒有任何事實依據，完全是主觀揣測，實在經不起推敲。

綜合以上觀點，我們認為，劉備墓應該就位於今天成都的武侯祠。

北朝時期眾皇后為何愛出家

在北朝的中後期，有十七位皇后出家為尼，實在是世所罕見。是什麼原因使這些高高在上、享受榮華富貴的皇后成為孤獨寂寞、陪伴青燈古卷的尼姑呢？

北朝指的是三國之後中國歷史上一連串統治北中國的政權，主要包括北魏、東魏、西魏、北齊和北周。五朝中除北齊外，都是由鮮卑族建立。北朝與南朝分立的局面，被合稱為南北朝。在北朝的中後期，大概一百多年之中，竟然有文明皇太后馮氏、宣武皇后高氏、孝明皇后胡氏、恭帝皇后、文皇后乙弗氏、宣武靈皇后胡氏等魏、齊、周等國的皇太后、皇后十七人出家為尼，實為世所罕見。這成為我國佛教史和北朝發展史上的一個極為奇怪的現象。那麼，是什麼原因使這些高高在上、享受榮華富貴的帝后成為孤獨寂寞、陪伴青燈古卷的尼姑呢？

大多數學者認為，這是因為統治者佞佛、媚佛而造成，如《晉書・何充傳》載：「二郗諂於道，二何佞於佛」；《新唐書・侯希逸傳》亦載：「好畋獵，佞佛，廣興祠廬，人苦之。」東漢明帝時，佛教傳入我國，先始於洛陽。漢末曹魏時期，在河南地區得到了初步的傳播，西晉十六朝時期得以迅速的傳播和發展，在北魏時達到鼎盛。北魏共歷十七帝，是鮮卑族拓跋部建立起來的少數民族政權。北魏諸帝，除太武帝拓跋燾滅佛外，其餘多奉佛。比如，道武帝是北魏的開國皇帝，鮮卑族本來對佛教不大瞭解，「與西域殊絕，莫能往來，故浮圖之教，未之得聞，或聞而未信也」（《魏書・釋老志》）。後來在征戰過程中，接觸到諸地的佛寺和僧侶，於是好黃老、覽佛經。見沙門，都加敬禮，並利用佛教收攬人心。繼而任趙郡沙門法果為沙門統，令綰攝僧徒，並於都城平城（今山西大同市）建立塔寺。而文成帝所面對的，是太武帝毀佛的殘局，他在太武帝的廢佛之後大力興佛，下詔說：釋迦如來功濟大千，惠流塵境，等生死者歎其達觀，覽文義者貴其妙用，助王政之禁律，益仁智之善性，排斥群邪，開演正覺（《魏書・釋老志》）。文成帝下令，各州、郡、縣都建造佛寺一所，凡是想出家的人，不論其年齡大小，一律聽任出家。他想用佛教來化惡就善，於是，以往所毀的佛寺，又都恢復起來了，佛像經論，又得以流傳，著名的雲岡石窟，也在文成帝時開鑿。

孝文帝於洛陽城南伊闕龍門山之斷崖分刻六龕，其佛最高達一百三十尺，全山造像一四二二八九尊。共有造像記及題刻三六八〇品，元魏時代造像記有三百品，題名為兩百品，成為中國文化遺產中最為珍貴者。景明元年（西元五〇〇年）詔營石窟，至正光四年（西元五二三年）六月完工，用工八〇二三六六人。

北齊是代東魏而立的又一個北方政權，歷六帝二十八年。北齊佛教的鼎盛期是文宣帝高洋時代，高洋本人也佞佛，他曾把國家財產分成三份，供養僧尼就占三分之一。受禪僧僧稠的影響，高洋還喜好坐禪，坐禪時整日不出。他又行素食，禁止捕殺魚蝦蟲鳥。

北周是代西魏而立的政權，歷五帝二十五年，北周對於佛教，經歷了奉佛、毀佛、興佛的過程。明帝宇文毓在位三年，大造佛像，曾為先皇帝造盧舍那織成像一軀和菩薩像二軀，他也下詔建寺，此詔存於《廣弘明集》卷二十八中。繼位的武帝宇文邕毀佛，到宣、靜二帝，又重新興佛。

從這樣的大背景來分析，北朝十七位皇后出家，皆因佞佛使然。

然而，另外一些人從北朝十七位皇后出家的背景出發，仔細加以比較，得出了另一種結論，認為佞佛並不是皇后出家的真正原因，以為這些皇后出家為尼的真正原因包括：一是健康的緣故，寺庵的環境清靜幽雅，有利於染病在身的皇后康復；二是有的皇后在爭寵的角逐中，由於失寵而被逐出宮為尼；三是因皇位更迭或王朝易代而淪為犧牲品的，對這些失敗的皇后來說，入尼庵實在是一個很好的去處；四是幼主嗣位後兩宮爭權的失敗者；五則是入寺尋求政治避難的。也有的皇后是逃避深宮禁錮追求個性解放，寺庵可以躲開皇宮的森嚴制度，可以成為相對自由的樂園。魏太武帝就是因為發現佛寺有兵器、有藏匿婦女淫樂之處而毀佛的。

另外有一些人則認為應該從當時寺院經濟的特殊地位，來探討分析這麼多皇后出宮為尼的根本原因。北朝中後期，由於統治階級的扶持，寺院勢力得到了迅速的發展，僧尼的人數驟增。北魏時，國都洛陽有寺院一千三百六十七所，江北整個地區有寺院三萬餘所，出家僧尼達兩百餘萬人。與此同時，這些佛教寺院都擁有大量的土地、占有很多勞動力，他們不經營生產，通過出租或役使依附農民，經營商業，發放高利貸等。剝削廣大的勞動人民，聚斂了大量的財富。逐漸形成了相當獨立的寺院經濟和特殊的僧侶地主階層。范縝在《神滅論》中說：人傾盡家財去拜佛求僧，然而那些糧食卻被無所事事的眾僧吃掉了。大量錢財都流進了寺院，社會上到處都是壞人，但卻沒有人去制止，人們還都在稱頌「阿彌陀佛」。

在這些佛寺中，有的還是由統治者出資修建的。這些皇帝修建的寺庵，大都富麗堂皇，以收容皇后為尼最多的瑤光寺為例，此寺還有大量的宮女供皇后妃子役使。因此可以看出，這裡名為寺院，實是皇后優遊享樂的另一處別宮，被廢黜的皇后只是失去了內主之尊，而在物質生活上卻與宮內差異不大。若從這個角度來看，北朝皇后為尼與被貶入冷宮相比，相較之下是一種優待，這無疑會刺激和吸引成為失敗者的皇后入寺為尼。因此，這些人認為，在當時，寺院的特殊地位才是皇后出家為尼的根本原因。

花木蘭代父從軍是杜撰的故事嗎？

最早記載木蘭從軍故事的是南北朝時期的《木蘭辭》。其中描寫的「木蘭代父從軍」的故事究竟是文學杜撰，還是歷史上確有其人其事呢？

在中國古代的南北朝時期，北方流傳著一首長篇敘事民歌《木蘭辭》，講述了一位巾幗英雄代父從軍的傳奇故事：「唧唧復唧唧，木蘭當戶織，不聞機杼聲，唯聞女歎息……」這首民歌將花木蘭女扮男裝代父從軍的傳奇故事傳唱至今，使人們對「花木蘭」這位巾幗英雄充滿了敬仰。

傳說中，木蘭從小跟著父親讀書寫字，平日料理家務。她還喜歡騎馬射箭，練得一身好武藝。有一天，衙門裡的差役送來了徵兵的通知，按照當時的徵兵制度，木蘭的父親也要從軍。但木蘭的父親年歲已大，並且染病在身，根本就不能參軍上戰場殺敵。木蘭沒有哥哥，弟弟又太小，她不忍心讓年老的父親去受苦，於是決定女扮男裝，代父從軍。木蘭父母雖捨不得女兒出征，但又別無他法，只好同意她去了。

木蘭隨著隊伍，到了北方邊境後。她擔心自己女扮男裝的祕密被人發現，故處處加倍小心。白天行軍，木蘭緊緊地跟上隊伍，從不敢掉隊。夜晚宿營，她從來不敢脫衣服。作戰的時候，她憑著一身好武藝，總是衝殺在前。戰爭一直持續了十二年，由於木蘭作戰勇猛，武藝、兵法樣樣精通，在軍中屢立戰功，脫穎而出的她，漸漸從一名普通士兵躍居為一名將軍。

戰爭結束了，大軍終於凱旋。皇帝論功行賞，封木蘭為尚書郎。但是，木蘭卻不願做官，也不想要財物，她只希望得到一匹快馬，好讓她立刻回家。皇帝欣然答應，並派使者護送木蘭回去。木蘭的父母聽說木蘭回來，非常歡喜，立刻趕到城外去迎接。弟弟在家裡也殺豬宰羊，以慰勞為國立功的姐姐。木蘭回家後，脫下戰袍，換上女裝，梳好頭髮，出來向護送她回家的同伴們道謝。同伴們見木蘭原是女兒身，都萬分驚奇，沒想到共同奮戰十二年的戰友竟是一位漂亮的女子。

於是，木蘭從軍的故事就一傳十、十傳百，在民間流傳開來。雖然木蘭是家喻戶曉的人物，但在正史中卻沒有關於她的記載。我們見到的最早記載木蘭從軍的故事是南北朝時期的《木蘭辭》。其中描寫的「木蘭代父從軍」的故事究竟是文學杜撰，還是歷史上確有其人其事呢？

對於在歷史上有無木蘭這個人的問題，存在兩種截然相反的觀點。一種觀點認為，「木蘭」的名字最早見於民歌《木蘭辭》，無正史記載，她只是古代文學作品中的一個文學形象，並非真有其人。而另一種觀點卻認為，沒有被記載入正史的並不代表木蘭不存在，中國古代就連位高至宰輔者也未必盡入正史，特別是武將，即便參加過征戰者也只不過寫進了幾位戰績功勳特別卓著與地位名望特別顯貴的人，況且古代文學作品中描寫真人真事的不計其數。

這些人首先認為《木蘭辭》中描寫的故事其實發生在唐朝。第一，詩中有「可汗大點兵」句，查遍二十四史，天子而兼有可汗之稱的，僅有唐太宗一人。第二，詩中有「從此替爺徵」句。只有唐初實行的府兵制，才有子代父徵的規定。雖然府兵制早在北魏就出現了，但都沒有子代父徵的規定。第三，詩中描寫府兵制的詩句甚多，如「願為市鞍馬」、「東市買駿馬」、「西市買鞍韉」，等，都是只有唐初有了自備資糧兵器的規定才可能有這些行動。詩中還有「出門看火伴」等句，也只有唐初的折衝府才規定十人為火，據此可佐證木蘭的故事應該發生在唐初。第四，詩中有「策勳十二轉」句，只有唐代置司勳吏，掌管官吏勳級，凡達到十二轉者稱為上柱國，對立有戰功的將士先授以榮銜，再封以相適應的官職。第五，詩中有「願借明駝千里足」句，史書記載：「唐制，驛置明駝使，非邊塞軍機，不得擅發。」據此，木蘭的故事亦應發生在唐代。

宋代的文學家程大昌在《繁演露》中說：「樂府有木蘭，乃女子，代父征戍，十年而歸，不受爵賞，人為作詩，然不著何代人，或者疑為寓言，然白樂天題木蘭花云：怪得獨饒脂粉態，木蘭曾作女即來。又杜牧有題木蘭廟云云，既有廟貌，又云曾作女即，則誠有其人矣！」明朝的田藝蘅在《留青日劄》中也有相似的說法。他們都根據白居易和杜牧的詩句，不僅認定歷史上實有木蘭其人，而且認定木蘭是唐代人，唐代人對於唐代史實當然是瞭解的，而且，值得注意的一點是，杜牧的祖父杜佑是修過《通典》的著名史官，杜牧的《題木蘭廟》相去初唐只不過幾代人，木蘭從軍的故事經由杜佑考證後再傳給杜牧，事實應是可靠的，況且如果木蘭的故事不是史實，為什麼唐代眾多的詩人對之竟毫無懷疑呢？這說明唐人非常熟悉木蘭，從這個意義上，木蘭確實是歷史人物，只是《木蘭辭》中記載的南北朝的木蘭從軍或許並非真實。

王羲之如何寫就名篇《蘭亭序》？

眾家推王羲之寫一篇《蘭亭序》。王羲之酒意正濃，提筆在蠶紙上暢意揮毫，一氣呵成。這就是名噪天下的《蘭亭序》。

《蘭亭序》，又名《蘭亭宴集序》、《蘭亭集序》、《臨河序》、《褉序》、《褉帖》。為三大行書書法帖之一，也是中華十大傳世名帖之一，其作者是我國著名的書法家王羲之。王羲之（三〇三至三六一年），中國東晉書法家、文學家，字逸少，琅玡臨沂（今山東臨沂）人。王羲之七歲那年，拜女書法家衛鑠為師學習書法。王羲之臨摹衛書一直到十二歲，為了練好書法，王羲之每到一個地方，總是跋山涉水四下鈐拓歷代碑刻，積累了大量的書法資料。他在書房內、院子裡、大門邊，甚至廁所的外面，都擺著凳子，安放好筆、墨、紙、硯，每想到一個結構好的字，就馬上寫到紙上。他在練字時，常常凝眉苦思，以至於廢寢忘食。

王羲之像許多藝術家一樣，有自己獨特的愛好，他非常喜愛鵝，因為他覺得能從鵝的某些體態姿勢上領悟到書法執筆、運筆的道理。山陰地方有一個道士，他想要王羲之給他寫一卷《道德經》。可是他知道王羲之是不肯輕易替人抄寫經書的。後來，他打聽到王羲之喜歡白鵝，就特地養了一群品種好的鵝。王羲之聽說道士家有好鵝，真的跑去看了。當他走近那道士屋旁，正見到河裡有一群鵝在水面上悠閒地遊著，一身雪白的羽毛，映襯著高高的紅頂，實在招人喜愛。王羲之在河邊看著，簡直捨不得離開，就派人去找道士，要求把這群鵝賣給他。那道士笑著說：「既然王公這樣喜愛，就用不著破費，我把這群鵝全部送您好了。不過我有一個要求，就是請您替我寫一卷經。」王羲之毫不猶豫地給道士抄寫了一卷經，那群鵝就被王羲之帶回去了。

對書法的癡迷，終於使王羲之成為一代大書法家。他學習別人的書法，但又不拘泥於別人的書法之中，而是善於創新，富有創意，使古人為我服務，不泥於古，不背乎今。他把平生博覽所得秦漢篆隸的各種不同筆法妙用，悉數融入於真行草體中去，遂形成了他那個時代的最佳體勢，推陳出新，更為後代開闢了新的天地。王羲之「兼撮眾法，備成一家」，因而受人推崇。唐代張懷瓘曾在《書斷》中指出這一點：「剖析張公之草，而濃纖折衷，乃愧其精熟；損益鐘君之隸，雖運用增華，而古雅不逮，至研精體勢，則無所不工。」王羲之對書法家張芝草書「剖析」、「折衷」，對鐘繇隸書「損益」、「運用」，對這兩位書法大師都能「研精體勢」。

當時的大書法家庾翼見人們競相學習王羲之書體，不以為然，曾說：「小兒輩乃賤家雞，愛野鶩，皆學（王）逸少書，須吾還，當比之。」意思是王羲之的書法像「野鶩」一樣，不能登大雅之堂，但後來庾翼見到王羲之給庾亮回信的章草，才心悅誠服，給王羲之寫信道：「吾昔有伯英章草十紙，過江顛狽，遂乃亡失，常歎妙跡永絕。忽見足下答家兄書，煥若神明，頓還舊觀。」庾翼態度的改變，正是王書不斷從一個層次向更高層次攀登的反映。

東晉時有一個風俗，在每年陰曆三月三日，人們必須去河邊玩一玩，以消除不祥，這叫作「修禊」。在王羲之去世前八年，也就是東晉永和九年（西元三五三年）的三月初三，時任會稽內史、右軍將軍的王羲之邀謝安、孫綽等四十一位文人雅士聚於會稽山陰的蘭亭修禊，並飲酒作詩。作完詩後，大家將當日所作的三十七首詩，彙編成集，這便是《蘭亭集》。這時眾家又推王羲之寫一篇《蘭亭集序》。王羲之酒意正濃，提筆在蠶紙上暢意揮毫，一氣呵成。這就是名噪天下的《蘭亭序》。序文共二十八行，三百二十四字。序中記敘蘭亭周圍山水之美和聚會的歡樂之情，抒發作者好景不長，生死無常的感慨。

到了第二天，王羲之酒醒後意猶未盡，伏案揮毫在紙上將序文重書一遍，卻自感不如原文精妙。他有些不相信，一連重書幾遍，仍然不得原文的精華。這時他才明白，這篇序文已經是自己一生中的頂峰之作，自己的書法藝術在這篇序文中得到了酣暢淋漓的發揮。《蘭亭序》中有二十多個「之」字，寫法各不相同。宋代米芾稱之為「天下行書第一」。傳說唐太宗李世民對《蘭亭序》十分珍愛，死時將其隨葬，留下來的只是別人的摹本。今人所見，皆為《蘭亭序》臨摹本。王羲之的書法作品很豐富，除《蘭亭序》外，著名的尚有《官奴帖》、《十七帖》、《二謝帖》、《奉桔帖》、《姨母帖》、《快雪時晴帖》、《樂毅論》、《黃庭經》等。其書法主要特點是平和自然，筆勢委婉含蓄，遒美健秀。後人評價說：「飄若遊雲，矯若驚蛇。」

王羲之的草書作品無論在用筆上，還是在結構的變化上，都達到了一種極致。唐代著名書法家、書學理論家孫過庭在《書譜》中稱讚道：「一畫之間，變起伏於鋒杪；一點之內，殊衄挫於毫芒。」王羲之的草書是多面的，無論是書體還是技法，他都是集大成而窮變化，元代著名書法家趙孟頫曾說：「右軍總百家之功，極眾體之妙。」

王羲之的書法刻本有很多，像《樂毅論》、《黃庭經》、《東方朔畫贊》等楷書作品，在中國古代書法史上都占有重要位置。他的行草書傳世墨寶有《寒切帖》、《姨母帖》、《初月帖》等十餘種。

這些墨寶雖然是唐人雙勾廓填摹本，但也都不失為難得的珍品。他的行書《快雪時晴帖》只有二十四個字，卻被清乾隆皇帝列為《三希帖》之首。

《蘭亭序》是王羲之最著名的代表作。從文學的角度，它文字優美，情感曠達閒逸，是千古絕妙的好文章。從書法的角度，它被譽為法帖之冠，被各代名家悉心鑽研。

《蘭亭序》可能藏在唐太宗棺內？

現今流傳的《蘭亭序》是唐代及其後的臨摹本，那麼，真跡何在？是已經在戰火中焚毀，還是靜靜地躺在某個角落呢？

《蘭亭序》，號稱「天下第一行書」，千百年來傾倒了無數習書者。王羲之亦因此被後人尊奉為「書聖」。據說，宋代大學者姜夔酷愛《蘭亭序》，日日研習，常將所悟所得跋其上。有一跋云：「廿餘年習《蘭亭》皆無入處，今夕燈下觀之，頗有所悟。」歷時二十多年才稍知入門，可見釋讀之難。因此，《蘭亭序》可以說是由傑出的書法智慧所營造成的迷宮。就是這樣一幅無價之寶，現今流傳的卻是唐代及其後的臨摹本，那麼，真跡何在？是已經在戰火中焚毀了，還是靜靜地躺在某個角落呢？

《蘭亭序》真跡在世上最後一次出現是在唐太宗李世民時期。唐太宗李世民喜愛書法文字，尤其喜愛王羲之的筆墨，吩咐下人在天下廣為搜尋。每每得一真跡，便視若珍寶，興致來時臨摹揣度，體會其筆法興意，領略其天然韻味之後，便珍藏身旁，唯恐失卻。不僅如此，他還宣導王羲之的書風。他親自為《晉書》撰《王羲之傳》，搜集、臨摹王羲之的真跡。太宗晚年，喜好王羲之更甚。雖然收藏王羲之墨蹟不少，其中也有《蘭亭序》，但始終沒有找到王羲之《蘭亭序》的真本。一國君主，卻不能得到前朝的稀世珍品，太宗每一想到此，便感覺悶悶不樂。

後來，經過查訪才知道王羲之將《蘭亭序》視為傳家寶，並代代相傳，一直傳到王家的七世孫智永手中。可是，智永不知何故出家為僧，身後自然沒有子嗣，就將祖傳真本傳給了弟子——辨才和尚。據《太平廣記》收何延之《蘭亭記》記載：至貞觀中，太宗銳意學二王書，仿摹真跡備盡，唯《蘭亭序》未獲。後訪知在辨才處，三次召見，辨才詭稱經亂散失不知所在。房玄齡薦監察御史蕭翼以智取之。蕭翼隱匿身分，喬裝潦倒書生，投其所好，弈棋吟詠，論書作畫成忘年交，後辨才誇耀所藏，出示其懸於屋梁之《蘭亭序》真跡，《蘭亭序》遂為蕭翼乘隙私取，蕭翼回到長安後。太宗命拓數本賜太子諸王近臣，臨終，語李治：「吾欲從汝求一物，汝誠孝也，豈能違吾心也？汝意如何？」於是，《蘭亭序》真跡葬入昭陵。何延之自云，以上故事系聞辨才弟子元素於永興寺智永禪師故房親口述說。

唐末五代之時，天下大亂，後梁耀州節度使溫韜，乘機大掘唐帝諸陵，搜羅財寶，時人號其為「劫陵賊」。史籍記載：「在鎮七年，唐帝之陵墓在其境內者，悉發掘之，取其所藏金寶。」李世民的昭陵自然難以倖免，由於昭陵修築異常堅固，他讓士兵費盡力氣打通了七十五丈長的墓道，進入地宮，見其建築及內部設施之宏麗，簡直跟長安皇城宮殿一樣。墓室正中是太宗的正寢，寢東西兩廂各有一座石床，床上放置石函，打開石函，內藏鐵匣。鐵匣裡盡是李世民生前珍藏的名貴圖書字畫。其中最貴重的當推三國時大書法家鐘繇和東晉時大書法家王羲之的真跡。打開一看，兩百多年前的紙張和墨蹟如新。這些稀世珍藏，全被溫韜取了出來，至宋朝元豐年間，這件國寶一度再現，有人持帖，並有一異石，名曰「織女支機石」，自稱皆出昭陵。旋即不知何人購去，千古寶物，就此從世間消失。

但也有人認為史書雖然記載溫韜盜掘了昭陵，發現了王羲之的書法，但是並沒有指明其中包括《蘭亭序》，而且此後亦從未見真跡流傳和收藏的任何記載。溫韜盜掘匆忙草率，未做全面、仔細清理，故真跡很可能仍藏於昭陵墓室某更隱祕之處。

還有一種說法是《蘭亭序》沒有埋藏到昭陵之中，而是埋在了唐高宗李治的陵墓乾陵之中。持這種觀點的人認為：唐太宗死時，並沒有提出要將《蘭亭序》隨葬，而是將《蘭亭序》交給了同樣喜愛筆墨丹青的李治。李治多病，臨終前，他在病榻上遺詔，把生前喜歡的字畫隨葬。因此，在《蘭亭序》失傳之後，就有人懷疑《蘭亭序》並非隨葬昭陵，而是被藏在乾陵。唐代皇陵有十八座，據說被溫韜挖了十七座。唯獨挖到乾陵時，風雨大作，無功而還。在唐之後，再沒有人見過《蘭亭序》的真跡，這也使得更多人相信《蘭亭序》隨葬乾陵的說法。

《蘭亭序》傳世本種類很多，或木石刻本，或為摹本，或為臨本。著名者如《定武蘭亭》，傳為歐陽詢臨摹上石，因北宋時發現於河北定武（今河北正定）而得名。唐太宗命馮承素鉤摹本，由於他的摹本上有唐代「神龍」小印，所以將其定名為《神龍本蘭亭序》，以區別其他的唐摹本。此本墨色最活，躍然紙上，摹寫精細，牽絲映帶，纖毫畢現，數百字之文，無字不用牽絲、俯仰婀娜，多而不覺其佻，其筆法、墨氣、行款、神韻，都得以體現，基本上可窺見羲之原作風貌，公認為是最好的摹本，被視為珍品。馮承素摹的《蘭亭序》紙本，現由北京故宮博物院收藏，此本曾入宋高宗御府，元初為郭天錫所獲，後歸大藏家項元汴，乾隆時復入御府。

《蘭亭序》真跡的下落眾說紛紜、爭論不休，這也成了一個歷史文化之謎。也許只有到以後昭陵、乾陵正式發掘之時，我們才知道《蘭亭序》是否已經真的不知所終了吧！

「菩薩皇帝」梁武帝為什麼會餓死？

梁朝的蕭衍皇帝不僅傾鉅資支援佛教事業的發展，甚至親自出家做和尚，潛心研究佛法。然而就是這麼一個崇信佛教的皇帝，最後卻餓死於內宮……

中國歷史經過了三國時期的混戰之後，到了南北朝時期又天下大亂，此時，北方少數民族屢屢南下，漢族朝廷偏安江南，百姓生活困苦、民不聊生。佛教在東漢時傳入中國後，在一片混戰的局勢中迅速傳播開來，平民百姓將它當作來生的期望和寄託，達官貴族將它當作逃避現實的藉口和托詞，朝廷更是屢屢將佛教定為國教，廣建寺廟，重金資助，從而造成了「南朝四百八十寺，多少樓臺煙雨中」的興盛局面，僧尼數量也大大增加。在這其中，梁朝的蕭衍皇帝堪稱推崇佛教的典型，他不僅傾鉅資支援佛教事業的發展，經常請大批和尚到宮中講解佛法，一住就是幾個月，其間連朝事也不過問，甚至親自出家做和尚，潛心研究佛法，成為歷代皇帝中最特立獨行的一位。然而就是這麼一個崇信佛教的皇帝，最後卻餓死於皇宮，不禁讓人驚詫萬分。

梁武帝作為南朝梁國的開國皇帝，在位初期，施行了一系列積極的政策，使得國家有了穩定富足的局面。但是這種局勢並沒有維持下去，梁武帝安頓好江山社稷，消除種種後患之後，很快便沉溺於佛教而不能自拔。梁武帝稱帝不久，便於天監三年（西元五〇四年）下了一道詔書，鄭重其事地宣布：朕從今而後，不再事奉道教，而皈依佛教。下過詔書後，梁武帝親自率領僧俗人士兩萬人，在重雲殿裡手抄這道詔書，以示決心。十五年後，在等覺殿屈尊受菩薩戒，從此，他就被稱為「菩薩皇帝」。他不僅自己受戒，還號召王侯子弟、嬪妃姬妾、黎民百姓，都去受戒，當時回應的各界人士達四萬八千人之多，可謂上行下效！

梁武帝還集眾講經：梁武帝皈依佛門後，非常熱衷佛事活動，多次舉辦大規模的法會，允許佛門弟子自由參加，互相交流、切磋。在舉辦法會時，時常進行大赦，以示慈悲為懷。除舉辦法會外，梁武帝一有空閒，就親自為眾僧尼講解經義，規模一般都在萬餘人以上。中大通五年（西元五三三年）的一次講經活動，為一個經題，他就整整講了七天，而包括皇太子、文武百官和外國使節在內的各界聽眾竟達數十萬人，真是盛況空前！

不僅如此，梁武帝還身體力行、率先垂範，大通元年（西元五二七年），蕭衍捨身進入同泰寺，當了三天和尚，回宮後，下令大赦天下，並改元大通。中大通元年（西元五二九年），蕭衍第二次進入同泰寺，這一次他脫下御衣袞服，在寺中沐浴洗去凡塵後穿上法衣袈裟，長住於寺中，自號三寶奴，並親自主持法會，向五萬善男信女講解《涅經》。朝中大臣非常惶恐，最終四處湊集了一億萬錢（古代一億是十萬，一億萬相當於現在的十億）才將「菩薩皇帝」贖回，但梁武帝執意出家，不肯回宮，群臣無奈，便一起跪於同泰寺外反覆磕頭，叩請皇帝還宮理政，在寺中和尚的勸請下，他才極不情願地回到朝廷。蕭衍迷戀佛教，就這樣反覆四次捨身寺院，追隨佛法。

然而，梁武帝對佛法的虔誠並沒有換來國家的安定和個人的幸福。侯景之亂在梁武帝蕭衍沉溺佛教之時爆發了。侯景是羯族人，曾是東魏將領，後投靠西魏。梁武帝為收復中原而招納侯景，封為河南王。梁宗室子弟蕭淵明被東魏俘獲，梁武帝打算用侯景與東魏進行交換。這件事激怒了侯景，因此舉兵反叛。梁武帝完全沒有防範，他命蕭正德保衛京師，而蕭正德卻派船接侯景叛軍過江，迎進建康，包圍「臺城」（即宮城）。侯景過江時兵不過八千人，馬不過數百匹，而當時臺城中尚有男女十餘萬，甲士兩萬多人，四方援軍相繼奔赴建康者三十餘萬人。但援軍無統一指揮，多持觀望態度，宗室諸王屯兵不前，只想保存實力以奪取皇位。太清三年（西元五四九年）三月，侯景攻陷臺城。城破之時，城中只剩下兩三千人，屍骸堆積，血汁漂流，慘不忍睹。侯景又東掠三吳，使富庶的長江下游地區「千里絕煙，人跡罕見，白骨成聚，如丘隴焉」（《南史・侯景傳》）。侯景得勢後，殺蕭正德，軟禁梁武帝於臺城淨居殿，不許與人接觸，開始的時候，侯景還派人送些粗茶淡飯給蕭衍吃，後來連粗食也不給送了，這時蕭衍已經八十六歲，被困時仍然念經誦佛、齋戒不衰，由於沒有足夠的食物營養，便被活活餓死了，下場可謂淒慘。

也有人認為梁武帝並非餓死而是憂憤而死。據《資治通鑑》記載，侯景攻破南京後，進宮面見梁武帝蕭衍，「入城見武帝於太極殿，以甲士五百人自衛，帶劍上殿拜謁」。蕭衍神色自若，對侯景說：「卿在戎日久，無乃為勞。」讓人帶他到三公的座上，侯景非常惶恐，便對左右說：「吾踞鞍臨敵，矢石交下，未曾怖畏，今見蕭公，使人畏懼不已！」也就是說，侯景攻破皇宮見到梁武帝時非常恐懼，被梁武帝的從容自若鎮住，於是便把他軟禁在臺城，不敢再去見他。後來侯景派王綸給蕭衍送了幾百顆雞蛋讓他吃，因此梁武帝不可能是餓死的。關於梁武帝之死，《資治通鑒》是這樣記載的，「（梁武帝）疾久口苦，索蜜不得，再曰：『荷，荷。』遂崩」。就是說梁武帝生病久了覺得嘴巴苦，想要吃蜂蜜而不能，於是大喊「呵呵」數聲而死。根據這段記載，蕭衍是「疾久口苦」，也就是得了重病，嘴巴苦，說明梁武帝並非空腹，而他想吃蜂蜜說明他並非肚子餓。其實當時梁武帝已經八十六歲，眼見國破家亡，惡人橫行，禁不住憂憤成疾，而自身又被軟禁，無人搭理照料，因此病情日益惡化，最終死去，是很自然的事情。

不管梁武帝因何而死，他自身都要負主要責任，因為他之所以死乃是由於侯景之亂，而侯景之亂則是由於他過於崇信佛教，以致朝政廢弛，國庫虧空，老百姓民不聊生而引起。梁武帝在位四十八年，葬於修陵，廟號為高祖，諡號為武帝。

第4章

隋唐五代

盛世歡歌曲終散

隋煬帝是弒父殺兄的權力狂？

有人認為楊廣為了獲得最高權力，弒父殺兄，史書記載鑿鑿，這無可辯駁，那麼，隋文帝楊堅真的是死於自己的親生兒子之手嗎？

隋朝的開國皇帝隋文帝共有五個兒子，都是獨孤皇后所生。長子楊勇被立為太子，次子楊廣被封為晉王，其餘三個兒子也被分封為王。隋文帝曾經驕傲地對群臣說：「前代帝王，都有很多寵妃，嫡庶紛爭，遂有廢立，甚至亡國。我旁無姬侍，五子同母，可說是真兄弟。哪能有嫡庶紛爭的憂慮！」其實，他未免太過於自信和樂觀了。他完全沒有料到，他的繼任者隋煬帝楊廣一當上皇帝，做的第一件事就是偽造楊堅的敕書，借用老子的名義殺死原為太子的親哥哥楊勇。殺了楊勇還不算，楊勇的十個兒子，大兒子楊儼當時就被毒死，剩下的九個，全部充軍到嶺外，到了所在地以後，也統統被殺死。狠毒的楊廣，對十個親侄兒一個也沒有放過，趕盡殺絕。不僅如此，有些人還認為隋朝的開國皇帝楊堅也是楊廣殺死的，為了獲得最高權力，楊廣簡直就是一個弒父殺兄的權力狂，楊廣殺兄殺侄的罪惡史書記載鑿鑿，這無可辯駁，那麼，隋文帝楊堅真的是死於自己的親生兒子之手嗎？

楊廣少時聰明伶俐，相貌英武，加之巧於辭令，故而深得父皇母后的喜愛，在他十三歲時，便被委以重任，擔任并州（今山西太原）總管，被封為晉王。面對如此殊榮，楊廣並不滿足。也沒有因父皇立兄長楊勇為太子而灰心喪氣。後來，隋朝興兵滅南朝的陳，剛二十歲的楊廣是統帥，滅掉陳後，楊廣也是屢建戰功：在開皇十年（西元五九〇年），奉命到江南任揚州總管，平定江南高智慧的叛亂；開皇二十年（西元六〇〇年），北上擊敗突厥進犯。這些功勞是其他皇子所沒有的。

為了實現做太子以及當皇帝的夢想，楊廣費盡心機地將自己偽裝起來。而太子楊勇卻缺少楊廣那樣的心機，他不僅奢侈浪費，還喜好女色，而且他冷落了母親精心為他挑選的妻子。這使得父母都對他有怨氣，加上後來楊勇還過分地接受百官的朝賀，使楊堅更為不滿。在這種情況下，加上大臣楊素的幫助，隋文帝楊堅終於下定決心將楊勇廢為庶人，立楊廣為太子。

仁壽二年（西元六〇二年），文獻獨孤皇后病逝永安宮中。之後文帝有了兩個寵妃，宣華夫人陳氏和容華夫人蔡氏。仁壽四年（西元六〇四年），楊廣當上太子後的第四年，文帝臥病在床。《資治通鑒》記載：「高祖在仁壽宮，病甚，煬帝侍疾，而高祖美人有嬖幸者，唯陳蔡而已。帝乃召蔡於別室，既還，面傷而發亂，高祖問之，蔡泣曰：皇太子為非禮。高祖大怒，嚙指出血，召兵部尚書柳述、黃門侍郎元岩等令發詔追廢人勇，即令廢立。帝事迫，召左僕射楊素，左庶子張衡進毒藥。帝簡驍健宮奴三十人皆服婦人之服，衣下置杖，立於門巷，以為之衛。素等既入，而高祖暴崩。」

隋末唐初人趙毅，在其《大業略記》中曰：「高祖在仁壽宮，病甚，煬帝侍疾，而高祖美人尤嬖幸者唯陳、蔡二人而已。帝乃召蔡於別室，既還，面傷而發亂，高祖問之，蔡曰：『皇太子為非禮。』高祖大怒，齧指出血，命兵部尚書柳述、黃門侍郎元嚴等令詔廢追庶人楊勇，即令廢立。帝事迫，召左僕射楊素、左庶子張衡進毒藥。帝簡驍健宮奴三十人皆服婦人之服，衣下置杖，立於門巷之間，以為之衛。素等既入，而高祖暴崩。」到了唐中期的馬總在其《通歷》中記載也說：「上有疾，於仁壽殿與百僚辭訣，並握手歔欣。是時唯太子及宣華夫人侍疾，太子無禮，宣華訴之。帝怒曰：『死狗，那可付後事。』遽令召勇，楊素祕而不宣，乃屏左右，令張衡入拉帝，血濺屏風，冤痛之聲聞於外，崩。」

《隋書‧后妃列傳》中對隋文帝死亡前的情形是這樣記載的：初，上寢疾於仁壽宮也，夫人與皇太子同侍疾。平旦出更衣，為太子所逼，夫人拒之得免，歸於上所。上怪其神色有異，問其故。夫人泫然曰：「太子無禮。」上恚曰：「畜生何足付大事，獨狐誠誤我！」意謂獻皇后也。因呼兵部尚書柳述、黃門侍郎元岩曰：「召我兒！」述等將呼太子，上曰：「勇也。」述、岩出閣為敕書訖，示左僕射楊素。素以其事白太子，太子遣張衡入寢殿，遂令夫人及後宮同侍疾者，並出就別室。俄聞上崩，而未發喪也。夫人與諸後宮相顧曰：「事變矣！」皆色動股栗。《隋書》此段記載雖未明指文帝被弒，但實際上已給世人留下猜測的餘地，即文帝之死具有被謀殺的性質。

但也有一些史學家對隋文帝楊堅是否死於楊廣之手存在質疑。他們分析說《隋書》是唐初編纂的，有可能詆毀煬帝，即便如此，也沒有找到煬帝殺父的證據，不然，是絕不會放過這個充分詆毀煬帝的機會。

事實上，就連盡力搜集煬帝反面材料以此為批判的唐太宗君臣，也沒有一人指控楊廣弒父。試想，假如有此說，則李唐起兵之時，何不以此為宣傳材料？而且史書載的因隋煬帝逼姦宣華夫人一說也經不起推敲：文帝病重，煬帝宮中侍疾，宣華夫人起身更衣，旁當有宮女侍候。其時煬帝尚未即位，仍處於受威脅的地位，一向以謹慎著稱的煬帝絕不會在此時做危及其繼承帝位之事；

其時宣華夫人若與煬帝兩人以前沒感情基礎，煬帝絕不會對她非禮。事實上，煬帝早與宣華夫人有過不正當的關係。而且這種交往使兩人感情發展很深。這從宣華夫人死後，煬帝作《神傷賦》的內容便可得到驗證。既然隋煬帝和宣華夫人早有不正當關係，那麼，宣華夫人就不可能到隋文帝面前揭露楊廣的惡行。

以上為隋煬帝的辯護，雖然有一定道理，但卻不能完全說明隋文帝之死與楊廣無關。因為，已經偽裝多年的楊廣在得知楊堅已經病入膏肓後，得意忘形是有可能的。而面對隋文帝的追問，宣華夫人供出楊廣的醜行也在情理之中。隋文帝在盛怒之下要更立太子，這當然是楊廣不能接受的。在這種情況下，隋文帝楊堅暴死，楊廣是難逃干係的！至於後來的《神傷賦》，楊廣對宣華夫人的真情流露，但誰又敢肯定在隋文帝未死之時宣華夫人對楊廣不是真情呢？

李世民血液裡有鮮卑人的基因？

有考古學家根據《步輦圖》留下來的李世民最早畫像推測，他有可能是鮮卑人的後裔。此言一出，立刻引起人們的議論，李世民是鮮卑人嗎？

在中國所有偉大的皇帝中，唐太宗李世民在位的時間並不是最長的，但他的功績及名聲絲毫不遜於中國歷史上的任何創業之主。他開創歷史上著名的「貞觀之治」，將中國封建社會推向了鼎盛時期，他也被稱為「千古一帝」。通常我們認為，盛極一時的大唐王朝是漢人建立的政權，此乃理所當然，而李世民也是漢人。然而有人卻認為一代英明的君主李世民有可能是鮮卑人的後裔。持這種觀點的理由何在呢？

認為李世民是鮮卑人，主要有以下幾點證據：第一，李唐開國初期的一系列事件體現了胡人的風俗。在該風俗中有父死子娶母為妻的習俗，也流傳有共妻的故事。在昭君出塞的故事裡，王昭君在死了丈夫後，就嫁給了他的兒子。

而在唐朝帝王史中，也有一些類似的情況。唐太宗李世民、武則天與唐高宗李治之間的關係近乎亂倫。歷史上楊貴妃也是一例。楊貴妃本是唐玄宗之子壽王李瑁的妻子，卻被身為公公的唐玄宗討來當了妃子。這些為李唐王朝大臣們所不齒的關係是不是李氏家族身體裡流淌的胡人的血液在作怪呢？而且唐朝人對肥碩豐腴的女子情有獨鍾。像楊貴妃的傳說、《唐代仕女圖》的記載，都證明了唐人有這方面的審美傾向。這帶有一定的少數民族趨向。

第二，唐太宗的性格特徵與鮮卑人的性格特徵極為相似。李世民善騎射，一生過著不倦的戎馬生涯。貞觀年間，唐太宗平定東突厥，俘虜頡利可汗，解除了北邊的威脅；五年後，平定吐谷渾，俘其王慕容伏允；貞觀十四年（西元六四〇年），又平定高昌氏，於其地置西州，並在交河城（今新疆吐魯番西）置安西都護府。晚年時，唐太宗戰志猶存，親征高句麗。不僅對敵人兇狠，對自己的親人，他也毫不留情。李世民於唐高祖武德九年（西元六二六年），在長安宮的北門玄武門布下了伏兵，射死兄弟李建成、李元吉。三天後，唐高祖李淵便冊立秦王李世民為太子。再過兩個月，李世民逼使李淵退居太上皇，而他則在頌德殿即帝位。

第三，昭陵的墓葬形式也體現了胡人的風俗。史書中記載，在昭陵外有十四個「蕃酋」的石雕像，而且有馳名中外的「昭陵六駿」浮雕。「昭陵六駿」的確是李世民留下的又一個疑點：中國所有帝陵中，為什麼只有李世民的昭陵裡有戰馬石刻？唐太宗獨特的墓葬形式是否真的顯示了少數民族的習俗？馬是遊牧民族不可離開的伴侶，平時生活遊牧，戰時馳騁沙場。在很多少數民族的葬俗中，都有一種奇特的祭祀悼念馬的功勞的習俗，一般有三種儀式。主人死後，隨從會騎著馬繞著死者墓地轉圈，然後把馬殺掉或者活埋到墳墓裡。李世民的這一做法，是不是在證明著自己的胡人身分呢？

但是，以上證據卻並不能證明李世民就是鮮卑人。首先，唐朝時期少數民族與漢族的界線劃分並不嚴格，唐朝之前，北方各民族大融合現象廣泛存在，如在隋煬帝時期，突厥人就曾強制改穿漢裝，北魏孝文帝推行民族之間友好往來的政策，同一個等級的人可以被允許通婚。這一時期各民族融和加劇，少數民族「以胖為美」的審美觀影響唐朝非常正常。而且唐朝初期皇族中這種幾乎亂倫的行為，也不能牽強地和胡人的血統聯繫起來。其次，自古宮廷皇室的權力之爭都是很殘酷的，這和他的血統沒有什麼必然的聯繫。唐太宗李世民發動「玄武門之變」也是形勢所迫，身不由己。不能將「玄武門之變」作為唐太宗李世民是胡人的依據。最後，「昭陵六駿」只能說明李世民與陪伴自己南征北戰的戰馬感情很深，與少數民族的葬俗牽扯到一起實在是毫無道理。

實際上，李世民的身世我們可以從他父親和他母親這一角度來考察。關於唐高祖李淵的身世，過去都根據舊史，認為他是隴西李氏、西涼王李暠之七世孫，經歆、重耳、熙、天錫、虎、傳至淵。但經近人陳寅恪考證，認定他的先世是趙郡李氏。證據是：在趙郡的河北省隆平縣境內發現李熙、天錫、虎的塋墓及光業寺碑。塋墓的規格，都是按照漢人舊制，而寺碑頌詞有「維王桑梓」之語，證明那裡就是他們的故鄉。所以，李氏先祖為漢人確鑿無疑。

而根據可考證的歷史資料證明，唐太宗李世民的祖母，即唐高祖李淵的母親獨孤氏，是隋文帝的一名后妃的姊妹，屬於非漢族，所以李世民和隋煬帝之間還有著姨表關係。唐太宗李世民的母親竇氏也是鮮卑族人。所以李世民是漢族與少數民族的混血兒，這也是歷史事實，所以在《步輦圖》中，李世民被繪成少數民族形象也就不足為奇了。

上官婉兒為何不記武則天的仇？

史書記載「上官儀及子庭芝既被誅，庭芝妻鄭氏及女婉兒配入掖庭」。上官婉兒入宮後，不但不報滅族之仇，卻死心塌地地服侍武則天，這是什麼原因呢？

唐高宗顯慶五年（西元六六〇年），高宗李治因患風眩，目不能視，遂下詔委托武后協理政事。自此，武則天從參政步入執政，「黜陟生殺，決於其口，天子拱手而已」，武則天雖在幕後，卻遙控了朝廷實權。後來，高宗後悔，圖謀收回大權，並密令中書侍郎上官儀草詔廢后。豈知機事不密，「謀泄不果」，武后手辣心狠，先下手為強，於是讓大臣許敬宗捏造上官儀和已經被廢的太子李忠圖謀反叛，將上官儀父子處死，籍沒其家。據史書記載：「上官儀及子庭芝既被誅，庭芝妻鄭氏及女婉兒配入掖庭。」上官婉兒入宮後，不但不設法報滅族之仇，反而死心塌地地服侍武則天，這是什麼原因呢？

武則天滅上官族的大災難來臨時，婉兒剛出生不久，隨母親鄭氏在宮中任「宮奴」。在她十四歲時，改變命運的機會終於來到。武則天即位後進行了許多改革，選拔優秀的女官是其中之一。聽到上官婉兒的名聲後，她召來母女二人，要親自考考這個仇人之後。面對武則天的考題，上官婉兒一揮而就，寫了一首七言詩，其文辭精美，比起朝廷大臣們的腐儒酸調，可謂天上人間。愛才的武則天並不計較上官婉兒的家族背景，感歎道：「此女才智非凡，賽過鬚眉！」隨後，她命上官婉兒離開掖庭，到她身邊來當祕書。負責起草詔書等事宜。武皇帝大權獨攬，她的祕書，實際上有著重要的政治影響力，因此，到了武則天的身邊就相當於步入了當時的權力中心區域。

上官婉兒接到詔命後，心裡非常複雜，這個權力至上的女人，曾是殺死自己家人的仇人，害得自己和母親淪落為奴，現在，她又要自己去服侍她，憎恨、感激、恐懼各種滋味湧上心頭，煩惱無比。但是，在政治鬥爭極其複雜的宮廷中，生存下來，才是最重要的，身為「罪臣」之後，如果不能討武則天的喜歡，恐怕她連做個尋常家庭婦女都不可能，更不用想自己和母親脫離苦海了。想到這些，上官婉兒認真負責地完成自己的祕書工作，兢兢業業，這也愈發得到武則天的信任與喜愛。可能有人會責怪她「認賊作父」。這樣的指責對她是不公平的，一個弱齡少女，難道要她獨力去對抗政權穩固的武則天王朝嗎？

也有人認為，是武則天的寬大胸懷感動了上官婉兒。武則天是女中豪傑，在從政處事上每每顯示出獨特的魅力，令上官婉兒嘆服不已，尤其是在對待駱賓王的態度上。武則天在看過駱賓王起草的討武檄文後，竟然沉靜地說道：「宰相之過，人有如是才，而使之流落不偶乎？」上官婉兒心中十分驚服。武則天能夠拋開自己的立場來審視人物，深為政敵的才子惋惜，的確是一個不計前嫌、求賢若渴的傑出政治家，從此她徹底打消了復仇的念頭，死心塌地跟隨武則天，贏得了武則天的信任。

年輕漂亮又有才華的上官婉兒，很容易成了三個皇子李賢、李顯和李旦共同的愛慕對象。而上官婉兒的初戀人物，是太子李賢，李賢比她大八歲，同在宮中長大，更何況李賢脾性溫和，才華出眾，她對李賢懷有愛慕之心可以理解。可是當李賢對武則天濫施淫威，擅權弄權產生不滿之時，上官婉兒選擇了背叛愛情。廢太子的詔書就是由上官婉兒起草的，「太子懷逆，廢為庶民，流放巴州」。

李賢之後，上官婉兒接受了新太子李顯的愛。弘道元年（西元六八三年），高宗去世，遺詔皇太子李顯柩前即帝位，武則天以太后身分臨朝稱制。兩個月以後，武則天將李顯廢為盧陵王，幽禁於別所，這個詔書又是由上官婉兒來起草。

武則天非常信任上官婉兒，甚至與張昌宗在床榻間交歡時也不避忌她。張昌宗見上官婉兒青春靚麗，有時也勾引她。一天，張昌宗調戲婉兒時，被武則天看見。武則天盛怒之下，拔取金刀，插入上官婉兒前髻，傷及左額，怒斥道：「汝敢近我禁臠，罪當處死。」在張昌宗的一再跪求下，才得赦免。婉兒因額有傷痕，便在傷疤處刺了一朵紅色的梅花以遮掩，誰知卻益加嬌媚。宮女們皆以為美，有人偷偷以胭脂在前額點紅效仿，漸漸地宮中便有了這種紅梅妝。

神龍元年（西元七〇五年），唐中宗復位後，又令上官婉兒專掌起草詔令，深被信任，封其為昭容，封其母鄭氏為沛國夫人。但此時婉兒並不高興。她嫌中宗懦弱無能，投靠了掌握實際政權的韋皇后。在武后晚年時，上官婉兒曾與大臣武三思私通，她為了討好皇后韋氏，竟然將武三思讓給了韋氏。上官婉兒在起草詔令的過程中經常推舉武氏，抑制唐中宗。這引起了太子李重俊的氣憤。景龍元年（西元七〇七年）七月，李重俊發兵殺武三思及其親黨十餘人，但是上官婉兒跑到了唐中宗和韋后處，並揚言說：「觀太子之意，是先殺上官婉兒，然後再依次捕弑皇后和陛下。」韋后和中宗一時大怒，發兵平叛，太子兵敗被殺。

景雲元年（西元七一〇年），韋后和安樂公主毒死中宗，立中宗年僅十六歲的幼子李重茂為帝，韋后稱太后，臨朝聽政，並派上官婉兒商請太平公主，想得到她的幫助。此事未果以後，韋后自當朝政，後來還想殺少帝李重茂和相王李旦。多年榮華奢靡的生活，已經麻痹了上官婉兒原本清醒的頭腦和敏銳的政治嗅覺，相王第三子李隆基得知韋后的陰謀後，與太平公主合謀，聯絡羽林軍衝入皇宮殺死韋后和安樂公主，上官婉兒自然也難逃厄運。她離開人世時才四十七歲。一代才女從此香消玉殞。

上官婉兒是歷史上才女之一，她的一生可謂是坎坷傳奇。雖然沒有丞相之名，但有丞相之實。到了開元年間，唐玄宗追念上官婉兒的才華，下令收集其詩文，輯成二十卷。儘管上官婉兒也曾一度享盡榮華與權力，但她仍要仰皇上、皇后、公主的鼻息，仍要曲意逢迎，其中甘苦恐怕只有她自己知道。後來，她仍未能逃脫厄運，成了皇權爭鬥下的犧牲品。

乾陵用外國使者守陵目的何在？

用「外國使者」守陵，這在中外歷史上都是空前絕後的，更奇怪的是，這些石像大多丟了頭顱。人們不禁要問，乾陵為何要用「外國使者」守陵呢？

位於八百里秦川腹地的陝西渭北山地，蘊藏著自然界鬼斧神工造就的山川靈秀。在這優美峻秀、巍峨峭拔的錐狀山峰群中，分布著數十座中國漢唐帝王的山陵，給三百里的渭北山原形成了一道蔚為壯觀的風景線。其中，位於陝西乾縣城北的梁山，因埋葬著中國歷史上一位叱吒風雲的女人和她的皇帝丈夫而蜚聲中外，這就是乾陵。

在乾陵陵園朱雀門外的神道東西兩側，分布著六十一尊石人像，採用的是原雕的手法，石人像殘高在一・五公尺至一・七七公尺，大小和真人差不多，人們在習慣上稱其為「蕃像」、「賓王像」。用「外國使者」守陵，這在中外歷史上都是空前絕後的，因為守陵是臣屬的職責，而使臣是一個國家的象徵，更奇怪的是，這些石像大多丟了頭顱。人們不禁要問，乾陵為何要用「外國使者」守陵呢，它們為什麼又只有身子沒有頭呢？

對於這件事情，宋人趙楷在為游師雄《乾陵圖》所寫的「記」中說「乾陵之葬，諸蕃之來助者何其眾也。武后何嘗不知太宗之餘威遺烈，乃欲張大誇示來世，於是錄其酋長六十一人，各肖其形，鐫之琬琰，庶使後人皆可得而知之」。後人據此，多認為這些蕃臣是前來祭奠唐高宗的人。

然而研究人員卻發現，這些石人像雙手無一例外地都抱著笏板。所謂笏板，是中國古代大臣上朝時手持的狹長板子，一般用象牙製成，在上面記載上朝要說的事。此外，還在二十多尊石像身上發現了「玉袋」。所謂玉袋，就是唐代五品以上的官員以及都督、刺史隨身攜帶的裝官印的袋子。這些都在提示我們這些石像都是唐朝身居要職的官員，而不是使者。

考古人員還發現，有的石人像背後銘文有不少開頭寫有「故」字，說明他們在石人像未雕刻完成時就已經去世，如西側的阿史那彌射石人像名字前就帶有「故」字。據記載，阿史那彌射是西突厥的首領，曾經被封為驃騎大將軍。唐高宗繼位後，阿史那彌射成為唐王朝的一名地方最高軍政長官，龍朔二年（西元六六二年）去世。而唐高宗是在弘道六年（西元六八三年）病死，並於次年葬於乾陵的。那麼，在唐高宗死前二十餘年就已經去世的阿史那彌射，是不可能參加唐高宗葬禮的。而像阿史那彌射這樣在名前刻「故」字的石人像竟然有十餘個，這更加說明乾陵石人像群並不是唐高宗或武則天入葬時來參加祭奠的人。

既然石像不是唐高宗逝世後武則天所立，那究竟是何時雕刻的呢？據史書記載，石人像在最初豎立時，背部都刻有他們的國名、官職和姓名。然而，現在只有幾尊能辨別名字，其他的都已模糊不清。

北宋年間，陝西轉運使游師雄曾「訪奉天縣舊家所藏拓本完好者摹刻四碑」，尋找到石人像背部的人名樣本，刻成四塊石碑，分別立於東西石人像之前。可惜這四塊石碑到元代時僅餘三塊且有殘損。元人李好文在《長安志圖》中只錄出三十九人的官銜和姓名。清代葉奕苞《金石錄補》中錄出二十八人。到現在蕃臣像上留有名銜的只有六人，其官銜可考者不過三十六人，其中有些人的生平事蹟在唐代史書裡有記載。這些可考人員的事蹟大多都發生在武則天至唐中宗執政時期，可見這批石人像也是在這個時期雕刻完成，並在武則天下葬乾陵後才被豎立起來。

事實上，在唐高宗、武則天統治時期，唐朝國力空前強大，統治勢力北逾大漠，西越蔥嶺，達到中亞的兩河流域。周邊少數民族與唐的往來頻繁，很多少數民族首領被任命為唐朝的地方官，同時擔任十二衛大將軍等職。根據這種情況，神龍元年（西元七〇五年）唐中宗在埋葬武則天時，將曾在朝廷中任職的蕃酋六十餘人，雕刻成石人像置於乾陵，以反映唐高宗及武則天的統治權力及各民族對唐王朝的臣屬關係。

乾陵蕃臣像在明代中後期遭到很大破壞，僕立相伴，多已無頭。到二十世紀初，所有石像頭部均已失去。關於石像無頭的原因，眾說紛紜，一種說法稱，北方有位突厥族可汗名叫阿史那元慶，他的石像也被立於乾陵，他的兒子阿史那石明得知後，極為不滿，於是想出借刀殺人之計。他趁夜黑竄入石像附近的農田大肆踐踏莊稼，卻造謠說是石像作祟，只有砸掉它們的頭，才能免除禍殃。老百姓信以為真，紛紛衝上乾陵，砸碎了石像頭。阿史那石明趁機撿回了父親的石像頭，用包袱裹著背回家，從此乾陵上的賓王像就成了無頭石像。

另一種說法認為是八國聯軍侵華時，看見唐乾陵前立有外國使臣的群像，感到有辱洋人的臉面，於是把石人的頭砍掉了。但據歷史學家考證，八國聯軍當時並沒有到過乾陵。

以上兩種說法都只是傳說，最近又發現：自然災害或許是使蕃臣像遭到破壞的主要原因。明嘉靖三十四年，也就是西元一五五五年，陝西華縣一帶發生了強烈地震，震級達到八至十一級。由於地震發生在子夜，人們還在熟睡中，致使八十多萬人死於這次大地震中。華縣距乾陵只有一百多公里，屬於震央地帶，乾陵也因此遭受到了毀滅性的打擊。這就是歷史上著名的關中大地震。專家們推斷，關中大地震是造成蕃臣像頭部斷裂的主要原因之一。因為不僅是蕃臣像，乾陵許多石像石馬毀壞的部分恰好也都是頭部。專家分析：除了石像頸部脆弱之外，還有一個重要的原因就是石像的材質。因為當時雕刻採用的石料有一些石瑕，即從石料上可以看到的一些淺色的線條。石頭受損時，最容易從這些地方斷裂。

有人推斷：六十一尊蕃臣像一部分毀於那次大地震。其餘的石像很可能毀於距今五六百年前的明末清初的屢次戰爭。雖然，這六十一尊雕像的頭像已不知所終，但是那緊身窄袖的衣服，寬寬的腰帶，矮筒的皮靴，雙足並立，兩手前拱，栩栩如生的形象，仍然為我們展現了朝堂上蕃臣侍立的場景，留給我們對大唐盛世的無限遐想。

唐玄奘取經時竟是「偷渡」出境？

玄奘法師的事蹟千百年來廣為流傳。但是，他的取經之旅竟然是沒有經過唐朝政府出境同意的，通俗地講，玄奘是「偷渡」出境，這是怎麼一回事呢？

玄奘（西元六〇二至六六四年），唐朝著名的三藏法師，漢傳佛教歷史上最偉大的譯師。俗姓陳，本名禕，出生於河南洛陽洛州緱氏縣（今河南省偃師市南境）。佛教法相唯識宗創始人，《西遊記》中唐僧的原型。他曾於唐太宗貞觀三年（西元六二九年）前往天竺取經求法，前後歷盡千難萬險的十七年，精研當時大小乘佛教的各種學說，攜帶回許多經籍，並長期從事翻譯佛經的工作。他的事蹟經明代小說家吳承恩改編後，寫入中國四大古典名著之一的《西遊記》中，千百年來廣為流傳。玄奘法師是中國歷史上最偉大的人物之一。但是，他的取經之旅竟然是沒有經過唐朝官方出境同意的，通俗地講，玄奘是「偷渡」出境，這是怎麼一回事呢？

原來，玄奘自幼家貧，父母早喪。十三歲時就出家。他為了學習佛法，曾遊歷各地，參訪名師。二十六歲時他來到了長安求學，玄奘在求學過程中，對當時攝論、地論兩家關於法相之說各異的現象百思不得其解，於是產生了去印度求《瑜迦師地論》以會通一切的念頭。

貞觀元年（西元六二七年）玄奘結旅陳表，請允西行求法。唐朝法律規定，凡需越渡關塞要津出國者，須向官府申請並取得「過所」後方可通行。「過所」其實就是簽證，玄奘西行求法的時候，正是貞觀初年，唐朝國基未定，國政新開，禁止國民出境，雖然唐朝的好多高官實際上都是外邦人，但還是禁止國民越境，所以玄奘西行求法的請求沒有得到官方的許可。然而玄奘決心已定，於是「冒越憲章，私往天竺」。

玄奘離開西安後，輾轉到了秦州，又轉至蘭州，並隨使者西行至涼州。那時涼州都督李大亮奉命守關，他得知玄奘準備離境，又無官方證明，便追問玄奘出關緣由。玄奘坦言要西遊取經，但李大亮並不放行。幸好當地有一位佛教領袖慧威法師，他很欣賞玄奘的辭理通達，更佩服他西行求法的宏願，便派了兩名心腹弟子，一個叫慧琳，一個叫道整，暗中護送玄奘偷渡出關。他們不敢公然行走，只能晝伏夜行，走了十幾天，終於到達瓜州（今甘肅安西）。瓜州是偷越國境的關口，據《大慈恩寺三藏法師傳》記載：玄奘於貞觀三年九十月間抵達瓜州晉昌城，在當地詢問西行路程。有人告訴他：從瓜州北行十多里，有條葫蘆河，下寬上狹，水湍波急，深不可渡。上面就是玉門關，是西去必經之路和咽喉要道。玉門關外向西北行，有五個烽火臺，各相去百里。中間沒有水草和人煙，過了這五個烽火臺，就是著名的莫賀延磧戈壁。再過去就是伊吾國境。

就在玄奘為難之時，涼州的訪牒又來了，說明捉拿意圖西遊的僧人，命令沿途各州縣嚴密查訪，務必解送京師。州史李昌是一名虔誠的佛教徒，他接到這份公文後，馬上明白此公文捉拿的人就是玄奘，立刻祕密帶著公文前去拜訪玄奘。當李昌聽完玄奘西行求法的宏願以後，感到非常欽佩和同情，就當著玄奘的面將公文撕毀，並一再叮囑他及早離開，以免節外生枝。李昌臨走時，送給玄奘一匹馬，又找了一位胡人石盤陀做嚮導，當天晚上就讓他們出發了。

玄奘一行三更時到了葫蘆河邊，遠遠看見了玉門關（唐玉門關就在今安西縣雙塔水庫中的雙塔堡一帶）。玉門關上游十多里的地方，葫蘆河寬有丈餘，旁邊有梧桐樹林，石盤陀砍了幾棵樹，搭在河上，鋪草墊沙，讓玄奘過了河。玄奘由此出了玉門關，但是玄奘還要面對另一個對手——關外的漫漫黃沙。

此時，玄奘所有的同伴均已離他而去，後來石盤陀也打了退堂鼓，石盤陀甚至以刀刃相逼脅迫玄奘返回歸途，但法師矢志不移，石盤陀無奈，只得自己離去。臨走時，他告訴玄奘，如果在沙漠中走了四天後，能夠看到一小片綠洲，就說明走對了方向。走進戈壁深處的玄奘在喝水時，又不慎把皮囊的水全部灑掉了，沒有水的玄奘只得憑藉著自己的信念堅持行走，其後的五天四夜，玄奘滴水未進，「幾將殞絕」，經歷了西行途中最為險惡的考驗，最終依靠著頑強的信念和「堅持」，成功地穿越了「上無飛鳥，下無走獸」的莫賀延磧戈壁，到達了其西行途中的第二個起點——高昌。

在高昌國，玄奘受到了國王的極大禮遇，離開高昌後，玄奘經西突厥、阿富汗，南下佛教聖地——那爛陀寺。後來，他又遊學天竺各地，著述立論，宣講大乘，經過五年學習，玄奘獲得了「大乘天」的「解脫天」的極高榮譽。被公認為全印度第一流學者。玄奘的威名從西域傳回了大唐後，這位當年偷渡出國遊學天竺的僧人，引起了上至皇帝下至百姓的莫大興趣。

貞觀十九年（西元六四五年）春正月，玄奘給唐太宗上書，說自己取得佛經回來了。當時唐太宗正在洛陽統領兵馬準備征伐高麗。得知玄奘即將攜帶佛經、佛像回國，唐太宗便命令留守在長安的左僕射房玄齡迎接。房玄齡派遣右武侯大將軍侯莫陳實、雍州司馬李叔、長安令李乾佑奉迎。後來，玄奘受到了唐太宗的親自召見。乾封元年（西元六六四年），玄奘由於積勞成疾病逝。

玄奘回國後，在十九年中翻譯了經論七十五部，總計一三三五卷，他還口述《大唐西域記》。該書是玄奘西行求法歷時十七年、行程五萬餘里、經過一百多個國家所寫的遊記。內容相當豐富，涉及中亞、西亞、南亞地區內許多國家的山川地形、城邑關防、交通道路、風土習俗、物產氣候、語言文字、政治經濟、文化宗教等各個方面，並有不少佛教傳說。全書共十二卷，約十一萬字，記述的國家達一百三十八個以上，是我國古代的一部極為重要的地理著作。

唐玄奘差點做了高昌國駙馬？

玄奘並不想在高昌國長期逗留，他對高昌王的盛情深表感謝，但婉言謝絕。大臣們為了挽留玄奘，想出了一個計策：讓玄奘成為國王的女婿。

相傳，漢武帝劉徹派大將軍李廣利率兵遠征大宛以求汗血寶馬，然而軍隊疲憊不堪大敗而退，漢武帝大怒，下令不許漢軍東返，進玉門關者殺，於是這支隊伍來到吐魯番，他們見這裡氣候宜人，又有天山雪水，李廣利於是決定將軍中病弱疲憊的傷患們集中起來在這裡屯田。從此，他們便在這裡定居下來。這個地方由於「地勢高敞，人庶昌盛」而得名「高昌壁」，後來在這個地方建立了國家，即高昌國。

漢唐以來，高昌是連接中原、中亞、歐洲的樞紐，它既是經貿活動的集散地，又是世界宗教文化的薈萃地。當時波斯等地的商人，從他們國家帶著苜蓿、葡萄、香料、胡椒、寶石和駿馬來到高昌，又從這裡帶走中原的絲綢、瓷器、茶葉和造紙、火藥、印刷術。與此同時，世界各地的宗教先後經高昌傳入內地。當時這裡的居民先後信奉佛教、景教和摩尼教，高昌成了世界古代宗教最活躍、最發達的地方之一。

唐太宗貞觀三年（西元六二九年），即漢武帝的軍隊築成高昌古城後的七百年，二十七歲的玄奘為了探求佛法求取真經，「冒越憲章，私往天竺」，違反了朝廷當時禁止百姓擅自西行的規定，混在一夥四處逃荒的饑民之中離開長安，踏上西天取經之路。這之前，在貞觀元年（西元六二七年），玄奘曾結旅陳表，請允西行求法，但未獲朝廷批准。因沒有唐朝的通關文書、沒有寺院的證明檔，也沒有任何權貴階層的支持與舉薦。玄奘曾被唐涼州朝廷地方官員下令捉拿、曾被玉門關外五個烽火臺的守邊兵士張弓放箭險些射傷，常常是晝伏夜出，惶惶終日。

除了面對官府的層層盤查之外，玄奘還要面對關外漫漫黃沙。一路上為他做嚮導的胡人，到了關外，面對漫漫黃沙時也打了退堂鼓，臨走時，他送給玄奘一匹識途的老馬，並告訴他，如果在沙漠中走了四天後，能夠看到一小片綠洲，就說明走對了方向。走進戈壁深處的玄奘在喝水時，又不慎把皮囊的水全部灑掉了，沒有了水的玄奘憑藉著自己的信念堅持行走，但最後還是昏倒在老馬身上，不知過了多久，一陣涼風把他吹醒，他終於走到了那一小片綠洲，這就是富饒的高昌國。

高昌王篤信佛教，國都寺廟林立，平均每百人就有一座寺廟。高昌國共有僧人數千名，但高昌王仍感到缺少真正的高僧。高昌商人們在涼州聽玄奘講經後推崇備至，高昌王聽到這個消息頗為振奮。三年前他到長安朝貢時目睹了宏偉寺院和博學的高僧。禮儀之邦的風土人情讓他傾服，回國後，他下令臣民都梳唐人髮式。現在又來了一位大唐高僧，可以請他向國人弘道講法，這是一件多好的事啊！俗話說：凡事可遇不可求，現在機會到來了。

玄奘本想取道另一條路，但高昌王派使臣專程將他請到高昌。高昌王聽說玄奘當夜要到的消息後在宮殿裡焦急踱步，寢食不安。午夜，衛士們報告玄奘已到，高昌王親自舉著火把迎接他，並不顧玄奘路途勞累，興高采烈地和他聊了一整夜，隨後幾天也是如此。高昌王每日在三百弟子面前跪地當凳子，讓玄奘踩著他的背，登上法座講經，時間過了十幾天，唐玄奘執意西行，高昌王苦苦挽留，並要以弟子身分終身供養玄奘法師，還要讓全國居民都成為法師弟子，每日沐浴執香，洗耳恭聽法師講經。

但是玄奘並不想在高昌國長期逗留，他對高昌王的盛情深表感謝，對他的挽留婉言謝絕。他一定要遠赴印度尋求中國佛教經典裡缺失的經文。大臣們為了挽留玄奘，也想出了一個計策——讓玄奘成為國王的女婿。他們說，玄奘青年才俊，公主才貌雙全，崇信佛法，玄奘不可能不對這位公主動心。高昌王便向公主提起此事，公主喜笑顏開。她聽過玄奘講法，對他崇拜有加，能與這位才智之士共度此生是她莫大的榮幸。但玄奘卻向高昌王陳情，他此生的使命就是遠赴印度，求法取經，然後再回國弘揚於百姓之中，他懇請高昌王不要攔阻他。

習慣了人們對他俯首聽命的高昌王，見玄奘竟然置他的懇求於不顧，不由得怒火中燒。於是威脅玄奘說：法師面前有兩條路，或者留下，或者回國，請法師三思。玄奘毫不猶豫地回答：「君王留下的只能是貧僧的屍骨，絕對留不住貧僧的心！」為了獲得放行，玄奘開始絕食，到了第四天，他已極度虛弱，氣息奄奄，高昌王極為震驚。高昌王請求玄奘進食，恢復身體，繼續西行，不過他誠邀玄奘從印度回來時，在高昌住上三年。玄奘深感高昌王禮佛的虔誠和修業的誠意，答應他歸來再訪，並與高昌王結為兄弟。高昌王決定請玄奘升座講法一個月，同時為他預備西行一切所需之物。臨行前，高昌王為玄奘寫了二十四封致西域各國的通關文書，還贈送了馬匹和二十五名僕役。出發那天，全城居民夾道相送，高昌王麴文泰抱住法師失聲慟哭，親送至一百里外的交河城，才依依惜別。

鑒真和尚是雙目失明還是得了白內障？

一些日本學者認為，《唐大和尚東征傳》所說的「眼光暗昧」，是指鑒真患有老年性白內障，而不是雙目失明……

鑒真（西元六八八至七六三年）是唐代赴日傳法的名僧。日本人稱其為「過海大師」、「唐大和尚」。鑒真俗姓淳于，揚州江陽（今江蘇揚州）人。他父親是一名虔誠的居士。十四歲那年，他隨父親去大雲寺參拜。一見到慈悲的佛像，他就產生了禪悅之喜，便向父親提出要皈依佛門。被他的誠心感動了的父親，就將他託付給自己的師父智滿法師。鑒真於四十六歲登上戒律大師的講座，在江淮地區講律傳戒，被仰為東南戒律宗首、「江淮化主」，四十餘年間，鑒真為俗人剃度，傳授戒律，先後達四萬餘人，江淮間尊為授戒大師。在佛法戒律之外，他還廣泛涉獵梵聲音樂、佛寺建築、雕塑繪畫、草藥醫術、書法鏤刻。漫長的修煉過程，造就了鑒真堅韌不拔的意志和卓越超群的人格。

當時的日本，佛教戒律不完備，僧人不能按照律儀受戒。西元七三三年（日本天平五年），日本僧人榮睿、普照隨遣唐使入唐，邀請高僧去傳授戒律。訪求十年，決定邀請鑒真。鑒真的弟子中有人勸他不要去。「到日本去，路途遙遠，滄海森漫，百無一至……」鑒真說道：為了弘揚佛法，何惜身命？唐天寶元年（西元七四二年），鑒真不顧弟子們勸阻，毅然應請，決心東渡。但是，由於地方官阻撓和海上風濤險惡，先後四次都未能成行。

天寶七年（西元七四八年），鑒真又開始第五次東渡。由於船隻誤入海流，又遇狂風巨浪，鑒真一行在海上漂流了十四天後抵達海南島南部。鑒真一行過海到了廣州，準備北返再次東渡，但由於勞累過度，日本僧人榮睿又不幸病逝，鑒真的得力弟子祥彥也在途中死去。加上南方炎熱，使鑒真患了眼疾，醫治無效而失明。

天寶十二年（西元七五三年），日本「遣唐使」藤原青河一行在回國時，特意到揚州拜謁鑒真，再次請他東渡。鑒真不顧高齡和雙目失明，毅然決定隨日本船第六次東渡。一個多月後在盛大隆重的歡迎下，鑒真來到日本首都奈良。這次東渡，雖然終於取得成功，但他年近七旬。日本天皇下詔慰勞，並授予鑒真傳燈大法師之位，宣布「自今以後，授戒傳律，一任和尚」。同年四月，鑒真初於東大寺盧舍那殿前立戒壇，登壇為日本聖武上皇、光明太后、孝謙天皇等授菩薩戒。不久又為沙彌澄修等四百多人授戒。已受過戒的日僧靈福等八十多人也紛紛捨舊戒，重新從鑒真授戒，日本佛教開始有了戒律。鑒真又在日本傳戒、建寺、講學、行醫，生活了十個春秋，直至圓寂。

鑒真的事蹟在日本人民中，世世代代傳為美談，日本文化史學者甚至稱他為文化的大恩人。弟子為他所塑乾漆夾像，一千兩百餘年來，始終受到日本人民的景仰。一九八〇年，日本曾送這座塑像短期來華，成為中日友好關係史上的佳話和文化交流史上的一件大事。鑒真作為中日民間交流的使者，為中日佛教文化的交流譜寫出光輝的篇章。儘管如此，有些學者在研究了史料後，卻對鑒真在第五次東渡過程中失明之事提出了質疑。

著名歷史學家陳垣就認為「鑒真和尚到日本後，晚年曾失明則或有之，謂鑒真和尚未到日本前已失明，則殊不可信」（陳垣《鑒真和尚失明事質疑》）。因為，鑒真失明一事，《宋高僧傳・鑒真傳》等書都沒有任何記載，僅據日本人真人元開所撰寫的《唐大和尚東征傳》上的一句話作為孤證，論據並不充足。鑒真在日本，校正數百萬言的經論而一字不差，對一個盲人來說是不可想像的。

而且《唐大和尚東征傳》所提供的那些導致雙目失明的原因，涉及榮睿病死，鑒真悲痛得數日不進滴水；與普照分手，鑒真痛惜悲戚；祥彥病逝，鑒真撫體悲呼。還有諸如遭受暑熱瘴氣，毒火攻心等。與鑒真這樣的得道高僧的精神境界完全不相符合。這些說法，將鑒真視為凡夫俗子，而非得道高僧。顯然是「以凡夫之心，度高僧之腹」，所做出的分析結論，與得道高僧所修煉而成的精神境界相去甚遠。因為鑒真作為虔誠的、有著多年修行功夫的佛教徒，深知五蘊皆空，生死不二，對人的生死必然會有一種非常超脫的看法，怎麼會因為生離死別而悲痛得數日不進滴水、痛惜悲戚、撫體悲呼，以致毒火攻心、雙目失明呢？而我們從前幾次東渡失敗之後所看到的那個表現出樂觀精進、深信有佛菩薩保佑的百折不回的精神的鑒真，怎麼會在第五次失敗後表現出那樣不堪打擊的沮喪情緒呢？

一些日本學者也認為，《唐大和尚東征傳》所說的「眼光暗昧」，是指鑒真患有老年性白內障，而不是雙目失明，這種說法倒是有可能比較接近事情的真相。《鑒真奉請經卷狀》這張鑒真的借條，仿佛也為這種說法提供了佐證，西元七五七年，鑒真為借經卷曾經向當時的奈良東大寺出具了一張借條。這就是現存正倉院的《鑒真奉請經卷狀》。借書條上的書法為唐人風格。值得注意的是，書法字跡端正整齊，並有塗改重寫的地方，經過奈良國立博物館的西山厚研究員鑒定，認為此文與中國所存鑒真相關文獻出自同一人手筆，所以，日本研究人員認為，鑒真在東渡時，可能還保有輕微的視力，能夠自己書寫重要文件，但不能很好地閱讀了。

據此，也許鑒真得了老年性白內障，而非完全失明更符合歷史的真相，無論鑒真是否徹底失明，日本的文獻中，他在日期間從未有過哭泣的記載，而總是以最和善的微笑面對信徒。鑒真因為年高體弱，為了弘揚佛法又不惜勞苦，終於在日本天平寶字七年（西元七六三年）五月六日，坐化於唐招提寺，根據日本方面的記載，當時鑒真雙腳結跏趺坐，神態安詳，死後三日，體溫尤在，時人呼為真菩薩。

佛法云，大雄無畏，勇猛精進。這就是鑒真大師最好的寫照。

貌美的楊貴妃為什麼沒能成為皇后？

既然已經達到了一個女人所能達到的極致，得到了天子的萬千寵愛，何必還去在乎皇后的名號呢？

白居易《長恨歌》生動地描述了唐明皇與楊貴妃的愛情故事：楊貴妃生前，有「春宵苦短日高起，從此君王不早朝。承歡侍宴無閒暇，春從春遊夜專夜。後宮佳麗三千人，三千寵愛在一身」等詩句；楊貴妃被賜死後，有「在天願為比翼鳥，在地願為連理枝。天長地久有時盡，此恨綿綿無絕期」等詩句。《明皇雜錄》、新舊《唐書》等多種史書的記載，更證明白居易的描寫基本屬實，並非文學誇張。楊貴妃，名玉環，字太真，是我國古代四大美女中地位最高、權力最大的一位美女。然而這樣一個備受寵愛的美人，卻一直沒有被冊封為皇后，原因何在呢？

唐玄宗將元配王皇后廢為庶人之後，皇后之位一直空著。當初，王皇后為了跟武惠妃爭寵，讓其兄王守一找僧人幫忙。僧人明悟領著他祭祀北斗星之後，「取霹靂木刻天地文及帝諱合佩之」，說是這樣可以生子，像武則天一樣尊貴。開元十二年（西元七二四年），事情敗露，王皇后被廢為庶人，不久後抑鬱而死。王皇后死後，唐玄宗想要冊立武惠妃為皇后。但是，遭到了御史大夫潘好禮的堅決反對。反對的理由主要是：曾經搞得李唐王朝雞犬不寧的武三思和武延秀都是武惠妃的遠房叔伯，唐玄宗跟他們有不共戴天之仇。加上當時太子又不是武惠妃所生，而武惠妃本人也是生有兒子的。武惠妃一旦被冊立為皇后，爭奪太子的事情就在所難免。結果，武惠妃就沒有被立為皇后。只在她四十餘歲死去後，才獲贈了一個皇后的名號。實際上，楊玉環成為楊貴妃時，武惠妃早就已經死了。此後，楊玉環也沒有被冊封為皇后。對於這件事情的原因，史書上並沒有明確的記載，我們只能從有關記載中挖掘線索，來進行相關論證和推測。從史書記載中的蛛絲馬跡來看，唐玄宗之所以沒有冊封楊玉環為皇后，很可能與他得到楊玉環的卑下手段有關。

楊玉環進宮前，原為唐玄宗的兒子壽王李瑁的王妃。後來，唐玄宗見到了楊玉環，馬上被楊玉環的姿色深深迷住了。於是唐玄宗設計了一番表面文章，先是打著孝順的旗號，說是要為自己的母親竇太后薦福，下詔令楊玉環出家做道士，並賜道號「太真」。五年之後楊玉環守戒期滿，唐玄宗便下詔讓楊玉環還俗，並接入宮中，正式冊封為貴妃，自己養了起來。這件事情，李商隱曾在詩歌《驪山有感・詠楊妃》中有所記載：「驪岫飛泉泛暖香，九龍呵護玉蓮房，平明每幸長生殿，不從金輿惟壽王。」正是說明了當時唐玄宗搶走兒媳婦後，壽王李瑁的鬱悶和唐玄宗的尷尬。

由於唐朝是中國歷史上少有的開放朝代，採取了相容並包的文化政策，各種外來風俗在大唐落地開花，封建倫理制度相對弱化，因此唐玄宗這樣做並沒有遭到太大的反對。然而將從兒子手中搶來的貴妃封為皇后畢竟有違倫理，雖然其時風俗開化，但綱常倫理的主體還是存在的，讓這麼得來的婦人當了皇后顯然是無法「母儀天下」的。如果封楊玉環為皇后，對壽王李瑁來說，自己的妻子突然變成了自己的母后，必然會激發他更大的怨恨。到時候發生政變也是很有可能的，這一點使得唐玄宗不得不加以提防。

而且楊貴妃雖然聰明伶俐，能夠隨時迎合皇帝的心意。但李隆基對她也並不是百依百順。楊貴妃曾先後兩次被李隆基驅逐出宮。驅逐的原因，史書沒有明言，不得其詳。當然，每次驅逐楊貴妃後不久，多情、癡情的李隆基就會後悔，思念不已，很快讓高力士將其接回宮中，禮遇如初，歡愛如舊。可以說，楊貴妃對李隆基而言，是讓他歡喜讓他憂的女人。這樣的女人，李隆基覺得並不適合做皇后。

唐玄宗晚年雖然有些沉湎於聲色娛樂，但基本上還是一個頭腦比較清醒的皇帝。他也意識到楊貴妃得寵後仙及雞犬，她的兄妹親戚都得到了朝廷的重用，已經發展成一股龐大的政治力量，如果再封她為皇后，必將引起大臣的反對和權力的傾斜，這對維護統治是很不利的，所以唐玄宗一直不肯封楊貴妃為皇后。

除了對權力平衡的考慮外，還有一點是唐玄宗不得不考慮的，那就是楊貴妃一直沒有生育。楊貴妃不生育的原因已經無從考證，但沒有兒子肯定是封她為皇后的一大障礙，因為古代冊立皇后是件非常重要的大事，要君臣參與，詔示天下，冊立的皇后必須是懿德懿容，能發揮垂範萬眾、母儀天下的作用，她所生的兒子也將被立為太子，日後繼承大統。因此皇后與太子一般應當是母以子顯或是子以母顯的，但當時太子已立多年，而且成長正常，楊貴妃又遲遲沒能生個兒子出來，所以就沒有理由封她為皇后。

有唐一朝，楊貴妃雖然沒有成為皇后，但她卻集「三千寵愛在一身」，無皇后之名，但得皇后之實，享受的待遇規格早就是皇后的標準了。聰明的楊貴妃也許覺察到，既然已經達到了一個女人所能達到的極致，得到了天子的萬千寵愛，何必去在乎皇后的名號呢？

誰寫出了勵志詩「鋤禾日當午」？

這首唐詩讀來朗朗上口，是婦孺皆知的佳句。然而，對於這首詩的作者，卻有爭議，那麼，這首廣泛流傳的唐詩究竟出自何人之手呢？

「鋤禾日當午，汗滴禾下土。誰知盤中餐，粒粒皆辛苦。」這首唐詩讀來朗朗上口，是婦孺皆知的佳句。然而，對於這首詩的作者，卻有爭議，那麼，這首廣泛流傳的唐詩究竟出自何人之手呢？

一種說法是此詩的作者，是唐朝詩人李紳。李紳（西元七七二至八四六年），字公垂，生於唐大曆七年（西元七七二年），祖籍安徽亳州。父李晤，歷任金壇、烏程（今浙江吳興）、晉陵（今常州）等縣令，攜家來無錫，定居梅里抵陀里（今無錫縣東亭長大廈村）。李紳幼年喪父，由母教以經義。十五歲時讀書於惠山。青年時目睹農民終日勞作而不得溫飽，以同情和憤慨的心情，寫出了千古傳誦的《憫農》詩二首，內有「春種一粒粟，秋收萬顆子。四海無閒田，農夫猶餓死」、「鋤禾日當午，汗滴禾下土。誰知盤中餐，粒粒皆辛苦」的名句，被譽為憫農詩人。貞元二十年（八〇四年）李紳再次赴京應試，未中，寓居元稹處。曾為元稹《鶯鶯傳》命題，作《鶯鶯歌》，相得益彰，流傳後世。元和元年（西元八〇六年）中進士，補國子監助教。他曾歷任江州刺史、滁州刺史、壽州刺史，與元稹、白居易交遊甚密，遊學烏鎮，與烏鎮普靜寺住持唐抱玉為莫逆之交。

李紳一生最閃亮的部分在於詩歌，作有《樂府新題》二十首，已經失傳。流傳至今的有《追昔遊詩》三卷、《雜詩》一卷，收錄於《全唐詩》。另有《鶯鶯歌》，保存在《西廂記諸宮調》中。李紳是中唐時期新樂府運動的宣導者和實踐者之一。元稹稱李紳說：「予友李公垂，貺予樂府新題二十首，雅有所謂，不虛為文，文章合為時而著，歌詩合為事而作。」顯見，李紳的詩風，與「鋤禾日當午」詩的格調相一致。

南宋的計有功在《唐詩紀事》卷二十九李紳目中是這樣記載的：「紳初以《古風》求知於呂溫，溫見其齊煦，誦其《憫農》詩曰：『春種一粒粟，秋收萬顆籽。四海無閒田，農夫猶餓死。鋤禾日當午，汗滴禾下土。誰知盤中餐，粒粒皆辛苦。』又曰：『此人必為卿相。』果如其言。」《唐詩紀事》是一部有關唐代詩人及作品的評論彙集，共八十一卷，收唐代詩一一五〇家，內容極為繁富。

也有一種說法是「鋤禾日當午」詩的真正作者，應該是唐朝另一位詩人聶夷中。唐五代人孫光憲著有《北夢瑣言》，其中卷二記載：「咸通中，禮部侍郎高知舉，榜內孤貧者公乘億，賦詩三百首，人多書於屋壁。許棠有《洞庭詩》尤工，時人謂之『許洞庭』。最奇者有聶夷中，河南中都人，少貧苦，精於古體，有《公子家》詩云：『種花於西園，花發青樓道。花下一禾生，去之為惡草。』又《田家》詩云：『父耕原上田，子斸山下荒。六月禾未秀，官家已修倉。』又云：『鋤禾日當午，汗滴禾下土。誰知盤中餐，粒粒皆辛苦。』又云：『二月賣新絲，五月糶新穀。醫得眼前瘡，剜卻心頭肉。我願君王心，化為光明燭。不照綺羅筵，只照逃亡屋。』所謂言近意遠，合《三百篇》之旨也。」其中明確指出，《鋤禾》的作者是聶夷中。」

聶夷中（八三七至？年），唐代詩人，字坦之。河東（今山西永濟）人，一說河南人。出身貧寒，備嘗艱辛。咸通十二年（西元八七一年）中進士。由於時局動亂，他在長安滯留很久，才補得華陰尉。到任時，除琴書外，身無餘物。聶夷中的詩作，風格平易而內容深刻，在晚唐靡麗的詩風中獨樹一幟，如《公子行二首》、《公子家》諷刺貴族公子的驕奢淫逸，《田家》、《詠田家》譴責封建賦役對勞動人民的苛重剝削，《雜怨二首》表現連年戰亂造成人們家庭離散的痛苦，寫來都情真意切，感人肺腑。《唐才子傳》謂其「傷俗憫時」、「警省之辭，裨補政治」。詩人喜歡採用短篇五言古詩和樂府的形式，以質樸的語言、白描的手法，寥寥幾筆，將觸目驚心的社會現象暴露在人們眼前，冷峭有力，像「醫得眼前瘡，剜卻心頭肉」（《詠田家》）這樣的詩句，已成為家喻戶曉的格言。

那麼，《鋤禾》的作者究竟為誰？《北夢瑣言》的作者孫光憲，生於唐昭宗乾寧三年（西元八九六年），卒於宋太祖乾德六年（西元九六八年）。而《唐詩紀事》的作者計有功，史書記載其生卒年代不詳。但史書中記載了他中進士的時間為宣和三年，即西元一一二一年。據此可大致推測，孫光憲生活的年代距李紳不過五十年左右；距聶夷中也不過十年左右時間。從時間上來看，孫光憲《北夢瑣言》中的記載可能更接近於歷史的真實。

從記載上來看，《北夢瑣言》內容所記為晚唐五代事，題材豐富，包括政教禮法、文壇逸聞趣事、民間風情習俗等。因為作者孫光憲為晚唐五代人，當代人記當代事，較能自然忠實呈現當時的樣貌，王文才在《蜀杌校箋序》中曾說：「五代雜筆，首推《北夢瑣言》。」許多研究唐末五代的學者在述及歷史、政治、文學乃至風土人情時也常提及《北夢瑣言》這本書，如《太平廣記》、

《資治通鑒》、《舊五代史》、《十國春秋》等都不同程度援引《北夢瑣言》中的資料，或補其缺，或資考訂，可見《北夢瑣言》是一本史料價值極高的筆記。而計有功《唐詩紀事》的成書印製，卻大有周折，並非計有功親自所為。《唐詩紀事》最早的刻本是南宋嘉定十七年（西元一二二四年）王禧刻本。而據王禧自序云，他在客中邂逅計有功之子，「因得是書，立命數十吏抄錄，其間不能無魯魚亥豕之誤」。因而後來據王禧刻本翻刻的《唐詩紀事》的其他版本，其中的脫誤舛錯也就難免了。明代學者胡震亨（西元一五六九至一六四五年）在其《唐音癸籤》中就曾指出他多處張冠李戴的錯誤。

綜合各方面來看，或許聶夷中才是《鋤禾》的真正作者。

「八仙」的真實原型是哪些人？

八仙的傳說始於唐時，其時已有《八仙圖》、《八仙傳》等，然而八仙姓氏至宋代猶有變更……那麼，八仙中的人物完全是虛構的嗎？

八仙過海是八仙最膾炙人口的故事之一，相傳白雲仙長有一次於蓬萊仙島牡丹盛開時，邀請八仙及五聖共襄盛舉，回程時鐵拐李（或呂洞賓）建議不搭船而各自想辦法渡海，這就是後來「八仙過海、各顯神通」或「八仙過海、各憑本事」的起源。

八仙的傳說始於唐時，其時已有《八仙圖》、《八仙傳》等，然而八仙姓氏至宋代猶有變更，至《東遊記》始定為鐵拐李、漢鐘離、張果老、何仙姑、呂洞賓、藍采和、韓湘子、曹國舅八人。那麼，八仙中的人物完全是虛構的嗎？在歷史的長河中有沒有這些人物的原型呢？

鐵拐李：鐵拐李在民間傳說中為八仙之首，是年代最久、資歷最深者，身世由來傳說頗多，有的書中稱其姓李，名洪水，隋朝人，魯迅先生的《中國小說史略》則說他姓李，名玄；趙翼的《陔餘叢考》中又說他姓劉。《歷代神仙通鑒》稱，其原本是一俊偉丈夫，善道術，會使元神離山法術，修煉於碭山岩穴中，有一次應師父老子之約，行「元神出殼」法術，赴千里之外華山，數日後回歸，發現其肉體被其徒誤焚，無奈將元神附會到跛了一隻腳的醜陋漢子身上，用來倚身的竹杖，變為鐵拐，故名鐵拐李。看來他是一位民間流傳的、諸事附會而成的道家仙人。

漢鍾離：八仙中名氣僅次於鐵拐李的是漢鍾離。他在八仙中地位較高，特別是由於道教徒的吹捧，名聲更大。元朝時，被全真教奉為「正陽祖師」。有關其人物原型，約出現在五代、宋初之際。《宣和年譜》、《夷堅志》、《宋史》等書都有他的事蹟的記載，只是後來訛傳為漢鍾離，才附會為漢朝人。《歷代神仙通鑒》、《續文獻通考》等書稱：鐘離權，複姓鐘離，字寂道，號雲房子，又號正陽子。

張果老：道教稱之為果老仙師，其原型為唐代道士張果，因其在八仙中年事最高，故被人們尊稱為張果老。有關張果老的事蹟，最早最真實的記載見於劉肅的《大唐新語》。據《大唐新語》記載，張果老先生者，隱於恒州，往來汾晉，時人傳其有長生祕術，自稱是「堯時丙子年生」。中唐以後，張果老的傳說日益增多。《唐國史補》卷上「張果老衣物」條指出：「天寶末，有人於汾晉間古墓穴中，得所賜張果老敕書、手詔、衣服。進之，乃知其異。」《舊唐書》卷八、卷一九一和《新唐書・方伎傳》均記載了張果的相關情況。除了《新唐書》加入了玄宗屢試張果仙術和玄宗欲令張果尚公主等事外，其餘記載和《大唐新語》基本相同。在當時的詩作中，可以發現張果和京城文人們的交往情況。在唐人的一些記載中，還可發現張果和其他方伎之士交往的一些活動。

八仙中流傳故事最多的當數呂洞賓，在道教中，全真教奉其為「純陽祖師」，又稱「呂祖」。呂仙原名呂岩，又有說法本名是呂煜或呂瓊，號純陽子，一種說法認為他貞元十四年（西元七九八年）生於永樂縣招賢里（今山西省芮城縣永樂鎮）。另一種說法認為他是唐末京兆（今陝西西安）人。唐寶曆元年（西元八二五年）中了進士，並且為官了一段時間。不久因為厭倦腐敗的官場生活，棄官入道，隱居終南山。在現實的呂洞賓基礎上，民間添加了許多他的傳說故事，是「八仙」中最具有傳奇色彩的人物，也是名氣很大的一個。從北宋開始就一直有人假借他的名號出山，讓他的傳說更加豐富而且神奇。比如，「呂洞賓三醉岳陽樓」、「四下鶴城」、「呂洞賓賣湯糰」等。

何仙姑：八仙中唯一的女性，有關其身世說法不一。一說她是唐朝人。宋初《太平廣記》引《廣異記》稱有「何二娘」者，是位以織鞋為業的農婦。《續通考》說何仙姑為唐武則天時廣東增城縣人，出生時頭頂出現六道毫光，天生一副「仙科」，十三歲時在山中遇一道士，吃了道士一個仙桃，從此不饑不渴，身輕善飛，並可預見人生禍福。後來她應召進京，途中離去。一說她是宋朝人。宋代的一些文人筆記多稱她為北宋永州（今零陵）人，有稱她幼遇異人，得食仙桃成仙。有稱她放牧於郊野，遇異人送仙棗，食後而成仙，宋人筆記中還記載了何仙姑一些為人占卜，預測禍福的事蹟，一時間士大夫及好奇者爭相前往彼處占卜，可見她的原型不過是一位精於占卜的民間女巫。

八仙中有位玩世不恭，似狂非狂的行乞道仙，名叫藍采和。南唐沈汾《續仙傳》、宋初《太平廣記》、陸游《南唐書》等書均載有他的事蹟。藍采和是唐末至五代時人，其行為怪僻，經常穿著破爛的衣服，一隻腳穿著靴子，另一隻則赤足，於長安街市乞討，並手持大拍板，乞討得來的錢有時贈予窮人，有時花在酒肆中，醉了就唱歌，歌詞多充滿神仙之意。另外，他又喜歡於夏天穿厚厚的衣服，冬天躺在雪地上。相傳有人在童年及老年時都見過他，但他的容貌卻沒有改變。而最後，藍采和得漢鐘離度化，於酒樓趁醉時騎鶴而去。

韓湘子：普遍認為是文學家韓愈的侄子（有說侄孫），《唐書・宰相世系表》、《酉陽雜俎》、《太平廣記》、《仙傳拾遺》等書都有關於他的介紹。一稱是韓愈侄孫，歷史上韓愈確有一個叫韓湘的侄孫曾官至大理丞。他成仙的傳說，最早見於唐代段成式的《酉陽雜俎》。書中稱韓愈有一年少遠房子侄，為人輕狂不羈，不喜讀書，韓愈曾責怪他，他卻能在七日之內使牡丹花按其叔的要求改變顏色，並且每朵上邊還有「雲橫秦嶺家何在……」的詩句，韓愈驚奇萬分。還有說韓湘子是韓愈外甥，其事蹟和《酉陽雜俎》所言大同小異，總之韓湘子其人物原型為韓愈的族侄，五代時即被仙化。

八仙中，曹國舅的事蹟最少，出現最晚。其身世，說法大同小異，都和宋仁宗的曹皇后有關。《宋史》有傳，曹佾，字公伯，曹彬之孫，曹皇后的弟弟。他性情和宜，通曉音律，喜愛作詩，封濟陽郡王，身歷數朝而一帆風順，年七十二而壽終。《神仙通鑒》云：曹國舅天性純善，不喜富貴，卻慕戀於仙道，其弟則驕縱不法，恃勢妄為，曹國舅對其惡行深以為恥，遂入山修煉，遇漢鐘離、呂洞賓收他為徒，很快曹國舅修成仙道。《東遊記》中所述曹國舅與上略同。

法門寺地宮埋藏一千多年的祕密

史書記載和民間傳說中都曾提到，法門寺地宮裡有佛祖釋迦牟尼的真身舍利，這到底是真有其物還是訛傳？法門寺地宮中真的埋藏有千年的祕密嗎？

位於中國陝西省扶風縣的法門寺，是中國歷史上的著名寺院之一。它位於陝西省寶雞市扶風縣城北十公里處的法門鎮，據專家考證，法門寺始建於北魏時期，當時稱「阿育王寺」。

經過隋唐時期的不斷改擴建，到了宋代，法門寺發展到最大規模，當時僅二十四院之一的「浴室院」即可日浴千人。宋徽宗曾手書「皇帝佛國」四字於山門之上。金元之際，法門寺仍是關中名剎，「藏經碑」中有寺僧抄寫大藏經五千卷的記載。金人也刻「詩碑」盛讚其寺塔：「三級風簷壓魯地，九盤輪相壯秦川。」明清以後，法門寺逐漸衰落。明隆慶三年（西元一五六九年），寺中歷經數百年歷史的唐代四級木塔崩塌。明神宗萬曆七年（西元一五七九年），地方紳士楊禹臣、党萬良等捐資修塔，歷時三十年建成八棱十三級磚塔，高四十七公尺，極為壯觀。清順治十一年（西元一六五四年）因地震塔體傾斜裂縫。一九三九年，在愛國志士朱子橋先生的主持下，該塔完成了晚明以來最大規模的維修。

幾千年來，史書記載和民間傳說中都曾提到，法門寺地宮裡有佛祖釋迦牟尼的真身舍利，到底是真有其物還是訛傳？法門寺地宮中真的埋藏有千年的祕密嗎？

一九八一年八月二十四日的一場暴雨，使得佇立在法門寺中的佛塔中段突然出現裂縫，佛塔東北邊的部分完全坍塌，西南邊部分出現傾斜，千年古塔即將毀於一旦，該如何處理？經過反覆論證，形成了兩個方案，一是把舊塔拆除後重新修建，二是保護剩下的半邊塔。

鑒於佛塔十分珍貴，深具研究價值，工作人員決定修復殘塔。但是，佛塔倒場的情況十分罕見，殘塔裡全是土坯，維護非常困難，而且造價極高。最後，專家組決定將殘塔拆除重建。

一九八七年四月三日，考古人員在清理古塔拆除後的塔基時，終於讓一個埋藏了一千多年的絕世祕密重見天日：塔下果真埋葬著珍貴的「佛指舍利」。原來，考古人員無意中在塔基處浮土下發現了一塊白玉石板，除去浮土，一尊雄獅浮雕漸漸顯露出來。推開白玉石板，一個神祕的洞口赫然出現。這就是法門寺地宮入口。考古人員沿著地宮的幽暗隧道前進，發現牆壁為黑色大理石拼貼。石壁因年代久遠呈現一種特有的斑駁，東側上刻有白色的文字。隧道盡頭，兩塊石碑赫然屹立，碑文在手電筒光下依然清晰可辨。兩塊石碑上共計刻有約九百個字，一個是記事碑，一個是物賬碑，文字顯示，石碑是唐代最後一次迎送佛骨時留下的。在兩塊石碑被移開後又出現一道門，石門左右兩邊各雕刻一尊精美的菩薩像。進門後，地上是一堆堆整齊的絲織品。雖經千年歲月，絲織品依然精美光鮮。在前室盡頭，一座大約八十公分高、四面有精美的彩繪浮雕的漢白玉石塔靜靜佇立，塔蓋、塔剎、塔身、塔座均保存完好，後來，這座塔被人們稱為阿育王塔。

神祕繼續上演，阿育王塔後面竟然還有一道石門，門後設有密室。第三道門打開後，法門寺地宮的中室被打開。中室呈方形空間，中央放了一個白玉靈帳，靈帳裡面放置了一枚玉質仿製舍利，這是一件國寶級的文物。靈帳後果然又有一道石門，門內是地宮的後室，在後室的土層裡，考古人員發現一個密龕。密龕裡藏著一個包裹，包裹裡面又是一個鐵函。這個沉甸甸的密龕裡套著一重又一重的密龕。直到第七重，是一個鑲滿珍珠的金質寶函，寶函裡是一座寶珠頂小金塔。第八重是個純金塔，打開後，金座上有根像手指一樣的銀柱子，是玉質仿製佛指骨舍利。最後一層鐵函打開了，裡面有個用絲綢包裹的鎏金函，鎏金函裡有個檀香木函，檀香木函裡還有個水晶槨子，水晶槨子裡還有一個玉棺，在玉棺裡面，終於又出現了一枚佛骨舍利。這是一枚真正的佛骨舍利。世間聖物、唯一僅存的佛祖真身指骨舍利終於顯身。這被譽為繼秦始皇陵兵馬俑之後的又一重大考古發現，是中外佛教界和世界文化史上的一件大事。

除了珍貴的舍利之外，法門寺地宮中的絲綢文物，則是繼中國西北甘肅省敦煌藏經洞之後，唐代絲綢出土數量最大、種類最多、價值最高的地方，被譽為中國唐代絲織品的寶庫。據考古資料所載，法門寺地宮中所藏的絲綢織物工藝極其精緻，縫合處所用的金線平均直徑只有〇・一公釐，最細處僅〇・〇六公釐，比頭髮絲還細。地宮中一隻藤箱內堆積的絲綢衣物，厚度雖然只有二十三公分，卻疊積絲綢織物達七百八十層之多。

法門寺地宮中還發掘出土了上百件璀璨奪目的金銀器和琉璃器，而久已失傳的十六件「秘色瓷」則讓中國的瓷器研究專家興奮不已。秘色瓷是唐代宮廷專用瓷，製作工藝早已失傳，實物也只在中國的史書中提到過，後世從未見到過。據記載，秘色瓷器由於釉料好，給人的印象好像是碗中盛有水，因而總是晶瑩透亮，一塵不染。

為了保護和展示法門寺地宮所出土的珍貴文物，中國政府在當地成立了博物館，並且還與德國文物保護專家合作，對地宮中出土的絲綢織物進行高科技保護。

「梁祝」是浪漫故事還是史實？

對於梁山伯與祝英臺的故事，很多人以為它只是一個傳說。但是我們仔細研究古文獻後卻發現，梁祝故事並非虛構，而是由真人真事演化而來。

《梁山伯與祝英臺》（下簡稱《梁祝》），是一個被廣大群眾所喜愛的、具有神話色彩的民間傳說故事，說的是東晉永和年間，在風景秀麗的善卷山南，有一個祝家莊。莊裡有一戶殷實富戶，戶主被人稱為祝員外。祝家族規，財產傳男不傳女。因祝員外沒有兒子，為繼承家產，祝員外將女兒英臺自小男裝打扮。英臺才貌雙絕、聰穎好學。到了讀書年齡，祝員外便把英臺送到附近的碧鮮庵讀書。在碧鮮庵讀書時，有一位同學叫梁山伯，家住善卷山北西去五里的梁家莊，兩人一見如故，意氣相投，引為知己，遂於善卷後洞的草橋義結金蘭，兄弟共勉，相互提攜。

英臺與山伯在碧鮮庵同窗三載，其間曾同往齊魯謁拜孔聖，又同到東吳遊學。兩人日則同食，夜則同眠，詩文唱和，形影相隨。山伯不僅才高學富，而且為人忠厚正直，深得祝英臺的愛慕。然而，三年之中，英臺始終衣不解帶，山伯雖屢起疑惑，但均被英臺支吾過去。山伯始終不知英臺為女子。

三年的同窗生活，梁祝情深意篤，祝英臺對梁山伯產生了愛意。三年後，梁山伯要繼續去餘杭遊學，而祝父因英臺年屆及笄，不許英臺前往。二人依依不捨，互贈信物。山伯贈予英臺古琴長劍，英臺回贈山伯鎦金摺扇，親書「碧鮮」二字。在山伯去杭城時，英臺相送十八里，途中英臺多次借物抒懷，暗示愛慕之情。但忠厚淳樸的山伯渾然不覺，不解其意。臨別時，英臺又假言做媒以家中九妹許與梁山伯，並約定時日，請山伯來祝家相訪求婚。

豈料英臺學成回家後，其父母已將英臺許配邑西鯨塘馬氏。山伯從餘杭遊學回來，到祝家造訪，英臺紅妝翠袖，羅扇遮面，前來相見，山伯方知其為女子。當得知英臺已聘馬氏後，柔腸寸斷，悲痛至極。兩人臨別立下誓言：「生不能成婚，死也要成雙。」

梁祝淚別後，山伯憂鬱成疾，不久身亡，卒葬村西胡橋。英臺聞訊悲痛欲絕，決意以身殉情。出閣當日，堅持要經胡橋祭奠。轎至胡橋山伯墓時，英臺上前祭吊，慟哭撞碑，突然狂風大作，天空混沌，飛沙走石，地忽裂餘丈，英臺墮入其中。風停雨過後，彩虹高懸，有兩隻碩大的蝴蝶，蹁躚起舞，傳為梁祝兩人之精靈所化，黑者即祝英臺，黃者即梁山伯，情侶依依，形影不離，比翼雙飛於天地之間。

梁山伯與祝英臺的故事也是優美的四大民間傳統戲劇之一。它以生動感人的形象，向社會展示了傳統制度壓制下的男女青年，為婚姻自由與保守勢力竭力抗爭的畫卷，真摯地歌頌了青年男女要求自由、堅貞篤厚的愛情。對這個流傳已久的愛情故事，很多人以為，它只是一個傳說，並沒有史實依據。但是我們仔細研究古文獻後卻發現，梁祝故事並非虛構，而是由真人真事演化而來的。

最早記錄梁山伯與祝英臺故事的是唐初梁載言的《十道四蕃志》，其中記載「義婦祝英臺與梁山伯同塚，即其事也」。這僅僅是簡略的記事，沒有情節，不能算是傳說故事。到晚唐張讀的《宣室志》裡，才有了極簡單的故事梗概：英臺，上虞祝氏女，偽為男裝遊學，與會稽梁山伯者，同肄業。山伯字處仁。祝先歸。二年，山伯訪之，方知其為女子，悵然如有所失。告其父母求聘，而祝已字馬氏子矣。山伯後為鄞令，病死，葬城西。祝適馬氏，舟過墓所，風濤不能進。問知有山伯墓，祝登號慟，地忽自裂陷。祝氏遂並埋焉。晉丞相謝安，奏表其墓曰：「義婦冢」。

到了宋朝時，故事有了進一步發展。北宋徽宗時，《鄞縣誌》記載，明州（今寧波）知事李茂誠寫過一篇《義忠王廟記》，其中記有：「神諱處仁，字山伯，姓梁氏，會稽人也。東晉穆帝永和壬子三月一日生……嘗從名師過錢塘，道逢一子，容止端偉，負笈擔簦渡航，相與坐而問曰：『子為誰？』曰：『姓祝，名貞，字信齋。』曰：『奚自？』曰：『上虞之鄉。』曰：『奚適？』曰：『師氏在邇。』從容與之討論旨奧，怡然相得……於是樂然同往，肄業三年。祝思親先返，後二年，山伯亦歸。」去拜訪祝時，才發現祝是女的，就遣媒求親。但祝「已許貿城廊頭馬氏，弗克」。以後山伯任貿縣令，於寧康癸酉八月十六日辰時病死。翌年春，英臺出嫁路過梁山伯墳時，「波濤勃興，舟航縈回莫進」，問知是山伯梁令之新塚，去祭奠而地裂，則入穴殉情。丞相謝安曾奏表封為「義婦塚」。《仙蹤記略》中也有相同的紀錄：「東晉寧康年間，吳郡梁山伯、國山祝英臺同學三年，不知祝乃女子，結為兄弟，寢食與俱。梁為鄞縣令……卒，葬四明山下，祝往哭吊，墓忽開裂，祝墜下復合，僅露玄襟，從者之皆毀，旋化蝶類飛去。」由此看來，梁山伯和祝英臺應是東晉穆帝至孝武帝時人。梁山伯在求婚不成之後，曾出任了貿縣（今鄞縣）的一個小縣令。在縣令任上病死，死後就埋在城西門口外。至今寧波市鄞縣高橋尚有梁山伯廟舊址及墓址。

到了明、清代，一些小說、鼓詞，特別是《梁山伯與祝英臺寶卷》及各地方唱本，故事情節有了一個大發展，其中也有不少離奇荒誕的說法。當然，梁山伯與祝英臺的故事在漫長的歷史長河中有了很大的演變，成了一種歷史傳說。歷史傳說是老百姓在歷史進程中創造的一種口頭（或文字的簡單紀錄）文學，很大程度上反映了歷史的真實面貌，但是它不等於歷史。它有著歷史的依據和憑藉，但它又有著成為這一傳說故事的過程。在傳說的過程中，又深深地烙下了歷史真實的痕跡。《梁祝》也同樣既有著歷史真實的痕跡，又有著它作為一個傳說故事的發展過程。

牧童遙指的「杏花村」在哪裡？

無論杏花村是泛指還是實指，所指何處，恐怕沒有人能夠說得清，然而《清明》留給我們的意境卻讓人久久回味。

唐代詩人杜牧有一首《清明》詩：「清明時節雨紛紛，路上行人欲斷魂。借問酒家何處有，牧童遙指杏花村。」這首詩膾炙人口，歷來受人稱道。但詩中的「杏花村」在何處卻眾說紛紜，或說在山西的汾陽，或說在湖北黃州，或說在安徽的貴池。那麼，杜牧《清明》中所指的杏花村究竟是現今何處呢？

第一種說法是今山西汾陽縣杏花村。早在一千五百多年前的南北朝時期，這裡的杏花村酒已聞名國內。而且，歷代的杏花村都以釀酒、酒文化聞名。盛唐時，這裡以「杏花村裡酒如泉」、「處處街頭揭翠簾」成為酒文化的古都。歷史上，我國著名文人、學者如李白、杜甫、宋延清、顧炎武、傅山、巴金、郭沫若等都賦詩讚譽。李自成進北京路經杏花村，停留三日，留下「盡善盡美」的題匾，杏花村曾一度更名「盡善村」。

雖然有人認為詩中「清明時節雨紛紛」描述的是江南的春景，但在唐代山西的春天恰恰也是春雨紛紛，雨水充足。其實，唐詩中描寫山西及北方春天的詩句甚多，唐代著名才女魚玄機在《寄劉尚書》一詩中說：「汾川三月雨，晉水百花春。」獨孤良在《清明宴游》中云：「細雨鶯飛重，春風酒醞遲。」姚合有詩：「代馬龍相雜，汾河海暗連」、「晉野雨初足，汾河波亦清」。但是山西汾陽說卻有一點爭議，那就是到目前為止都沒有發現杜牧涉足汾陽的文獻記載。但杜牧有《并州道中》一詩，有研究者便認為杜牧曾到過太原，因唐時并州州府所在地就是今天的太原，而從太原到汾陽不過一百五十華里，因而推斷出杜牧可能行經太原往汾陽品酒。

第二種說法是湖北黃州（古齊安）的麻城縣古鎮歧亭之旁。歧亭處於洛陽至黃州的要道上，是南朝以來的古城，古鎮歧亭歷來是政治、經濟、文化比較集中的地方。現在，仍扼守漢麻公路，處於麻城、新洲（原屬黃岡）、黃陂、紅安四縣交界處。《黃州府志》還載：杏花村在歧亭鎮北五里處。因是交通要道，杜牧過此賦詩，是很自然的事情。

杜牧是否到過這裡呢？有詩為證。《題木蘭廟》：「彎弓片戰作男兒，夢裡曾強與畫眉。幾度思歸還把酒，指雲堆上祝明妃。」這是杜牧任黃州刺史時登木蘭山（當時屬齊安郡，今為湖北黃陂縣）為木蘭廟所題的詩。杜牧從黃州到木蘭山，必定經過杏花村。杜牧清明而遇雨，想借酒消憂解乏，正是這裡，宋代蘇軾謫遷黃州，也曾路過這裡，與隱居在杏花村的舊友陳季常邂逅。

而對於杏花村的「酒家」，這裡流傳的民諺云：「三里桃花店，四里杏花村，村頭有美酒，店裡有美人。」據《麻城縣誌前編》（卷之三）記載，這裡的酒是與眾不同的「水酒」（又名「黃酒」），「純以糯米釀者，其曲內無血肉品，故酒味最醇。漉淨餘滓，入瓷甕固封貯之，經年色黃，味尤美」。這種釀酒方法流傳至今，是麻城特有美酒。據《復齋漫錄》記載，就在杜牧到杏花村之後的二三年，宋代詞人謝無逸也路過這裡，並於杏花村驛壁上題《江城子》一首：「杏花村裡酒旗風，煙重重，水溶溶，野渡舟橫，楊柳陰濃……」

第三種說法是安徽貴池杏花村，有學者認為山西汾陽屬於華北，而詩中「清明時節雨紛紛」，算是江南多雨的現象，不是黃河以北地區的氣候。這是最重要的一點。自春季開始，北半球白晝漸長，南方暖氣團逐漸北移，在陽曆四月清明前後，正好移至大陸的江南地帶，與北方冷氣團交會，造成這一時段的濛濛春雨。但在北方，清明時節仍為乾冷的天氣，不會有「雨紛紛」的情形。

不僅如此，貴池的杏花村還得到了大量文獻古籍的印證。這些文獻古籍都從不同角度認定：杜牧《清明》詩吟的就是貴池西郊之杏花村。

其中清道光年間《貴池縣誌》，歸納各種志書對池州乃杏花村的記述做了綜合表述：「池州府志：在秀山門外裡許，有古井、闌刻『黃公清泉』四字。明天啟間，顧太守元鏡作『杏花亭』於此地。邑人郎遂有《杏花村志》。《江南通志》：因唐杜牧詩有『牧童遙指杏花村』句得名。《南畿志》：有古井石圈刻『黃公廣潤玉泉』六字。」該志載有清康熙年間池州同知《周疆築杏花亭碑記》、《又募杏花村種杏樹檄》和蔣韶《杏花村記》，上述三文分別寫道：「自有杜牧之清明詩，後村遂以杏花名，且築亭於中，為遊人止息地」；「照得杏花村，自杜公留句而後遂成千古名區，聞其風者多深臥遊之」；「杏花村者乃唐杜司勳刺池時，有牧童遙指杏花村之句而因以名焉」。

至於杜牧是否曾到此一遊呢？據《江南通志》記載，唐武宗會昌四年（公元八四四年），牛李黨爭正烈，杜牧也身受其害，從黃州調任池州刺史，仕途不盡如人意。以他的個性，公餘之暇，到城外的野店喝上幾杯，借酒澆愁，是必然的事情。

各地關於「杏花村」地望之爭，愈演愈烈，也許杜牧詩中「牧童」所指的「杏花村」，不一定是真的村名，也不一定即指酒家，而只是「牧童」所指的某個杏花深處的村莊而已。

千古懸棺到底如何放上去的？

懸棺是古代一種奇特的葬俗。葬址一般選擇在臨江面水的高崖絕壁上，人在崖下可見棺木，「地仙之宅，半崖有懸棺數千」，懸棺因此而得名。

懸棺是古代一種奇特的葬俗。葬址一般選擇在臨江面水的高崖絕壁上，人在崖下可見棺木，「地仙之宅，半崖有懸棺數千」，懸棺因此而得名。同天葬、水葬一樣，懸棺葬是一種古老神祕的喪葬形式，它分布於四川、江西、廣東、廣西、湖南、湖北、雲南、貴州、福建十三個省區。懸棺目前分布最集中的地方，是四川珙縣洛表鄉和曹營鄉兩地，至今其懸岩峭壁上還存放著兩百五十多具棺材。

斗轉星移，天宇浩渺。那始終高懸於峭壁之上的褐色木棺，宛若一個個耐人尋味的驚嘆號，引來無數人絞盡腦汁地尋思：這些重達數百斤的懸棺，離地高度一般五六十公尺乃至幾百公尺，有的安放斜度接近甚至超過了九十度；奇怪的是，幾乎所有的懸棺都置於水流湍急，幾乎無法攀援的險要絕壁上。別說把棺材扛上去安放好，就是空手爬上去都覺得不可思議。這些懸棺始終像一個謎團縈繞在人們的腦際：古人為何要把棺木高懸於千仞絕壁之上？重達數百公斤的懸棺，是怎樣被安放在那些水流湍急的懸崖絕壁上？

要解開這個謎團，我們先來研究一下懸棺葬的安置方式。懸棺葬共有三種懸置方式：一是木椿式，在峭壁凹入可避風處，鑿孔插樁，架棺於上；二是鑿岩式，鑿岩為穴，置棺於內；三是自然洞穴式，利用岩壁天然縫隙或洞穴，置棺於內。據《稽神記》記載：「建州武夷山，或風雨之夕，聞人馬簫管之聲，及明，則有棺槨在懸崖之上。」南朝人顧野王把武夷山中的懸棺墓葬，號為「地仙之宅」。當地的百姓也把懸棺之處稱為「仙人葬骨」之處，武夷山的一些洞穴因此就有了仙機洞、升真洞、換骨岩之類稱法。說懸棺是神仙所為自然不可深信，但這些說法流傳已久，足以說明懸棺葬法之奇。

唐張《朝野僉載》中，曾記有古人在臨江高山半山腰間開鑿石穴安葬死者的情形，辦法是從山頂上放繩索把棺木吊下來。一九七八年，福建省博物館曾使用這種方法，用轆轤自山頂上放下鋼索，從武夷山白岩洞取下一具完整的船棺。今人所實踐的吊置棺木之法，並不能解決古人置放懸棺過程中的所有細節問題，在崖壁上鑿孔並打入木樁擱置棺木，要用什麼辦法才能把棺木鉤拉到預定的位置上呢？困難之大難以想像。

也有人參照東南亞古代居民安葬甕棺的辦法，提出一種設想：依靠繩索、長梯之類的攀緣工具，將屍骸、板材、殉葬物品和制棺工具等一一包裹，借個人的力量運送到選定的洞穴中，然後現場制棺成殮並予安葬。

還有一種說法：第一步是先將懸棺搬上崖頂，或者就在崖頂鑿木為棺。然後，將一位熟練的打樁工拴住放到放置懸棺的位置，打好孔、畫好岩畫，安上樁頭。第二步是將鑿好的棺木拴好從崖頂放下，安放在打上樁頭的位置。第三步才是吊下屍體，裝入棺內。第四步是吊下蓋板，合上棺材，將放置棺材的人拉上崖頂，一具懸棺即放置完畢。

與此方法相近的說法是：懸棺應該是古代人用多個安放在山頂的轆轤，先將人繫住從山頂縋下到懸崖有洞處選址或者選址做洞，再做好接棺的輔助事項。然後再將棺木吊下，棺木另外還有幾條牽引繩，牽引繩由洞內的人用鉤子鉤住再由洞內的人合力拖入洞內。儀式完成後，洞裡面的人再由多個轆轤將人絞上山頂。這項工作需要很多繩索和轆轤，是多人合力並用多個轆轤機械運作的活動。

另有一種說法是：棺木是古人通過在懸崖上修棧道放置的。研究者經反覆考察發現，在懸棺附近的崖壁上，往往有一些樁孔遺跡。此外，在懸棺周圍的崖壁上，特別是沒有凸出岩石做護罩的地方，還發現了許多排列有序的樁孔遺跡。因此，有人猜測，可能是先將匠人從山頂上綁繩吊至山腰，打孔、安木樁，再用原始的滑輪將綁上繩子的棺木往下放，並用長長的楠竹枝將棺木往外頂，以免被亂石所碰。這是一種簡單易行的辦法。

清許纘曾《東還紀程》記載，湖南常德沅江流域有一「倒水岩，石皆壁立水濱，逶迤高廣」，壁上鑿有十個洞穴，下臨絕壑，其中有個洞穴內藏有五具棺材，「舊傳為沉香棺」，理解為是沉香木製作的話，其分量之重自然又超過一般木棺。這樣重的東西，是怎樣把它抬升進壁穴裡去的呢？許纘曾向當地人請教，當地人只能提供先人的傳說，據講是趁沅江漲水時由「健鬼引而上」。如此說屬實，就還存在一種與從山頂上吊下棺木正好相反的辦法：即利用水位抬高，以船載棺而將之運進預先看好的天然洞穴或人工鑿成的崖洞裡，等水位降低後，便有了石壁懸棺下臨絕壑的奇特景觀。而隨著三峽大壩的修建，這一種觀點愈來愈得到人們的認同，那就是古人利用雨季水位抬高，用船載棺槨將其運進預先選好的洞穴裡，等水位降低後，棺槨便留在了懸崖絕壁上。

中國的懸棺葬遺存，多以處山臨水為選址共性，有兩三千年的歷史（最晚的也在四百年以上）。在這千百年中，河道、地貌都可能發生很大變化，如福建武夷山的九曲溪、江西貴溪縣仙岩的信江支流上清河等的兩岸石壁，在兩三千年內都經歷了河水對河床的沖刷侵蝕，在長期自然力的作用下，河流水位降低是可能的事，因而當時放置棺木的高度也就不會像現在所看到的這樣高峻。

逝者長已矣。無論種種推測如何，總存在著許多難以解釋的疑問。唯有恢復到古人生存的環境、民族地區特有的人文風情，才有可能最終解開懸棺到底如何安葬之謎。以今日之情境推測古人之事，難免會有閉門造車、緣木求魚的困惑。

第5章

遼宋夏金元

群雄逐鹿中原

宋太祖戲劇性地死在「萬歲殿」？

《宋史．太祖本紀》僅用一句話便草草打發了趙匡胤之死：「癸丑夕，帝崩於萬歲殿，年五十。」

在中國歷史上，自夏禹傳位於子啟，即開始了帝王子承父業、世代為君的先河。從此在數千年的歷史長河中，「社稷永存，福綿子孫」成為歷代帝王恪守的信條，很少發生有子嗣拱手將皇位傳與他人的事。但是宋朝開國之君宋太祖趙匡胤，自己有兒子，卻將皇位傳給了自己的弟弟趙光義。《宋史．太祖本紀》僅用一句話便草草打發了趙匡胤之死：「癸丑夕，帝崩於萬歲殿，年五十。」五十歲，正當人生的壯年，居然無疾而終地駕崩，而且戲劇性地崩於「萬歲殿」！

關於趙匡胤之死，千載之下聚訟紛紜。大致有四種說法：

一是著名的「燭光斧影」說。宋代有個叫文瑩的老僧寫了一本書，名叫《湘山野錄》，其中提到了趙匡胤之死。說趙匡胤聽信了一個術士的話，知道自己氣數已盡，便召趙光義入宮安排後事。當時趙匡胤患病已久，他把宦官和宮女遣走，自己與趙光義對酌飲酒。喝完酒已經是深夜了，趙匡胤用玉斧在雪地上刺，同時說：「好做！好做！」當夜趙光義留宿寢宮，然後解衣就寢，鼻息聲如若雷霆。五更時分，太祖駕崩，遺詔囑趙光義在靈柩前即位。這就是著名的「燭光斧影」的故事。這種說法是最傳統的觀點，但也是最受非議的觀點。按照宋朝的宮廷禮儀，趙光義是不可以在宮裡睡覺的，但他居然在宮裡睡覺。太監、宮女不該離開皇帝，卻居然都離開了。也許這是一場事先策劃好的血腥謀殺。

二是司馬光《涑水紀聞》中的記載。太祖於四更駕崩，宋皇后命內侍都知王繼恩把太子趙德芳叫來，王繼恩卻直接去找了趙光義。趙光義聞訊大驚，正自猶豫不決，王繼恩大叫道：「再猶豫，皇位就是別人的了！」兩人一起踏著積雪來到萬歲殿，宋皇后一看是晉王趙光義，一下子就愣住了，醒悟過來之後，淚流滿面地對趙光義說：「我們母子的性命都託付給官家（對皇帝的稱呼）你了！」趙光義也流著淚說：「你不要擔心，我們共保富貴。」這是司馬光描述趙光義篡位的經過。這一紀錄也存在著疑點，王繼恩有何膽量，敢違背宋皇后的旨意，本該傳趙德芳，卻傳來趙光義？倘若事敗，不是殺身之禍嗎？這種說法，只不過把篡位的罪過加在一個太監身上而已，同時掩蓋了殺兄的罪行。

三是「金匱之盟」說。據傳當杜太后病危時，急召趙匡胤等人領受遺命。太后問趙匡胤：「你知道自己是如何做了天子的嗎？」趙匡胤十分悲傷，傷心得不能回答。杜太后又說：「我已經行將就木，你哭有什麼用呢？我時日已不多，你怎麼只哭呢？我還要告訴你一件大事。」趙匡胤見狀，只好回答母親：「我能做天子，全是先祖與太后積功積德的結果。」杜太后聽後，有些生氣，嚴厲地說：「根本不是這樣！你能當天子是因為周室國君年幼，群心不附的原因。倘若周室有長君，你能當上皇帝嗎？」繼而又說，「你與光義都是我的兒子，將來你應當傳位給你的弟弟光義，這才是確保社稷的根本啊！」趙匡胤於是叩頭回答：「一定照您的吩咐辦。」杜太后又指著宰相趙普說：「你把它記下來，不能違背我的話。」趙普於是當場記下了太后遺囑，並在末尾署名「臣普記」三字，趙匡胤將遺囑藏到金匱中，並命令那些細心謹慎的人掌管，這就是趙光義即位所依據的「金匱之盟」。

這一說法是宋太宗趙光義欽定的說法，歷朝歷代早已指摘了其中的許多漏洞：建隆二年（西元九六一年）杜太后病重時，宋太祖只有三十四歲，正值年輕力壯之時，趙光義才二十三歲，而太祖長子德昭也已經十四歲了。當時太祖身體健康，沒有短壽駕崩之象，即使太祖只能再活二十年，那時，長子德昭已三十多歲，不可能存在幼主繼位之說。杜太后沒有依據地猜測太祖早死、幼子繼位，而宋朝重蹈五代的覆轍。如果確如太后所預料，宋太祖中年夭折，也許杜太后憑經驗或靈感有超前的洞察力，立下「金匱之盟」。但是，太祖活了五十多歲，並沒有早逝面臨幼子主政。如果有遺詔，太祖臨終前應該命人打開金匱，即使是突然死亡，皇后也應該知道此事，掌管金匱的宮人同樣也應知道此事，但是為什麼要等到太祖死後五年才由趙普揭露出來？即使公布遺詔，趙光義應該把全文都公布出來，但留下來的卻僅是一個大概的內容，而且內容還不完全一致。更何況，太宗並未遵照遺詔辦事，傳位給他的弟弟，而是傳位給他自己的兒子。

四是徐大焯《燼餘錄》的記載。乾德三年（西元九六五年），趙匡胤以大將王全斌為西川行營前軍都部屬，伐後蜀，一路所向披靡，攻到成都城下，兵鋒所指，立國四十年的後蜀，僅僅兩月有餘就滅亡了。後蜀皇帝孟昶修降表投降，遷到汴京，剛剛被封為中書令、秦國公七天就被趙匡胤害死，葬於洛陽邙山。孟昶的寵妃，著名的花蕊夫人被趙匡胤占有。誰知趙光義也喜歡上了花蕊夫人，開寶九年（西元九七六年），趙光義趁著哥哥臥病在床，在床前趁機調戲伺候的花蕊夫人，趙匡胤驚覺，用玉斧砍他，趙光義逃跑，趙匡胤因此氣絕身亡。

關於趙匡胤之死的四種說法，無論哪一種，都毫無疑問是弟弟趙光義陰謀篡權所致。趙光義即位後，迫不及待地改用太平興國元年的新年號，是為宋太宗。

宋太宗篡位之後，太祖的兩個兒子神祕死亡，宋皇后死後卻不按皇后禮儀隆重發喪，弟弟趙廷美以三十八歲的盛年鬱鬱而終。至此，他的皇位才算徹底穩固，而宋太祖的死因真相也永遠地被帶入了他的陵墓之中。

鞏義為何成了宋代的風水寶地？

中國歷史上幾乎所有皇家陵地都在都城周圍，為什麼宋陵會建在遠離開封的鞏義呢？

秦陵、唐乾陵、明十三陵、清東陵、清西陵……提起這些皇家陵園，無人不知無人不曉。而地處中原的鞏義市，不但埋葬著趙匡胤、趙光義等七位北宋帝王，還埋葬著歷史上赫赫有名的寇準、包拯、楊六郎等功臣名勳，這一點卻鮮有人知。北宋總共有九位皇帝，靖康之難時，徽宗、欽宗被金人擄走，死在金國，其餘七位皇帝都葬在鞏義，分別是太祖趙匡胤的永昌陵、太宗趙炅（趙光義）的永熙陵、真宗趙恒的永定陵、仁宗趙禎的永昭陵、英宗趙曙的永厚陵、神宗趙頊的永裕陵、哲宗趙煦的永泰陵，加上趙匡胤父親趙弘殷的永安陵，史稱「七帝八陵」。

中國歷史上幾乎皇家陵地都在都城周圍，為什麼宋陵卻建在遠離開封的鞏義呢？

有人認為這主要是因為鞏義符合古代堪輿學的優良墓地標準。鞏義山水秀麗，土質優良，水位低下，適合挖墓穴和豐殮厚葬。陵區南有嵩嶽少室，北有黃河天險，可謂「頭枕黃河，足蹬嵩嶽」，是被風水家視為「山高水來」的吉祥之地。宋代帝陵在地形選擇上與別代迥異。歷代帝陵或居高臨下，或依山面河，而宋陵則相反，它面嵩山而背洛水，各陵地形南高北低置陵臺於地勢最低處。原來，在宋代盛行與漢代圖宅術有關的「五音姓利」風水術，該風水術把姓氏按五行分為宮、商、角、徵、羽五音，再按音選定吉利方位。宋代皇帝姓趙，屬於「角」音，對應五行中的木，木生東方，陽氣在東（因此趙宋定都開封），而死後必須安葬在西方，且陵地需要東高西下，即堪輿學上所謂「東高西下謂之角地；南高北下謂之徵地，角姓亦可居之」。鞏義恰恰符合這一堪輿學的要求：東南，嵩山太室山主峰峻極峰海拔一四四〇公尺；西北，邙山海拔二七二公尺，正所謂「東高西下，南高北下」。況且西有洛河北流，注入黃河；南山北水，山高水來，實為堪輿學「富貴不斷」的最佳範例，趙宋不把這兒定為皇家陵地，還能去什麼地方尋找更好的位置呢？

還有人認為，選擇鞏義為墓地，主要是因為宋太祖想遷都洛陽，鞏義就在洛陽附近。宋朝開國之後，一直到趙匡胤死前，都沒有停止過南征北戰的步伐。尤其是黃河以北的北漢和遼國，國勢強勁，對宋朝虎視眈眈，更是大宋王朝的心腹之患。開封城地處一片平原之上，沒有山川之類的天險可守，擺明是易攻難守的局面。因此趙匡胤一直想遷都洛陽。不僅因為洛陽是趙匡胤的出生之地，而且因為洛陽地形複雜多變，難攻易守：北依邙山，南望洛水，西有秦嶺潼關之險，東有虎牢黑石之固。和開封城相比，更有地理優勢。

趙匡胤為了遷都，對自己的臣子說：「吾將西遷者，非它，欲據山河之險而去冗兵，循周、漢故事以安天下也。」不僅能據山河之險，而且還能裁撤保衛開封的「八十萬禁軍」之冗兵，可謂一舉兩得。但是他的提議卻遭到了弟弟趙光義的反對：「安天下在德而不在險，秦據關中，苛政虐民，不二世而亡。」他把王朝的長治久安上升到道德高度，一句話塞住了趙匡胤的嘴，趙匡胤總不能承認自己是亡國的秦二世吧。趙匡胤事後感歎說：「晉王之言固善，然不出百年，天下民力殫矣！」傳說，當宋太祖從洛陽回開封經過鞏義時，他祭奠埋在這裡的父親，更加悲從中來。

於是，他登上闕臺，面向西方，要來彎弓，對臣下說：「我生不能居西京，死當葬此地！」彎弓搭箭，響箭向西北飛馳而去，箭落的地方就是今天的宋太祖趙匡胤的永昌陵。

宋陵建制與歷代帝陵不同，后妃採用的是合葬制，均埋在皇帝陵外，不與皇帝同穴。皇后陵的建制與帝陵相似，只是規模較小，其他嬪妃均埋在帝陵後側。不只是帝后不同穴，不同於歷代帝王一即位就修陵的做法，北宋時期的皇帝生前是不修陵的，但又必須在駕崩七個月內下葬。據史料記載：北宋皇帝下葬遵《周禮》，即從皇帝晏駕的某一天算起，選址、建陵、下葬到封閉皇堂，時間限在七個月內完成。從喪葬期間到陵墓後期的管理，均設有專門的機構，有常設的，也有臨時的辦事班子。常設的如太常寺，為宋朝中央專設的機構，負責掌管禮樂、宗廟、封贈、陵寢等事務，國葬期間，還有臨時機構，如喪葬期組成的「五使」，規格就非常高。

至於和氣勢磅礡的明十三陵、清東陵、清西陵相比，北宋皇陵默默無聞主要是與金兵的破壞有關，北宋亡國後，金兵進駐宋陵，為掠奪也為報復，他們對宋陵進行了毀滅性的盜掘。一時間狼煙四起，掘墓開棺，慘絕人寰。陵區內瞬間屍骨遍地，煙火彌漫，一片狼藉。偏居臨安的南宋皇室聽到祖墳被劫掠的消息，悲痛萬分。宋高宗趙構命令河南鎮撫使翟興父子及岳飛等大將軍帶兵趕往鞏義迎戰金軍。金軍被驅趕出宋陵，南宋皇室派人修葺陵寢。但是宋軍一撤，金兵又來，並進行更大的報復。後來，三京淮北宣諭使方庭碩奉旨到鞏義謁陵，看到永泰陵哲宗的屍骨竟然暴露在光天化日之下，他只能脫下自己的衣服把屍骨包裹起來。南宋高宗聽說後憤懣至極，不覺淒然淚下，但又無可奈何。後來，金人扶植的傀儡偽齊政權，又對宋陵進行大肆盜掘，燒毀所有地面建築（神牆、神門），北宋皇陵從此更加慘不忍睹了。

花蕊夫人憑什麼迷倒了兩朝帝王？

熟諳中國歷史和古代文學的人都知道，中國自古就不缺乏奇女子，但是才華和美貌卻彷彿在女子身上互不相容。唯一例外的，是一個叫作花蕊夫人的女子。

熟諳中國歷史和古代文學的人都知道，中國自古就不缺乏奇女子，但是才華和美貌卻彷彿在女子身上互不相容。李清照、謝道蘊，雖才華橫溢，但面容只能稱得上是平凡；魚玄機、薛濤，雖容貌嬌豔，卻在文才和智慧上又稍遜一籌。唯一例外的，是一個叫花蕊夫人的女子，她美麗卻摒棄妖嬈，聰穎而博識強記，在亡國之後，還寫出了「君王城上豎降旗，妾在深宮哪得知。十四萬人齊解甲，寧無一個是男兒！」這首悲憤婉轉、不亢不卑的《述亡國詩》。這位才高氣傲的女詩人是誰呢？

中國歷史上曾經有過三位「花蕊夫人」，而且都居於成都。其中兩位是前蜀開國皇帝王建的妃子徐氏姐妹（約八八三至九二六年），她們都是成都人，宮號為花蕊夫人，當時她們兩姐妹都得到王建的寵愛。大徐妃為王建生下一個兒子王衍，後被立為皇太子。王建當上皇帝後不久去世，王衍當上皇帝後荒淫無度，對吃喝玩樂十分在行。當他陪母親和阿姨游青城山時，命宮女衣著都畫雲霞，又令宮女穿著寬鬆的道袍，簪蓮花冠，濃妝豔抹，叫作「醉妝」，他自己跟隨在後邊走，邊走邊唱：「這邊走，那邊走，只是尋花柳；那邊走，這邊走，莫厭金杯酒。」而大、小徐妃更是結交宦官賣官鬻爵，後唐莊宗乘機滅掉前蜀，可見這兩位花蕊夫人並沒有名垂千古的資本。

而另一位「花蕊夫人」則是後蜀後主孟昶的費貴妃，也正是《述亡國詩》的作者。花蕊夫人，本姓費，四川青城人，約於後蜀廣政六年（西元九四三年）入宮。據《十國春秋．慧妃費氏傳》記載，孟昶對她十分寵愛，嬖之專房，拜為貴妃，又升為慧妃。「嘗與後主登樓，以龍腦末塗白扇，扇墜地，為人所得，蜀人爭效其制，名曰『雪香扇』。又後主與避暑摩訶池上，為作小詞以美之，詞曰：『冰肌玉骨清無汗，水殿風來暗香滿。』」因其嬌美明豔，賜號「花蕊夫人」。

花蕊夫人的詩作水準較高，在後蜀時，就曾仿唐代宮體詩人王建的風格寫了宮詞百首，深受蜀中士大夫讚賞。其詩詞短小、平易、細膩、傳神，多數近似白描，往往在寥寥數十字中，塑造出栩栩如生的形象，如孟昶夜寢喜聽滴水之聲，宮人為了取悅於他，便用水車踏水模擬灘頭細流，花蕊夫人曾作宮詞記之：水車踏水上宮城，寢殿簷頭滴滴鳴。助得聖人高枕興，夜涼長作遠灘聲。

流傳到現在的《花蕊夫人宮詞》有一百多篇。後人認為她的詩，「清新豔麗，足可奪王建、張籍之席」。由於與皇帝有著共同的愛好，加上貌若天仙，自然會得到皇帝的寵愛。

因自撰「新年納餘慶，嘉節號長春」，而為後世公認為中國最早對聯的孟昶，雖然是個花花公子加昏君，但也是一位才子。孟昶是個不錯的詩人，但卻不是一位好帝王。後蜀廣政二十八年（西元九六五年），趙匡胤建立的北宋王朝，僅用了六十六天，就將後蜀滅亡。淪為俘虜的花蕊夫人，在從成都押解北上開封的途中，行至一個叫葭萌驛的驛站休息時，在驛站牆壁上，留下了一闋沒有寫完的詞：「初離蜀道心將碎，離恨綿綿。春日如年，馬上時時聞杜鵑。」剛寫下這些，由於「軍騎促行」，只好又匆匆上路。從這首未曾寫完的詞中，可以想見花蕊夫人的亡國之痛。

宋太祖見到花蕊夫人後，被她的美貌吸引，為掩飾自己的失態，宋太祖竟厲聲指責花蕊夫人說：「人說女色是亡國禍水，你倚仗美貌，使孟昶荒於遊樂，敗了國家，該當何罪？」花蕊夫人面無懼色，坦然陳詞：「做君主的掌握軍政，占有權力，不能悉理朝政，強軍保國，自己迷戀聲色，又要將罪名加到宮妃身上，是什麼道理？」當場索要紙筆，題寫了《述亡國詩》。這首詩感慨後蜀將士沒有鬥志，十四萬大軍頃刻間被宋軍摧毀，後蜀因此而亡國，孟昶和自己因此而成為大宋王朝的階下囚。或許正是這首詩打動了趙匡胤，他在點頭稱許這位年輕女子才藝的同時，也實實在在地喜歡上了她，將她收為妃子。七天之後，孟昶暴死於宅第。花蕊夫人悲痛欲絕，在宮中掛上孟昶的畫像，表示紀念，為了瞞過宋太祖，她說是「張仙送子圖」（據說後人盛行供奉「張仙送子圖」，就是由此而來）。關於花蕊夫人之死，蔡絛《鐵圍山叢談》記載說「嘗進毒，屢為患，不能禁」，終於被宋太祖賜死。也有人說，她後來年長色衰，鬱鬱而死。還有人認為，花蕊夫人被趙匡胤收入後宮後，趙光義以皇帝當以江山社稷為重、不當惑於女色為名，屢屢勸諫太祖，但宋太祖趙匡胤並不在意，於是，趙光義對花蕊夫人起了殺心。一次，趙匡胤與趙光義、花蕊夫人等同在御花園射獵為戲，趙光義借調弓弄矢之際，一箭將花蕊夫人射死。甚至有人認為，宋太祖死後，趙光義繼位，又逼花蕊夫人就範，花蕊夫人不肯，被惱羞成怒的趙光義一箭射死。

後蜀花蕊夫人國破身亡於北宋時，可能還不足四十歲。但她的百首宮詞、葭萌驛題詞、宋宮賦《述亡國詩》，則是她一生中幾個重要階段的代表作，足以彪炳文學史冊、永垂不朽，清人吳文錫《青城山吊花蕊夫人》一詩概括得極為精練：內家本事詩猶在，城上降旗恨未休。試問葭萌題驛處，有無水殿任梳頭。

孟昶暴卒後，葬於洛陽邙山。花蕊夫人死後，則葬於福建崇安。二十世紀五〇年代，人們在四川廣漢發現了「孟昶暨花蕊夫人墓」，但何時何因何人將這對苦命鴛鴦合葬，史無明文，就不好妄斷了。

歷史上真實的楊家將有多厲害？

楊家將的故事有歷史原型，但又經過誇大和杜撰，直到成了現在我們所知道的楊家將。那麼，歷史上真實的楊家將是什麼樣子呢？

在中國戲劇舞臺上，演繹楊家將故事的劇碼可謂數不勝數，能查到劇名的大概有幾十種之多，其中較為著名的如《穆桂英掛帥》、《四郎探母》、《百歲掛帥》《李陵碑》、《清官冊》、《楊八姐游春》、《三岔口》、《擋馬》等，這些故事，以宋遼戰爭為背景，刻畫了楊家一門忠烈的故事。楊家將的故事有歷史原型，但又經過誇大和杜撰，直到成了現在我們所知道的楊家將。那麼，歷史上真實的楊家將是什麼樣子的呢？

五代十國時，政權更迭頻繁。太平興國四年（西元九七九年），宋太宗親征北漢，北漢滅亡。北漢將領楊業也隨北漢降宋。楊業本名叫楊崇貴，他年少時很受劉崇的看重，劉崇以其為養孫，改名為劉繼業。劉繼業先擔任保衛指揮使，以驍勇著稱，以功升遷到建雄軍節度使。由於劉繼業戰功卓著，所向無敵，國人號稱無敵。然而劉繼業在北漢的戰績卻湮沒在茫茫的歷史長河中，《宋史》和《遼史》均缺乏這方面的記載，《宋史》中提到宋軍幾次與劉繼業的交鋒，全是以劉繼業的失敗而告終。在《續資治通鑒》中，僅僅提到劉繼業在太原城頭苦戰防守，甚至北漢主劉繼元投降以後，還在堅持戰鬥，直到宋太宗派劉繼元親自招降，劉繼業才大哭，解甲歸降。同時期的《九國志》曾經記載過劉繼業的功績，但遺憾的是，關於這段歷史的記載並沒有流傳到今天。《遼史》中有遼將耶律斜軫責問楊業說：汝與我國角勝三十餘年，今日何面目相見。可見劉繼業在北漢時期主要的對手是遼國。雖然北漢一直臣事遼國，但是處於強勢的遼國經常侵掠北漢的邊境，劉繼業為北漢守邊境，估計經常與來犯的遼軍交鋒，雖然規模不大，但三十餘年未處下風，這樣的經歷讓劉繼業積累了邊防的豐富經驗。

宋太宗素知劉繼業威名，授予他左領軍大將軍、鄭州防禦使。劉繼業歸宋以後，復本姓楊，單名業。後來，楊業因功升雲州觀察使。以後遼國望見楊業的旌旗，就不戰而走。守邊的主將忌楊業威名，屢次向宋太宗上書，誹謗楊業。宋太宗封其奏交給楊業，以表示對楊業的信任。雍熙三年（西元九八六年），宋太宗派出三路大軍征討遼國，其中潘美為西路軍主將，楊業為副將。起初各路進展順利，楊業一路奪取了遼國的寰、朔、雲、應四州，但主力軍中路曹彬失利。宋太宗命令各路人馬班師，後又命潘美等率領大軍將收復四州的民眾遷移到內地。此時，遼蕭太后又領兵十萬奪回寰州。楊業愛民，認為當務之急在於護送四州人民遷移。現遼已大兵壓境，應避免與之正面衝突。監軍王詵不懂軍事，反而斥責楊業貪生怕死。

最後楊業力爭不果，只能冒險出擊，他和潘美做了約定，在陳家谷口埋伏人馬，萬一兵敗也好救援。楊業出兵後不敢輕戰，久未回還。潘美與王詵以為遼軍敗退，欲搶功勞，竟率軍離開谷口，來會楊業。此時楊業已敗退，潘美見勢不妙，棄陳家谷口逃走。楊業且戰且退，至谷口已傍晚。本以為伏兵四起，定殺遼軍個措手不及，不料竟空無一人。楊業無奈，只得率眾守住谷口死戰。此時，楊業之子楊延玉也已戰死。部下也僅剩百餘人。楊業知必死，叫部下散了，自己死守。由於楊業素與士卒同甘苦，盡無人願退縮。最後全部壯烈殉國，無一生還。楊業身受重傷，仍殺敵數十，最後因馬受傷被俘。楊業寧死不屈，後絕食而死。而非戲劇小說中的撞死在李陵碑前。

楊業死後，朝野義憤。宋太宗削去潘美三個虛銜。王侁被開除軍籍。楊業有七個兒子，但並非個個都驍勇善戰。除楊延玉戰死外，楊延昭（即楊六郎）曾長期在今河北地區與遼作戰。他所駐守的保州（今河北保定）高陽關離三關口很近。楊六郎之子楊文廣，曾抗擊西夏，後來也在今河北地區抗遼。宋史有楊業、楊延昭傳。至於楊門女將，不見史料有載。是否真有其人，就不得而知了。

「楊家將」故事發生在北宋初年，在北宋中葉就已迅速流傳於天下。北宋著名文學家歐陽修在《供備庫副使楊君墓誌銘》中寫道：「父子皆為名將，其智勇號稱無敵，至今天下之士，至於里兒野豎，皆能道之。」這裡的父子就是指楊業和楊延昭，這位供備庫副使楊君，叫楊琪，其祖父是楊崇勳，楊業是其伯祖。另一位名列唐宋八大家的著名人物蘇轍也寫過一首《過楊無敵廟》，蘇轍也是北宋人，離楊業去世的年代並不算太遠，他的詩從另一個側面證實了楊家將故事在宋代的影響力。

到了南宋，民間藝人把楊家將故事編成了話本，在民間愈傳愈盛。最具代表性的當屬南宋遺民徐大焯所著的《燼餘錄》，書中把與楊延昭同時代的將領楊嗣的功績安到了楊延昭身上，又創造出了楊宗保，還構想了楊家父子捨命救援宋太宗的情節。到了元代，楊家將故事形式又有新拓展，出現了雜劇，如《昊天塔孟良盜骨》等。到了明代，楊家將故事進一步豐富，出現了《楊家將演義》、《楊家將傳》，楊家將故事以小說、評書的形式廣泛流傳。這些故事反映的時間跨度加大，從宋太祖趙匡胤登基一直寫到宋神宗趙頊，約一百年的歷史，編撰了楊家祖孫世代抗敵的英勇故事。

明朝中後期，楊家將成了借古言今的最好武器。民間藝術家在傳說和戲曲的基礎上，改編出歷史演義小說，如明代紀振倫的《楊家將通俗演義》，加上清代熊大木的《北宋志傳》，這兩部書讓楊家將故事定型，為後來的戲曲和說唱文學提供了豐富素材。明清兩代，戲曲舞臺上以楊家將為題材的劇碼就有三百六十齣之多。直到今天，京劇和其他地方劇種還經常上演《四郎探母》、《穆桂英掛帥》等劇碼。這些小說和戲曲，與歷史事實出入已經很大，成了英雄傳奇。楊家將的故事早已經偏離了歷史原貌！

狸貓換太子的故事是歷史事實嗎？

從《宋史》中的記載來看，歷史上不存在「狸貓換太子」一事，李宸妃也沒有流落到民間。

宋仁宗趙禎（一〇一〇至一〇六三年），是宋真宗第六子，乾興元年（西元一〇二二年）即位，由劉太后垂簾聽政，明道二年（西元一〇三三年）劉太后死後，他開始親政。在位時間為一〇二二至一〇六三年，共四十二年，是兩宋時期在位時間最長的皇帝。關於宋仁宗趙禎的身世，有一種流傳至今的說法，這就是「狸貓換太子」的故事：劉氏、李氏在真宗晚年同時懷孕，為了爭當正宮娘娘，劉妃工於心計，將李氏所生之子換成了一隻剝了皮的狸貓，汙蔑李妃生下了妖孽。真宗大怒，將李妃打入冷宮，而將劉妃立為皇后。後來，天怒人怨，劉妃所生之子夭折，而李妃所生男嬰在經歷波折後被立為太子，並登上皇位，這就是仁宗。在包拯的幫助下，仁宗得知真相，並與已雙目失明的李妃相認，而已升為皇太后的劉氏則畏罪自縊而死。

這一故事經過千年的演繹流傳，幾乎家喻戶曉，婦孺皆知。京劇、蒲劇等有《狸貓換太子》、《遇后》、《打龍袍》，梨園戲有《陳州賑》，漢劇有《拷寇珠》，秦腔有《抱妝盒》，淮調有《斬郭槐》，演繹的都是這個傳奇故事。雖然內容各有不同，但卻大同小異。那麼，狸貓換太子的故事在宋朝真的發生過嗎？

在《宋史》中對宋仁宗身世的記載是這樣的，《宋史・仁宗本紀一》：「仁宗體天法道極功全德神文聖武睿哲明孝皇帝，諱禎，初名受益，真宗第六子，母李宸妃也。大中祥符三年四月十四日生。章獻皇后無子，取為己子養之。」《宋史・仁宗本紀二》：「明道元年春二月……丁卯，以真宗順容李氏為宸妃，是日妃薨……夏四月丙申朔，出大行皇太后遺留物賜近臣。壬寅，追尊宸妃李氏為皇太后，至是帝始知為宸妃所生。」也就是說宋仁宗的確是李宸妃之子。

《宋史・后妃上》還記載了李宸妃與後來的劉皇后的這段公案：

李氏本是劉后做妃子時的侍女，莊重寡言，後來被真宗看中，成為後宮嬪妃之一。在李妃之前，真宗后妃曾經生過五個男孩，都先後夭折。此時真宗正憂心如焚，處於無人繼承皇位的難堪之中。據記載，李氏有身孕時，跟隨真宗出遊，不小心碰掉了玉釵。真宗心中暗忖道：玉釵若是完好，當生男孩兒。左右取來玉釵，果然完好如初。後來，李氏的確產下一個男嬰。真宗中年得子，自然喜出望外。仁宗趙禎還未來得及睜開眼睛記住自己親生母親的容顏，便在父皇真宗的默許下，被一直未能生育的劉氏據為己子。生母李氏懾於劉后的權勢，只能眼睜睜看著自己的孩子被別人奪去，不敢流露出任何不滿情緒，否則不僅會危害自身，也會給親生兒子帶來災難。

真宗去世後，趙禎即位，也就是宋仁宗。昔日的劉皇后成了劉太后，臨朝輔政，又掌權後宮，眾人都不敢冒著殺頭的危險來挑明這個真相，只能眼睜睜看著仁宗母子不能相認。天聖九年（西元一〇三一年），仁宗生母李宸妃病危，劉太後晉升她為宸妃。次年，李宸妃去世。劉太后本想只以妃子之禮下葬李宸妃，可是宰相呂夷簡卻上書給劉太后說，仁宗現在雖然並不知道自己的生母是李宸妃，可是在太后百年之後，一定會有人向仁宗稟告實情的，如果仁宗因此怪罪太后家人，那就不是誰可以控制的了，所以應當以一品禮安葬李宸妃，那時即便誰要說什麼壞話，仁宗也不會拿劉家怎麼樣。劉太后認為宰相呂夷簡言之有理，於是就下令以一品禮安葬李宸妃。宰相呂夷簡又暗中吩咐內侍押班給李宸妃穿皇后裝入殮，並使用水銀裝箱，劉太后也一一默許了。李宸妃的喪禮因此舉行得極為隆重。

明道二年（西元一〇三三年），劉太后死後，宋仁宗才知道自己的生母是誰。其震驚程度無異於天崩地陷。他抑制不住內心的悲傷，一面親自乘坐牛車趕赴安放李宸妃靈柩的洪福院，一面派兵包圍了劉后的住宅，以便查清事實真相後做出處理。此時的仁宗不僅得知自己的身世，而且聽說自己的親生母親竟死於非命，他一定要打開棺木查驗真相。當棺木打開，只見以水銀浸泡、屍身不壞的李宸妃安詳地躺在棺木中，容貌如生，服飾華麗，仁宗這才歎道：「人言豈能信？」隨即下令遣散了包圍劉后住宅的兵士，並在劉太后遺像前焚香，道：「自今大娘娘平生分明矣。」言外之意就是劉太后是清白無辜的，她並沒有謀害自己的母親。

所以，從《宋史》中的記載來看，歷史上不存在「狸貓換太子」一事，李宸妃也沒有流落到民間。那麼，為什麼會出現包拯為李宸妃鳴冤這樣的故事呢？包拯是《狸貓換太子》中的重要人物，但是，在歷史上，他與這樁公案無任何關係。包拯於仁宗天聖五年（西元一〇二七年）考中進士，踏上仕途，開始做建昌知縣、天長知縣、端州知州等地方官，自然無從參與宮廷鬥爭。到他進入中央政府，仁宗已經親政很久了。包拯使「狸貓換太子」一事大白天下，只是戲劇小說中的演繹而已。

李師師在北宋滅亡後結局如何？

李師師其人其事，頻見於宋人筆記，縱觀歷代記述，有關李師師的下落，大致有三種說法。

宋徽宗趙佶（一〇八二至一一三五年），在中國歷史上可以說是一個昏庸的皇帝，他崇奉道教，任用蔡京、梁師成、李彥、童貫、朱勔、王黼等奸臣，時稱「六賊」。導致當時政治腐敗，民不聊生。但是他卻是一位出色的畫家和書法家。他畫的花鳥、人物、山水，描繪工細入微，尤善花鳥畫，設色均淨，富麗典雅，筆墨精妙，造型生動，神形兼備。除擅長繪畫外，還兼善書法，風格挺健秀麗，稱瘦金體，在書法史上獨樹一幟。趙佶一生生性輕浮，除了愛好繪畫和書法外，他還嗜好女色如命，甚至，他竟然到青樓中幽會歌妓李師師。

李師師，生卒不詳，北宋末年汴京名妓。本姓王，四歲時亡父，因而落入娼籍李家，改名李師師。據載，她氣質優雅，通曉音律書畫，芳名遠揚開封城。當時文人的筆記小說中記載著她與不少文人如周邦彥、晁沖之等人的交往。清人史夢蘭有詩：「宋史高標道學名，風流天子卻多情；安安唐與師師李，盡得承恩入禁城。」宋徽宗在位期間，自政和年間以後，也常微行出遊，乘小轎子前往李師師家。由於李師師深得徽宗寵信，後來徽宗索性把她召入內宮，冊封為瀛國夫人。李師師以枕邊風，權傾朝野，相傳聚眾梁山泊起義的宋江，打算歸順朝廷時，想利用李師師與徽宗的關係，也偷偷進入汴京訪李師師。宣和七年（西元一一二五年），金兵進逼開封，徽宗將皇位讓給太子欽宗。李師師失去靠山，「廢為庶人」，並被驅出宮門，地位一落千丈。據《李師師外傳》，她為了免禍，曾匯集徽宗賞賜的錢財，獻給官府，以助河北軍餉，並自乞為女道士。靖康元年（西元一一二六年），欽宗下令籍沒李師師家。《三朝北盟會編》記載「靖康之年，尚書省直取金銀，奉聖旨：『趙元奴、李師師，曾經抵應倡優之家，逐人籍沒，如違並行軍法』。」不久，汴京淪陷，北宋滅亡。經過這次變故，權勢傾天的李師師成了一貧如洗的平民女子。不久，金兵第二次圍攻汴京，並俘虜徽、欽二帝和趙氏宗室多人北返，而李師師的下落也變得眾說紛紜，撲朔迷離了。

李師師其人其事，頻見於宋人筆記，縱觀歷代記述，有關李師師的下落，大致有三種說法。

殉節說：有一本佚名的《李師師外傳》，說金人攻破汴京後，對這位芳名遠播的名妓「必欲生得之」，費了很大周折，還是由大漢奸張邦昌幫著找到了她。宴席之上，李師師慷慨陳詞，痛罵張邦昌，而後吞金簪自殺。臨死之前，她大罵張邦昌：「師以賤妓，蒙皇帝眷，寧一死無他志。若輩高爵厚祿，朝廷何負於汝，乃事事為斬滅宗社稷？」清朝人士黃廷鑒《琳琅秘室叢書》也據此稱讚她的殉國行為是大丈夫氣概的表現，「師師不第色藝冠當時，觀其後慷慨捐生一節，饒有烈丈夫概，亦不幸陷身倡賤，不得與墜崖斷臂之儔，爭輝彤史也」。認為這一行為將在歷史上永放光芒。後世的通俗小說多沿襲這一說法。但對於這一記載，大多數學者表示懷疑，認為不過是後人借塑造李師師這一形象諷喻當世。

被俘北上說：李師師在汴京失陷以後被俘虜北上，到了北國咸州一帶，被迫嫁給一個病殘的老軍為妻，最後淒涼悲慘地死去。後世的通俗小說也有不少沿襲這種形式的說法。但小說的作者主要是借人借事來抒發亡國的感慨，恐怕沒有什麼事實依據，因而學者多對此說持有異議。

老死江湖說：《青泥蓮花記》記載：「靖康之亂，師師南徙，有人遇之湖湘間，衰老憔悴，無復向時風態。」張邦基《墨莊漫錄》書中稱李師師被籍沒家產以後，流落於江浙一帶，有時也為當地士大夫唱歌，「靖康間，李生與同輩趙元奴及築毬吹笛袁綯、武震輩，例籍其家。李生流落來浙，士大夫猶邀之以聽其歌，憔悴無復向來之態矣」。清初陳忱《水滸後傳》繼承了這一說法，說李師師在南宋初期，流落臨安（今杭州），寓居西湖葛嶺，操舊業為生，「唱柳耆卿『楊柳外曉風殘月』」。宋代評話《宣和遺事》也有類似記述，但添加了「後流落湖湘間（今湘南一帶），為商人所得」。宋人劉子翬《汴京記事詩》云：「輦轂繁華事可傷，師師垂老過湖湘，縷金檀板今無色，一曲當年動帝王。」這個說法，淒淒切切，充滿惆悵之感，頗有「門前冷落車馬稀」和「落花時節又逢君」的苦味，很可能是時人的借托。

據情理分析，似乎最後一種說法較合情理。在汴京失守前，實際上李師師已廢為庶人，當了女道士，她藏匿於民間，流落於江浙、湖湘一帶是可信的。金軍攻陷汴京後是根據降臣官員提供的名單索取皇宮妃嬪的，而李師師已不在京城，不可能在名單之內，因而說她被點名索取或被擄去北國是不成立的。當然，李師師是一個富有傳奇色彩的女子，有關她的傳聞，不免有許多臆測和訛傳的成分。因而她的歸宿究竟如何，恐怕永遠是難解之謎了。

王安石與司馬光是非恩怨之謎

用清代大詞人納蘭性德《木蘭辭》來形容王安石和司馬光的關係，再恰當不過：「人生若只如初見，何事秋風悲畫扇？等閒變卻故人心，卻道故人心易變。」

王安石與司馬光都是北宋中後期著名的政治家。他們曾經是相互傾慕的朋友，只是由於後來的政見不同而成為一對政治冤家。他們各自恪守自己的政治理想，毫不妥協。但他們又保持著對對方人格的尊重，也許用清代大詞人納蘭性德《木蘭詞・擬古決絕詞柬友》來形容王安石和司馬光的關係，再恰當不過：「人生若只如初見，何事秋風悲畫扇？等閒變卻故人心，卻道故人心易變。」

司馬光與王安石的好友關係持續了很長的時間。司馬光《與王介甫書》中寫道：「孔子曰，益者三友，損者三友。光不材，不足以辱介甫為友；然自接侍以來，十有餘年，屢嘗同僚，亦不可謂之無一日之雅（交往）也。」而且，更重要的是他們「游處相好之日久」，「平生相善」。他們都蒙受過歐陽修的教誨和舉薦，又同與北宋大詩人梅堯臣結為忘年之交。他們還一起在包拯，也就是著名的包公包青天手下，擔任群牧司判官，包拯則是他們的頂頭上司——群牧使。

據《邵氏聞見錄》所引司馬光的《齋記》記載，司馬光對王安石的評價為：「好讀書，能強記，雖後進投藝及程式文有美者，讀一過則成誦在口，終生不忘。其屬文，動筆如飛，初若不錯意，文成，觀者皆服其精妙。友愛諸弟，俸祿入家，數月輒無……議論高奇，能以辯博濟其說，人莫能。始為小官，不汲汲於仕進。」《邵氏聞見錄》稱「荊公（王安石）、溫公（司馬光）不好聲色，不愛官職，不殖貨利皆同」，這些共同的品格和志趣，使得他們互相「傾慕之心，未始變移」，就連租賃住宅，王安石也寧願和司馬光當鄰居。

在王安石即將被起用之際，司馬光在寫給王安石的信中說：「遠近之士，識與不識，咸謂介甫不起則已，起則太平可令致，生民咸被其澤矣！」這年五月，司馬光發現好友呂誨袖中藏有彈劾王安石的文章，非常不理解，對呂誨加以勸阻後，回到學士院默坐終日，想不出王安石有何「不善之跡」。

在他們各自的文集中，至今仍保留著許多互相讚賞的詩賦。王安石與司馬光友誼的頂點是在他們共同擔任館職——皇帝文學侍從的時期。《宋人軼事彙編》記載「王荊公、司馬溫公、呂申公、黃門韓公維，仁宗時同在從班，特相友善。暇日多會於僧坊，往往談燕終日，他人罕得預，時目為嘉四友」。

但是，好景不長，兩人因為政見不同發生了分歧。治平四年（西元一〇六七年），皇太子趙頊繼位，是為宋神宗。當時朝廷將舉行春季祭天大典。由此，引發了王安石與司馬光二人在神宗皇帝面前的第一次真正意義上的爭論。當時，王安石與司馬光兩人已經先後被任命為翰林學士。王安石沒有推辭便接受了此項任命；而司馬光則是在皇帝下令不許推辭的情況下，接受了任命。王安石認為：「國家財政狀況不好，不是當務之急，造成這種情況的原因，是因為沒有善於理財的人。」司馬光反對：「你所謂善於理財者，不過是巧立名目，在百姓頭上增加捐稅而已。」王安石說：「不然。善於理財者，可以不增加捐稅卻使國庫充盈。」司馬光大不以為然：「天下哪裡有這個道理？天地所生的錢財萬物，不在民，就在官。設法從老百姓那裡巧取豪奪，比增加捐稅還壞。這實際上就是當年桑弘羊之流矇騙漢武帝的那套說辭。」

從後來發生的情況判斷，皇帝很可能有過短暫的猶豫，但最終還是支持了王安石的變法主張。西元一〇六九年，即宋神宗熙寧二年，王安石被任命為參知政事，也就是副宰相，著名的「熙寧變法」開始了。

當司馬光發現改革可能會給國家帶來巨大的災難時，他開始用激烈的言辭彈劾王安石；而作為好朋友，他又三次給王安石寫信，勸諭王安石不可「用心太過，自信太厚」，借「以盡益友之忠」。王安石在與宋神宗的談話中，力排司馬光的非議；但對這位好友，又「賜之誨筆，存慰溫厚」。眼見無法改變局面，又與王安石因變法事絕交，司馬光堅辭樞密副使，離開權力中心，來到當時的文化中心洛陽專心修史。

他們兩人雖為政敵，但兩人互相保持著對對方人格的敬重。一個反對新法的官員死後，司馬光為其作墓誌銘，其中有諷刺變法的話。有好事者將這個墓誌銘獻給王安石，以為後者會遷怒於司馬光。不料，王安石卻將銘文掛在牆上，向其門下士贊曰：「君實之文，西漢之文也。」而司馬光在洛陽記述宋朝歷史時，也對王安石做出客觀評價。

新法旨在清除社會積弊，但是由於用人不當，出現了一些危害百姓的現象，更主要的是，新法在一定程度上觸犯了大地主大官僚的利益，遭到反對。幾年之後，王安石被自己最親信的助手出賣；接著，又遭遇了家庭的不幸。他毅然奉還相印，歸隱江寧謝家墩。不久，司馬光被重新起用，他將新法改革措施一一廢除。新法遭到重大挫折的訊息，加劇了王安石背上的瘡毒，使他溘然而逝。司馬光得知王安石逝世的消息後，深為悲憾，他寫道：「介甫文章節義，過人處甚多……不幸介甫謝世，反復之徒必詆毀百端。光意以為朝廷宜優加厚禮，以振起浮薄之風！」根據司馬光的建議，王安石被追贈正一品榮銜——太傅。

王安石和司馬光都有著磊落的襟懷，他們有著深厚的友誼，各項重大的分歧，都以維護宋王朝為出發點，毫不涉及個人的利益衝突。用司馬光的話說：「光與介甫，趣向雖殊，大歸則同。」王安石也承認，他們「議事每不合，所操之術多異故也」。王安石與司馬光的恩恩怨怨正如宋人馮所說：「王安石、司馬光，皆天下之大賢。其優劣等差，自有公論。」

《清明上河圖》畫的是「清明」時節嗎？

如果《清明上河圖》所繪並不是清明時節的景象，為何有「清明」二字呢？有人認為，這裡「清明」一詞，本是畫家張擇端進獻此畫時所作的頌辭。

《清明上河圖》是我國古代美術遺產中的偉大作品之一，它寬二十四・八公分，長五百二十八・七公分，絹本設色，是北宋畫家張擇端存世的唯一一幅精品，屬一級國寶，是我國古代風俗畫的傑出代表。《清明上河圖》生動地記錄了中國十二世紀城市生活的面貌，這在中國乃至世界繪畫史上都是獨一無二的。作品以長卷形式，採用散點透視的構圖法，將繁雜的景物納入統一而富於變化的畫卷中，畫中主要分為兩部分，一部分是農村，另一部分是市集。畫中有八百一十四人、牲畜八十三匹、船隻二十九艘、房屋樓宇三十多棟、車十三輛、轎十四頂、橋十七座、樹木約一百八十棵，人物往來衣著不同，神情各異，栩栩如生，其間還穿插各種活動，注重情節，構圖疏密有致，富有節奏感和韻律的變化，筆墨章法都很巧妙，頗見功底。自從它問世以來，受到上至當朝皇帝，下至文人學士的賞識和珍藏，輾轉至今，歷時八九百年，現藏北京故宮博物院。

《清明上河圖》現在還能展現在人們面前，可以說是歷經坎坷。《清明上河圖》歷時十年畫成，最早由北宋宮廷收藏，靖康之禍後流入民間，歷經輾轉，後為南宋賈似道所得，元朝時期再度進宮，至正年間又被調包，流落民間，明朝初期，由大理寺卿朱文徽、大學士徐溥收藏；徐溥臨終前贈予李東陽，嘉靖三年（西元一五二四年）圖歸兵部尚書陸完，陸完死後，其夫人將《清明上河圖》縫入枕中，其娘家外甥王某曾臨摹。陸完之子將《清明上河圖》賣至昆山顧鼎臣家。後來落到宰相嚴嵩、嚴世蕃父子手上，明人田藝蘅《留青日劄》載嚴嵩為得《清明上河圖》，以一千兩百金從蘇州陸氏處購得，「才得其贗本，卒破數十家」。嚴嵩倒臺後，圖被沒收，第三次納入宮廷。經明代皇室收藏，其後太監馮保偷出，在畫上加了題跋，之後真本又不知去向。清朝時由陸費墀保存，在上面鈐印題跋。後由湖廣總督畢沅收藏，畢沅死後，《清明上河圖》第四次進宮，深藏紫禁城內。嘉慶帝命人將其收錄於《石渠寶笈・三編》一書之中。一九三一年，溥儀將真跡和兩幅仿作一起帶至東北，但溥儀也不知何者為真品。一九四五年被收入東北博物館（今遼寧省博物館）當成贗品處理，直至一九五〇年冬天，才由楊仁愷等人從庫房的贗品堆裡鑒定出真跡。

在中國歷史上，學者對張擇端創作《清明上河圖》的年代，以及「上河」一詞曾有過一些爭論。但是，對畫中描繪的是清明時節，從金代以來，並無異議。「清明」一詞，最初見於金人張著的跋文，在他的跋文中曾引《向氏評論圖畫記》說，張擇端有《清明上河圖》及《西湖爭標圖》，這樣《清明上河圖》的名稱才開始定下來。元人楊准在他的長跋中還著重說明這畫卷題簽的是宋徽宗趙佶，並蓋有小印。明人李日華在他的《味水軒日記》中記載，這畫卷不但有宋徽宗的瘦金體題簽，雙龍小印，並有他的題詩，詩中有「清明上河圖」一句，這樣看來，這畫卷描繪的是春天景色就更不用懷疑了。

但是，到了近代，卻有不少專家學者對這幅圖所描繪的季節產生了質疑，那麼這些人的證據何在？

一、畫的開始，畫有一隊小驢馱著木炭從小路而來。北宋孟元老《東京夢華錄》記載：每年農曆十月，汴京始「進暖爐炭，幃前皆置酒作暖會」，若說清明節前後進暖爐炭，違背宋人生活習俗。孟元老和張擇端生活在同一時代，《東京夢華錄》是研究北宋汴梁風土民俗的重要資料，所述史事當是可信的。畫家首先告訴讀者，這是秋天，冬天不久將來臨，這些木炭是東京準備過冬禦寒用的。秋季營運冬季貨物比較合理，商人早在春天營運冬季貨物，在時間上來說，太早了，不符合經濟規律。

二、畫面有一農家矮籬內長滿了像茄子一類的作物，趙太丞家門口垂柳枝葉茂盛，更為有趣的是幾名孩童赤身嬉戲追逐，這些都不可能是清明時節的畫面。

三、畫面乘轎、騎馬者帶著僕從的行列，回向城市一段。這群人雖然有上墳掃墓的可能，倒不如說它是秋獵而歸更恰當些，因為，上墳四季皆有可能，就插花而言，春秋二季都解釋得通。今從畫面種種現象來看，說是秋季更符合實際些。

四、畫面上的人物拿扇者有十多人，有扇風狀，有遮陽狀，常識告訴人們伏天用扇，初春用扇者極少見。而且，畫中草帽、竹笠在多處出現。草帽、竹笠是禦暑、禦雨的東西，畫中並沒有下雨的景象，這肯定是禦陽用的，不僅如此，河岸及橋上有好幾處小販的貨桌上都擺著切開的西瓜。宋時古都汴梁的早春乍暖還寒，不可能有西瓜一類鮮果。在畫面上有一處小茶水攤，在招牌上寫著「口暑飲子」字樣。根據當時汴梁的氣候，如果是清明節很難解釋得通。

五、畫面上酒肆多處，酒旗上寫著「新酒」二字，而《東京夢華錄》云：「中秋節前，諸店皆賣新酒……醉仙錦，市人爭飲（見該書『中秋』條）。」宋代新穀下來要釀醪酒喜慶豐收，不然無新酒可言。

如果《清明上河圖》所繪並不是清明時節的景象，為何又叫「清明」二字呢？有人認為，這裡的「清明」要從廣義上去理解。《後漢書》有例證，是書云：「固幸得生『清明之世』……」從語氣看這個「清明」，是指政治開明。畫中題款「清明」語，本是張擇端進獻此畫，請帝王們賞識所作的頌辭。金人在畫面上留下的跋文說：「當日翰林呈畫本，承產風物正堪傳。」一點明此畫主題在於表現承平風物。考張擇端行年，他於徽宗朝在翰林書畫院供職，此畫的第一位收藏人便是宋徽宗，可證畫家意在稱頌盛世，討最高統治者歡心。知道了這個背景，顯然「清明」一詞就不是指節令了。

《滿江紅》難道是岳飛的託名之作？

自古以來，《滿江紅》一詞一直被認為是岳飛的作品。但是近幾十年來，人們開始對此不斷提出疑問，並展開爭論。

宋代著名抗金將領岳飛有一首著名的《滿江紅》詞：「怒髮衝冠，憑欄處，瀟瀟雨歇。抬望眼，仰天長嘯，壯懷激烈。三十功名塵與土，八千里路雲和月。莫等閒，白了少年頭，空悲切。靖康恥，猶未雪；臣子恨，何時滅？駕長車，踏破賀蘭山闕。壯志饑餐胡虜肉，笑談渴飲匈奴血。待從頭，收拾舊山河，朝天闕。」這首千古絕唱《滿江紅》慷慨激昂，豪氣沖天，述說了一代名將岳飛誓將金兵趕出中原，洗雪靖康恥辱的豪情壯志，表現了岳飛收復失地的英雄氣概和高尚氣節。從古至今，每當國難當頭，這首詞不知激起了多少志士仁人前仆後繼的奮勇鬥志。

自古以來，《滿江紅》一詞一直被認為是岳飛的作品。但是近幾十年來，人們開始對此不斷設疑並展開爭論。

懷疑者認為：第一，這首詞最早見於明嘉靖十五年（西元一五三六年）徐階編的《岳武穆遺文》，這篇文章的根據是弘治年間浙江提學副使趙寬所書嶽墳詞碑。這首詞不見於宋人、元人的書中，卻突然出現在明中葉，來歷不明，深為可疑。第二，岳飛的孫子岳珂所編《金陀粹編》中的《岳王家集》也沒有收錄這首詞。岳珂平生富於收藏，精於鑒賞，他與父親岳霖搜訪岳飛遺稿不遺餘力。但是，從他為《岳王家集》作序到重刊此書，共經歷了三十一年，仍未收入這首詞。第三，《滿江紅》詞中用了岳飛自己的事蹟和典故，如「三十功名」、「八千里路雲和月」等。作者用自己事蹟的典故，真是匪夷所思。第四，《滿江紅》詞的格調，與已證實的岳飛另一詞《小重山》風格迥異，前者洋洋灑灑，慷慨激昂是豪放派風格；後者格調低沉，是婉約派風格。前後風格大不一樣。第五，賀蘭山不同於前人泛稱的「玉門」、「天山」等地名，它是實指。賀蘭山在漢、晉時期還未見於史書，到北宋時才有記載。唐、宋時人們以賀蘭山入詩，都是實指。岳飛伐金要直搗的「黃龍府」，在今吉林省境內，而賀蘭山一帶卻是明代時北方韃靼人常常侵犯之地，距離岳飛伐金之地數千里之外，至南宋時已屬西夏，並非金國土地，假設此詞果真出自岳飛之手，「不應方向乖背如此」。由於明代中葉開始，北方韃靼族入居河套，騷擾中原。韃靼西攻甘、涼地區，多取道賀蘭山後。弘治十一年(西元一四九八年)明將王越在賀蘭山抗擊韃靼，打了第一個大勝仗。因此「踏破賀蘭山闕」，在明代中葉是一句抗戰口號，但在南宋是絕不會有的。所以，《滿江紅》不可能寫於宋代，而是作於明代。

針對以上懷疑，認為《滿江紅》是岳飛作品的學者給出了答覆。岳飛以「莫須有」的罪名被冤殺後，他的家產、文稿均被朝廷查封，因此岳飛的孫子岳珂所收錄的《岳王家集》中很可能並未將岳飛的全部作品收入，根據現有的史料看，岳霖父子也確有遺漏的實證。例如，《賓退錄》記載的岳飛的「雄氣堂堂貫鬥牛，誓將直節報君仇。斬除頑惡還車駕，不問登壇萬戶侯」一詩，就不見於岳珂編的《岳王家集》中，故不能根據他們父子當時沒有收集到就斷定真假。另外由於南宋時一直是主和派在朝中主政，主戰派代表岳飛冤死，一直沒有得到朝廷的平反，就連同情岳飛的人也是非殺即貶，而到了元朝由於統治者大肆壓制漢人，蔑稱為「南人」，岳飛這首慷慨激昂的詞作《滿江紅》的命運，自然更是受到壓制，於是直到明朝，才出現人們廣泛吟誦的局面。

而從「三十功名塵與土」一句，可知這首詞是岳飛在三十歲前後有感而作。岳飛三十歲時受到朝廷的恩寵，開始掌握指揮大權，此時他身受殊榮，感受深切；岳飛自二十歲離開家鄉轉戰南北，至三十歲由九江奉詔入朝，行程加起來足有八千里，所以詞中有「八千里路雲和月」一句；岳飛三十歲置司江州時，正逢秋季，當地多雨，所以詞中又有「瀟瀟雨歇」一句。

關於《小重山》與《滿江紅》兩詞格調大不相同的問題，《小重山》作於岳飛三十七歲生活平靜無戰事之時，《滿江紅》則作於六年前征戰不休之時，時代背景與感受全不相同，故兩詞風格迥異。就岳飛本人來說，雖然說他大部分詞作的風格低回婉轉，只有這首《滿江紅》粗獷豪放，但是並不是說岳飛本人只可以寫一種婉約風格，而不可寫豪放風格的詩詞。就宋朝歷史上的大詞人而言，他們雖然各成一家，也並不是個個都只有一種風格，隨著時代境況、個人生活背景的變遷，像蘇軾、辛棄疾，他們的詞作中都是既有豪放之篇，又有婉約之作。

而《滿江紅》詞中「踏破賀蘭山闕」的地理位置問題，「賀蘭山闕」是泛指而不是實指，與詞中的「胡虜肉」、「匈奴血」一樣，是指女真，而不是實指匈奴。不能根據這一點就認為《滿江紅》寫於明朝。

綜上所說，《滿江紅》詞到底是不是岳飛之作，爭論雙方都持之有據，很難統一。這場爭論還可能繼續深入下去。但無論如何，《滿江紅》這首詞所體現的岳飛崇高的民族精神，都激勵了一代又一代的中華兒女。

宋高宗為什麼一定要置岳飛於死地？

岳飛之死與南宋初年複雜的政治經濟軍事形勢息息相關，也許他是一個時代的悲劇，說到底可能就是人性的悲劇！

岳飛作為歷史上的抗金英雄，其精忠報國的精神深受人們的敬佩。其在出師北伐、壯志未酬的悲憤心情下寫的千古絕唱《滿江紅》，至今仍是令人士氣振奮的佳作。其率領的軍隊被稱為「岳家軍」，人們流傳著「撼山易，撼岳家軍難」的名句，正是對「岳家軍」的最高讚譽。

「青山有幸埋忠骨，白鐵無辜鑄佞臣。」在西子湖濱岳飛的墳墓旁邊，長跪著秦檜的鐵像，提到岳飛之死，人們沒有不歸罪秦檜的。但是岳飛究竟為何被殺呢？一些學者認為，宋高宗才是殺害岳飛的真正兇手。秦檜只是迎合高宗的意思，代替高宗承罪而已。當時審問岳飛的大理寺官員何鑄，向秦檜辯白說：岳飛實在無辜，為什麼一定要殺。秦檜說：此上意耳。

那麼，宋高宗為什麼一定要殺害岳飛呢？

據《宋史・宋高宗本紀》記載：金國派蕭毅、邢具瞻為議和代表，隨同南宋代表魏良臣回南宋，提出議和條件。此時趙構的生母韋太后被金軍扣押，她托南宋代表之一的李微，將一封信送到趙構手裡。宋高宗對蕭毅、邢具瞻說：「我擁有天下，但卻不能贍養父母親人，而我的父親徽宗卻已經死了啊！現在我發誓，我要明言：金國要歸還我的母親韋太后，我不以議和為恥。不然的話，我不怕對金國用兵！」「如果我母親韋太后能回南宋，我們自當謹守誓約，如果沒有回來，雖然有誓約，也是一紙空文。」隨後，宋金達成和議，歷史上稱為紹興和議，最後，金國送回了宋高宗趙構的母親韋太后，而宋高宗的哥哥宋欽宗趙桓當時攔住韋太后的車轎，痛苦地央求韋太后：「請回去告訴九弟（趙構），只要能讓我回去，有間普通的房子住，我就心滿意足了。」但是趙桓這個願望始終沒有實現，最終死在金國。在京杭大運河交匯處的上塘河河口映月橋，當年宋高宗的母親韋太后南歸時就從這兒登岸。現在新建的映月橋上，仿古設施的雙龍閣和雙龍戲珠浮雕相當逼真地再現了當年情景。宋高宗母子重逢，喜極而泣。韋太后回朝後，被宋高宗尊封為「顯仁太后」。我們可以看出宋高宗趙構是個孝子，宋高宗提出放了生母就議和，那麼金國肯定也會提出相應的條件，這個條件就是：殺岳飛，放其母。而且歷史事實是宋高宗在達成宋金和議之後的農曆除夕夜，趙構「特賜死」岳飛，而當時韋太后可能正在歸途之中。

秦檜根據宋高宗的指示，以「莫須有」的罪名將岳飛毒死於臨安風波亭，岳飛死時年僅三十九歲。岳飛部將張憲、兒子岳雲亦被腰斬於市。岳飛父子及張憲死於奸臣昏君之手，激起了抗金軍隊和老百姓的強烈憤怒，韓世忠當面質問秦檜，秦檜支吾其詞「其事體莫須有（也許有）」。韓世忠當場駁斥：「『莫須有』三字，何以服天下？」岳飛臨死前，他在供狀上寫下「天日昭昭，天日昭昭」八個大字。然而宋高宗思念母親而殺岳飛只是原因之一，岳飛之死還有其他的原因。

首先，宋代皇帝有猜忌大將的傳統。先是宋太祖杯酒釋兵權，後來又有「兵無常帥，帥無常兵」的制度，對武將很不信任，對擁有兵權的大將更是疑忌。歷史上的岳飛既是一個好學習、不擾民、得軍心的人，也是一個不好色、不愛錢、不貪財的人。有人要送美女給他，被岳飛退回；

年輕時岳飛喜歡喝酒，皇上勸了他一次，他從此就滴酒不沾；皇上要給他蓋房子，他不要，並且說：「敵未滅，何以為家？」岳飛如此高尚，如此廉潔奉公，而又常打勝仗，如此得民心軍心，他意欲何為？宋高宗對所謂的「岳家軍」更是敏感，顧慮重重，對岳飛更是不太信任的。

其次，岳飛的北伐口號是「直搗黃龍，迎回二聖」，這正中宋高宗的要害。

最後，岳飛在要求宋高宗冊立太子的事情上，也使得宋高宗對岳飛不滿。顯然岳飛被殺害，一方面有宋高宗思念母親的緣故，另一方面從岳飛的政治單純和精忠報國來看，宋高宗也有自私陰暗的一面，他對岳飛沒有好感，並且獨獨沒有給岳飛平反。直到宋孝宗時，才給岳飛加諡武穆。但是放到歷史的宏大背景之下，岳飛之死與南宋初年複雜的政治經濟軍事形勢息息相關，也許他是一個時代的悲劇，說到底，可能就是人性的悲劇！

宋代詞人李清照的容貌究竟如何？

從李清照的作品中是不能找到證據證明她是漂亮的，而且恰恰證明她強健俠骨的一面，這與美女的標準是大相徑庭的。

李清照（一〇八四至一一五五年），號易安居士，南宋傑出女文學家，以詞著名，兼工詩文，在中國文學史上享有崇高聲譽。這樣一位多愁善感、文才超眾，而且從小生活安逸，在書香人家長大的女子，使我們這些後代人在談及她時，往往有一種先入為主的思維定式——把她與林黛玉這樣的女子聯繫起來。因此李清照一直被世人看作一名美女作家，很少有人認為她是醜女詞人。其實李清照究竟是美女還是醜女，史料上並沒有記載。世人對她的容貌，都是憑想像和猜測來理想化並加以美化的。

李清照給人以文弱纖細的形象，純粹是她的名字和後期淒淒慘慘詞作的影響。首先說名字，每一位讀者讀到「清照」二字，都會不由自主地想到冷冷清清的月光照在大地上的感覺。名字「清照」讓人感到冷清文弱。至於李清照的「瘦」，主要來自她的詞作，如：「知否？知否？應是綠肥紅瘦」，「露濃花瘦，薄汗輕衣透」，「莫道不消魂，簾卷西風，人比黃花瘦」等。這裡是她的詞因「瘦」字使用得恰到好處，「瘦」字傳神地把人的心情同景物的凋零恰如其分地結合起來，而不是說她人的體形「瘦」。可惜千百年來文學家、畫家把詞中之「瘦」混同於人體形之「瘦」，從而給人們勾勒出一個瘦弱李清照的形象。有人從李清照的詞作和人生經歷以及其性格，推測真實的李清照不但不瘦，而且體形魁梧高大，額頭寬闊，性格外向，甚至有點粗魯的女強人形象。何況，話說回來，即使是文弱纖細，也不一定見得就是漂亮。

從李清照的詞也可以分析出她的性格特徵。在其前期少女和初嫁時作品如《如夢令》：「常記溪亭日暮，沉醉不知歸路，興盡晚回舟，誤入藕花深處。爭渡，爭渡，驚起一灘鷗鷺。」這首詞傳神地勾勒出了清照醉酒後的形態，這不是普通的醉，而是大醉，醉得連回家的路都找不到了。試想一位少女時代就常常喝得酩酊大醉的女性，有可能是那種害羞的人嗎？更令人害怕的是她所乘的船還「誤入藕花深處」。從這樣形象傳神的文字中，可以看出在一千年前禮教相當森嚴的宋朝，李清照這種潑辣、大膽且豪爽的女性還是很少見的；而且從其「爭渡，爭渡」那股勁看來，李清照的力氣應該不小，而她的身材應該相當高大。

李清照一生嗜酒，少女時代如此，出嫁後與趙明誠生活優裕時如此，晚景飄零時亦如此，終身不改此衷。通覽一下清照的詞，只要提到酒，寫到醉酒形態的處處皆是。這裡只選幾首著名的去賞析並分析清照的為人：先說說第一首《如夢令》：昨夜雨疏風驟，濃睡不消殘酒。試問捲簾人，卻道海棠依舊。知否？知否？應是綠肥紅瘦。應該說此時的李清照生活得很好，不是待字閨中就是新婚不久。「濃睡不消殘酒」，說明過去的米酒能使人醉得挺深沉的，另外也說明李清照喝得很多，一個女人能喝到睡一夜酒還沒清醒，可真是豪飲啊！看來李清照並不是有人所說的「無知少女」，而實在是女中豪傑，體格強健之人。《菩薩蠻》這一首詞寫的是在借酒澆愁，「忘了除非醉。沉水臥時燒，香消酒未消」。此時正是金兵入侵、宋室南渡之後，為了減輕思念家鄉、思念親人的痛苦，李清照便以酒來麻醉自己。這種把酒臨風、舉盞消愁的情景，讓人們看到一個「俠女」的身影，而李清照的「生當作人傑，死亦為鬼雄。至今思項羽，不肯過江東」的《夏日絕句》，則被史學家、文學家共同認為具有俠女風範。

因此，從李清照的作品中是不能找到證據證明她容貌美麗，相反，恰恰證明她強健俠骨的一面，這與美女的標準是大相徑庭的。

再從李清照的婚姻說，有人問既然李清照不漂亮，趙明誠為什麼和她感情那麼好？其實趙明誠不是看重李清照的美色，而是看重她的才氣。趙明誠、李清照夫婦一生相互愛慕、琴瑟相和，主要是志趣相投。當時趙明誠常去外地考察金石名品，李清照頗感孤單寂寞，便寫了一首相思詞，名叫《醉花陰・重陽》，李清照借颯颯秋風、片片黃花把對夫君的思念表現得淋漓盡致。趙明誠收到這首詞後，先為情所感，後更為詞的藝術力所激，發誓要寫一首超過妻子的詞。他閉門謝客，三日寫詞五十首，將李清照的這首詞雜於其間，請友人評點，不料友人說這五十首詞只有三句最好：「莫道不消魂，簾卷西風，人比黃花瘦。」趙自歎不如，這個故事表現出，他們夫妻的如膠似漆得益於他們共同的愛好和濃厚的興趣。

另外，據李清照所著《投翰林學士綦崇禮啟》及南宋人所著《建炎以來繫年要錄》等資料記載，李清照在其夫趙明誠死後，曾再嫁張汝舟，秋八月離。張早就覬覦她的珍貴收藏。當婚後發現李清照家中並無多少財物時，便大失所望，直至拳腳相加。張的野蠻行徑，使李清照難以容忍。後發現張還有營私舞弊、虛報舉數騙取官職的罪行。李清照便報官告發了張汝舟，並要求離婚。所以從她第二次失敗的婚姻可以看出，李清照在相貌上並無優勢可言，而且恰恰從結束這段婚姻的方式上來看，她是一個潑辣豪爽有俠氣的女子，在落後的封建社會，就敢於挑戰，與世俗抗爭。

所以有人認為後人把李清照畫成纖腰細臂、明眸皓齒、嬌滴滴、軟綿綿、淒淒慘慘切切的傳統形象，是不準確的。李清照應該是才華橫溢、高大粗放、堅強有力的才女，她不是櫻桃小口，膚如凝脂的美女；應該是鼻直口方，寬額闊臉，目光炯炯的一代俠女，總之她長相一般，但很大氣，很豪爽，這才是歷史上真正的李清照。

陸游與唐琬因表兄妹關係導致離異？

可憐陸游唐琬這對富有才華的表兄妹，志趣相投結為恩愛夫妻，卻因為婚後無子而被陸母棒打鴛鴦，成了歷史上有緣無分的愛情典型。

宋徽宗宣和七年（西元一一二五年）十月十七日夜晚，南宋時期最著名的愛國詩人、抗金英雄——陸游，出生於山陰（今紹興）。他在金兵大肆南侵的戰火中誕生，一生都籠罩在金軍侵略中原的馬蹄聲中。這位一身浩然正氣、奮鬥不息的陸游，遭受了巨大的波折，他一生不但仕途坎坷，而且愛情生活也很不幸。

宋高宗紹興十四年，二十歲的陸游和表妹唐琬結為伴侶。兩人從小青梅竹馬，婚後相敬如賓。然而陸游的母親唐夫人卻不喜歡唐琬，對她橫加指責，最後硬逼著陸游休了唐琬。後來唐琬嫁給了趙士程，而陸游則娶了王氏為妻，自此二人不再相見。十年後的一個春天，陸游滿懷憂鬱的心情，獨自一人漫遊山陰城沈家花園。正當他獨坐獨飲，借酒澆愁之時，突然他意外地看見了唐琬及其改嫁後的丈夫趙士程。儘管這時他已與唐琬分離多年，但是內心裡對唐琬的感情並沒有完全擺脫。陸游心生感慨，提筆在牆上寫下了《釵頭鳳》這首千古絕唱：「紅酥手，黃縢酒，滿城春色宮牆柳。東風惡，歡情薄，一懷愁緒，幾年離索。錯，錯，錯！春如舊，人空瘦，淚痕紅浥鮫綃透。桃花落，閒池閣，山盟雖在，錦書難托。莫，莫，莫！」表達他內心的苦悶和傷感。而唐琬也和詞一首：「世情薄，人情惡，雨送黃昏花易落。曉風乾，淚痕殘。欲箋心事，獨語斜闌。難！難！難！人成各，今非昨，病魂常似秋千索。角聲寒，夜闌珊。怕人尋問，咽淚裝歡。瞞！瞞！瞞！」這首詞訴說自己對陸游的無限思念，哭訴自己幽思成疾的境況，詞意更加淒慘。唐琬這次相見後，由於悲傷過度，回去後不久便在抑鬱中辭世。

世人對陸游與唐琬的愛情故事多扼腕長歎，而且無論在詩詞歌賦，還是在後代戲曲中，二人都是表兄妹關係，如南宋周密《齊東野語》記載：「陸務觀初娶唐氏，閎之女也，與其母夫人為姑侄。二人伉儷相得，而弗獲於其姑。既出，而未忍絕之，則為別館，時時往焉。」陳鵠《耆舊續聞》中也說到唐琬是陸游的表妹，二人結婚後「琴瑟甚和，然不當母意，因出之。夫妻之情，實不忍離。後適南班士名某，家有園館之勝。務觀（陸游字）一日至園中，去婦聞之，遣遣黃封酒、果饌，通殷勤。公感其情，為賦此詞。其婦見而和之，有『世情薄，人情惡』之句，惜不得全闋。未幾，怏怏而卒」。這段記載不僅說明二人是表兄妹關係，而且對他們結婚後的生活狀況進行了描述，對他們分離的原因做了交代，對陸游寫《釵頭鳳》的過程也詳盡說明。據此，陸游的母親與唐琬實為姑母與侄女的關係，也就是說，陸游與唐琬是表兄妹。

同處南宋的劉克莊在《後村詩話續集》中也沿用了陳鵠、周密的說法，認為陸游和唐琬是表兄妹的關係。後來清代所編《歷代詩餘》、《宋人軼事彙編》等書中，也與《齊東野語》、《耆舊續聞》等記載相一致。

然而，也有一些學者對傳統說法提出疑義，他們查考了《寶慶續會稽志》，發現唐琬的父親唐閎是山陰（今浙江紹興）人鴻臚少卿唐翊之子，而陸母則是江陵（今屬湖北）人唐介的孫女。兩地相距遙遠，兩家雖同姓，卻並無宗族血親關系。既然唐琬的父親唐閎與陸母不是兄妹，那麼陸游與唐琬也不可能是表兄妹了。但這種考證所依據的材料有限，而且方志的記載未必可靠。

實際上，我們可以從另外一個角度來考察陸游與唐琬的關係。那就是陸母為什麼反對這段婚姻。對此，人們比較認同的說法有兩個。一個是如《齊東野語》所記載的，陸母見陸游娶了唐琬之後，日益沉浸於卿卿我我之中，而忽略了讀書進仕，陸母怕漂亮聰明的唐琬耽誤了陸游的前程，最後就逼著陸游把她給休了。再就是說，因為唐琬婚後無子，引起陸母不滿，所以將她休了。據說，陸游的母親尚未出嫁的時候，在娘家與嫂子，也就是唐琬的母親關係不和。由此，自然也不喜歡嫂子生的女兒。但是當時的風俗經常是親上加親，因而唐琬還是過了門。唐琬在家庭中的行為可能屬於比較開明的一類，時常令婆婆感到不敬。陸游的母親雖然經常抱怨和訓斥她，但也還是能夠容忍的。但有件事情是她無法容忍的：唐琬婚後數年未育。她不願意讓兒子因為這個女人而絕了後。當時，生育是家族的大事。陸游母親以這個理由提出要休唐琬，無論陸、唐兩家的誰，都提不出更為有力的理由來反對。最後，兩人終究被迫離婚。陸游晚年曾作《夏夜舟中聞水鳥聲甚哀若曰姑惡感而作詩》，其中寫道：「所冀妾生男，庶幾姑弄孫。此志竟蹉跎，薄命來讒言。」委婉地表達了唐琬結婚後一直沒有生育，從而導致姑婆的不滿，最後竟然將她趕出了陸家的事情。

那麼唐琬為什麼一直沒能生育呢？很可能是因為陸游與唐琬存在表兄妹關系，屬於近親結婚，這樣不能生育也就非常正常了。離婚後陸游先娶婦，新娘姓王，過門後很快生了孩子。唐家憤憤不平，覺得不把女兒嫁出去，面子會失盡。於是將女兒嫁與當時也有點名氣的一個文人趙士程。

此外，為了確定陸游與唐琬的關係，還有人詳細考證了唐琬的家族情況。他們排列出唐琬的家族譜序，從而認定唐琬與陸游的母親唐夫人之間確有宗族關系，這樣，陸游與唐琬也就存在親戚關係了。可憐陸游唐琬這對富有才華的表兄妹，志趣相投結為恩愛夫妻，在當時本應是一件親上加親的好事，卻因為婚後無子而被陸母棒打鴛鴦，陸游和唐琬也成了歷史上有緣無分的愛情典型。

殲滅金軍主力的竟然是宋朝軍隊？

宋將孟珙在紹定六年期間成功地全殲了數十萬金軍，而蒙古軍在同一年中沒有一場戰役有這樣的輝煌戰績……

十三世紀初，北方草原上出現了以成吉思汗為首的蒙古政權。嘉定四年（西元一二一一年），成吉思汗自龍駒河率軍南下，越過陰山，襲擊金朝邊地，揭開了長達二十三年的蒙金戰爭的序幕。金朝在蒙古軍的迅猛打擊下，被迫放棄中都（今北京），退守汴京。金軍在與強悍的蒙古軍交鋒中幾乎每仗皆敗，蒙古軍隊陸續占領了山東、山西、河北等地區（一些地方被依附蒙古的漢族軍閥所控制）。金國僅餘陝西、河南兩地，在黃河以北只剩下河中等少數據點。

金正大七年（西元一二三〇年），窩闊臺將蒙古軍隊兵分三路大舉攻金，雙方在三峰山（今河南禹州西北）展開會戰。蒙古軍隊採取了疲勞金兵的戰術：當金兵進攻時，蒙軍不戰自退；金兵剛紮營寨，蒙軍就來偷襲。金兵晝夜不得休息，甚至三天吃不上飯，結果被蒙軍包圍在三峰山。當時恰逢天降大雪，氣候非常寒冷，蒙軍在四面烤火煮肉，輪番休息。金兵卻披甲僵立雪中，饑寒交迫。蒙軍知道金兵急於突圍，就故意讓出一條路。當金兵爭相逃跑之時，蒙軍伏兵四起，大敗金兵。

有人認為，三峰山一戰，金兵主力被殲滅殆盡，至此，金朝已經是搖搖欲墜，離覆滅不遠了。

但是，近來也有人認為金軍主力在三峰山一戰並未被殲滅，而是後來被宋朝軍隊殲滅的，這些人以何為依據？金軍主力到底是滅於宋軍還是蒙古軍隊呢？

這些人認為，據《金史・武仙傳》記載，三峰山之戰金軍失敗後，「餘眾迸走」，而敗逃的金將武仙，在逃跑時以三峰山戰場為圓心繞了大半個圈，「收潰軍得十萬人，屯留山及威遠寨。立官府，聚糧食，修器杖，兵勢稍振」。當時，參加三峰山之戰的金軍共有十五萬人，武仙在三峰山之戰後「收潰軍得十萬人」，這個數目占了三峰山之戰中金軍總數的三分之二左右，而剩下那三分之一的五萬金軍，也並沒有全部被蒙古軍殲滅，當中有很多金兵成功逃脫，據《金史・古里甲石倫傳》記載：「九年正月，北兵（蒙古軍隊）從河清徑渡，分兵至洛……洛中初無軍，得三峰山潰卒三四千人，與忠孝軍百餘守禦。」也就是說，金軍有三四千名潰卒跑到了洛陽，估計還有一些躲藏在民間。因此，三峰山之戰，蒙古軍最多只殲滅了金軍三四萬人，其餘的全逃跑了。

可見，那些認為三峰山之戰後，金軍的主力已經不復存在的觀點是錯誤的，蒙古軍並沒有在三峰山之戰中全殲金軍，只是打了個擊潰戰。金軍主要將領有完顏哈達、完顏陳和尚、楊沃衍等，也從三峰山成功逃脫，但是他們卻沒有像武仙那樣收攏潰兵，而是逃到了鈞州，缺兵少將的他們，在隨後的蒙古軍攻陷鈞州之戰中陣亡。

這時的蒙古軍隊由於種種客觀原因，暫時還不能迅速消滅金朝，於是他們一方面與金國議和，另一方面則要求宋朝出兵合擊金兵。應該說，這時候金軍的主力還是存在的，而且仍然能夠擊敗蒙古軍。據《金史・蒲察官奴傳》記載：「（金忠孝軍）軍中陰備火槍戰具，（蒲察官奴）率忠孝軍四百五十人，自南門登舟，由東而北，夜殺外堤邏卒，遂至王家寺……持火槍突入，北軍（指蒙古軍）不能支，即大潰，溺水死者凡三千五百餘人，盡焚其柵而還。」武仙率領的十萬金軍雖然在其後與蒙古軍作戰中受到了一些挫折，但實力並沒有受損，直到「……金天興二年正月，仙閱兵，選鋒尚十萬」。

為了挽回金朝的頹勢，據《金史・完顏仲德傳》記載：金將完顏仲德等人在與蒙古人議和失敗且北竄無望的情況下，構思了一個重要的戰略決策，即是企圖集中力量占領宋朝四川，以待時機捲土重來。武仙以及「乘亂聚眾二十萬為邊患」的金將武天錫、金鄧州守將移剌瑗都是這一政策的擁護者，據記載「武仙時與武天錫及鄧守移剌瑗相犄角，為金盡力，欲迎守緒入蜀，犯光化，鋒剽甚」。金朝憑著這龐大的數十萬大軍，似乎復興有望。

然而，他們的這一計畫，卻在宋朝名將孟珙的打擊下灰飛煙滅，紹定六年（西元一二三三年）十二月，金哀宗逃至蔡州，金將武仙、武天錫、移剌瑗等聚兵鄧州，進攻光化。而此時，南宋已正式決定出兵助蒙古滅金。次年五月，孟珙奉命進討，據《宋史・孟珙傳》記載，武天錫在與孟珙作戰時全軍覆沒，「珙逼其壘，一鼓拔之，壯士張子良斬天錫首以獻。是役獲首五千級，俘其將士四百餘人，戶十二萬二十有奇」。另一金將移剌瑗因為作戰失敗，不得不向孟珙投降，「瑗遣其部曲馬天章奉書請降，得縣五，鎮二十二，官吏一百九十三，馬軍千五白，步軍萬四千，戶三萬五千三百，口十二萬五千五百五十三。珙入城，瑗伏階下請死，珙為之易衣冠，以賓禮見」。而武仙則「易服而遁」。孟珙則「降其眾七萬人，獲甲兵無算」。至此，三峰山之戰中從蒙軍陣前逃脫的十萬金軍潰卒加上武天錫和移剌瑗的軍隊，在與宋軍作戰時損失殆盡，金軍主力已經蕩然無存。

天興三年（西元一二三四年），蒙古軍攻破蔡州西城、宋軍破蔡州南門，金哀宗見大勢已去，傳位於末帝完顏承麟後自縊身亡，殘餘金軍或戰死，或自殺殉國，無一投降，完顏承麟也被亂軍所殺。金朝自完顏阿骨打建國以來，歷經一一九年的歷史，至此終於滅亡。宋將孟珙在紹定六年（西元一二三三年）成功地全殲了數十萬金軍，而蒙古軍在同一年中沒有一場戰役有過這樣的輝煌戰績。因此，殲滅金軍主力的，實際是宋末名將孟珙所率領的宋軍。

成吉思汗的騎兵為何能橫行歐亞？

成吉思汗征戰終身，創立了橫跨歐亞兩大洲的蒙古大帝國。成吉思汗及其子孫們是如何做到在四十多年的西征戰爭中屢戰屢勝的呢？

成吉思汗是古代蒙古族的一位傑出的軍事家，同時也是一個偉大的政治家、思想家和戰略家。他征戰一生，統一了蒙古高原上的諸部落後，進而征服了半個世界，創立了橫跨歐亞兩大洲的蒙古大帝國。一九九五年十二月，美國《華盛頓郵報》依據「人類文明史上第二個一千年（一〇〇〇至一九九九年）中，何人縮小了地球、拉近了世界」的標準而將其評選為「千年風雲第一人」。成吉思汗及其子孫們是如何做到在四十多年的西征戰爭中屢戰屢勝的呢？

蒙古騎兵能橫行歐亞，首要因素是蒙古騎兵擁有良好的軍事素質和坐騎。蒙古人是擅長狩獵的遊牧民族，終其一生在馳騁草原中度過。蒙古民族民風彪悍，團結，吃苦耐勞，他們從三歲開始就被綁在馬背上，學習騎馬和使用武器，尤其是彎弓。每一個體格健全的男子，在六十歲以前都會被要求參加狩獵與戰爭。而蒙古部落聯軍，就是由部落全體成年男子所組成。蒙古馬雖然身材矮小，跑速慢，而且跨越障礙的能力也遠遠不及歐洲的高頭大馬。但是，蒙古馬卻是世界上忍耐力最強的馬，對環境和食物的要求也是最低的。無論是在亞洲的高寒荒漠，還是在歐洲的遼闊平原，蒙古馬都可以隨時找到食物。蒙古馬具有很強的適應能力。它們可以長距離不停地奔跑，無論嚴寒酷暑都可以在野外生存。同時，蒙古馬可以隨時勝任騎乘和拉車載重的任務，這使得蒙古軍隊能持續作戰。

其次成吉思汗將蒙古軍隊的騎射蠻力與最高超的軍事科技進行了完美的結合。在遇到蒙古軍隊之後，依靠城牆和水系固守，曾是其他民族抵抗的唯一方式。然而成吉思汗採納了契丹籍重臣耶律楚材攻下城池不殺匠人的建議後，收容了大量漢、回等族的製藝能手並給予生活優待，隨軍製作營便能造出有效的攻城器械。成吉思汗深知實用技術的重要性，他建立起世界上最早的炮兵部隊。這支新兵種拋射（不是用炮管發射）爆炸物，能轟開許多城壘，為鐵騎打開突破口。蒙軍還以重金收買海盜船商，不僅滅了退到海上的南宋小朝廷，還渡海直打到爪哇（如今的印尼）。在這種軍隊的攻擊下，金朝亡國的哀宗曾歎道：「蒙古之所以常取勝者，恃北方之馬力，就中國之技巧耳。」

蒙古軍隊還有異常嚴密的組織，而且調動起來靈活迅速。蒙古的軍隊是根據十進位的體系，即由十人、百人、千人、萬人的部隊組織而成。各個部隊的人數非常接近，可能是方便應付人員傷亡和損耗。萬人部隊是最大的作戰單位，能依靠自己的力量持續地戰鬥。這萬名戰士由大汗的一個親戚或親信指揮。兩萬人可組成一軍。另外，大汗親選一萬名「體格矯健，技能好」的人，組成精銳的「護衛軍」，在平時分為四班守衛，戰時隨大汗出征。而被征服的人民會被拆散分派到其他的部隊之中，令其無法組織動員，以避免反叛。蒙古人在極其嚴厲的軍法約束之下作戰並共享戰利品。在戰爭中遺棄戰友會被判處死刑。這種嚴格的紀律，加上英明的領導和有效的組織，讓蒙古人的武力，從騎兵群提升為一支真正的軍隊。

在實戰中，蒙古軍隊還繼承和發展了先人的成功經驗，創造了「大迂回」戰術及「閃電」戰術。蒙古軍的「大迂回」戰術源於蒙古族的圍獵。他們把圍獵中的技藝嫻熟地運用到戰爭中，它不以擊潰敵人就算達到的戰爭目的，而是用左右包抄的方式，將敵人包圍，不給對方留下一條逃生的出路。蒙古軍隊在戰爭中，還經常使用「閃電」戰術。與蒙古軍隊相比，對手通常移動速度緩慢和謹慎，但蒙古人善於尋找機會去分散敵軍的力量，然後集中自己的力量，以快速的襲擊將敵人各個擊破。他們會試圖環繞或包圍敵軍，來製造局部優勢。蒙古的輕騎兵並不能對抗重騎兵的攻擊，所以他們會假裝敗逃來吸引敵軍騎兵的窮追猛打，借此消耗他們的體力，以降低其攻擊實力。這時，原本走避的蒙古輕騎會突然折回反身成為攻擊者。蒙古軍隊精於設下埋伏和突襲。蒙古軍的將領也擅長於應用偵察兵，並且在身處劣勢的情況下，通過武力的調動以夾擊敵軍。

後勤保障是戰爭成敗的重要因素，成吉思汗對此非常重視，由於部隊出征時只能攜帶有限的羊馬，為充分食用這些牲畜，成吉思汗規定了專門的屠殺方法，使這些牲畜易於更長久的保存。據史料記載，成吉思汗差不多每到一處，就在五十、百里以內各設一驛站，以便於互通資訊。在作戰時軍隊之間相互聯絡信號方面，蒙古軍隊也都採取了妥善的辦法和制定了必要的制度。例如，除制定徒步和乘馬聯絡外，並用吹號、色旗互相聯絡等。

此外，蒙古軍隊還有一種最有力的武器，就是計畫周詳、時時刻刻對敵人施行的心理戰術。如果蒙古軍隊想攻取的城市不願意投降，那麼，他們最終一定逃不掉屠城的下場。當時最大而興盛的撒馬爾罕和內沙布林兩城，就由於這個原因先後被夷為平地，居民無一倖免。這個消息傳開後，別的城市就不敢抵抗。但是有的即使投降也不一定能避過厄運。基輔城中的俄羅斯王公投降前雖得到寬大保證，但最後還是給扔在飲酒祝捷的桌下活活壓死。阿富汗西北邊境赫拉特城的居民在聽到赦免消息後走出城外，卻被全部殺死，整座城也被夷為平地。

曾有人讚歎：「整個世界上，有什麼軍隊能跟蒙古軍相匹敵呢？戰爭時期，他們像受過訓練的野獸，去追逐獵物。但在太平無事的時候，他們又像是綿羊，生產乳汁、羊毛和其他許多有用之物……」蒙古軍隊在橫行歐亞的過程中，使眾多城池遭到滅頂之災，造成了巨大的經濟破壞，但同時卻打開了東西方文明交往的通道，中國古代四大發明中的三項——火藥、印刷術和指南針傳到了歐洲。成吉思汗個人輝煌的成就，也引得古今無數英雄競折腰，從這個意義上講，他不愧為「一代天驕」。

成吉思汗的陵寢為何在「馬背」上？

一代天驕成吉思汗殞落六盤山後，葬身何地一直是個謎。難道真如傳說中的一樣，一代天驕成吉思汗的陵寢位於「馬背」之上，到處移動，難覓其蹤？

一代天驕成吉思汗是蒙古帝國的創始人，他不僅創建了有史以來疆域最大的中華版圖，也給後世留下無數的猜想與謎團。《環球時報》上稱其財富位列世界史上前十位，一位蒙古學專家預言：成吉思汗的陵墓裡可能埋藏著大量奇珍異寶，裡面的工藝品甚至比秦始皇陵出土的兵馬俑還要壯觀。這並非誇大其詞，因為成吉思汗的陵墓裡可能埋藏著他東征西討，從二十多個王國得來的無價珍寶，這也是吸引考古界人士多年來前赴後繼、苦苦尋覓的原因。

但是，成吉思汗殞落六盤山後，葬身何地一直是個謎，難道真如傳說中的一樣，一代天驕成吉思汗的陵寢位於「馬背」之上，到處移動，難覓其蹤嗎？

現存的成吉思汗陵園在內蒙古伊金霍洛旗，只是一個衣冠塚，號稱「八白室」。「八白室」顧名思義是由八間白色的建築構成的，建築雄偉，具有濃厚的蒙古民族風格。「八白室」原來是八座白色的氈帳，後來的蒙古人為了祭祀成吉思汗而為他建立了一座馬背上的陵園。氈帳裡供奉著成吉思汗的遺像，象徵著墓地。這樣的陵園既便於遷移，也便於祭祀，很符合遊牧民族到處遷徙的特點。「八白室」遷移多處，最後遷到鄂爾多斯草原的伊金霍洛旗，裡面有他的衣服、家譜，據說還有成吉思汗逝世前的最後一口氣的靈魂也在靈塔里。但成吉思汗死後的遺骨究竟葬於何處，到現在為止還不能完全確定，也成了一個千古之謎。

成吉思汗的一生充滿傳奇色彩。關於他去世的經過，以蒙古文書《蒙古秘史》（也稱《元朝秘史》）的記載為最早。據記載，在出征西夏前一年，成吉思汗在一次打獵時，從馬背上摔下受傷，並發起高燒。當時進攻西夏的計畫已定，成吉思汗本來要和平解決，但西夏將領阿沙出言不遜使成吉思汗大怒，於是抱病出征。雖然滅了西夏，但成吉思汗因為病重最終也死在軍營裡。

成吉思汗死在西夏靈州的軍營中，可是陵墓為什麼安放在鄂爾多斯草原上呢？有一種說法認為，是為了滿足他生前的願望。七百多年前，成吉思汗率軍西征路過鄂爾多斯草原，看見這裡水草豐美，鳥鳴鹿奔，不禁心曠神怡，連馬鞭不小心掉落都沒發覺，他的部下把馬鞭撿起想要交給成吉思汗，然而成吉思汗卻說：「這裡是強大王朝存在的地方，樹木花草茂盛的地方，馬鞭就放在這兒吧！不管走到什麼地方，就按照馬鞭放的方向，死後就把我葬在這裡。」不幸的是，成吉思汗卻在即將攻克西夏都城的緊要關頭去世，為了不動搖軍心，騙取西夏早日投降，他留下「祕不發喪」的遺囑，由少數親信將靈柩祕密運到傳說中被成吉思汗所讚美過的地方安葬。為了不使外界知道他的死訊，親信們在途中「遇人盡殺之」。到了地點後把靈柩深埋，並將墓穴填平，把草仍然覆蓋在上面，恢復原來的樣子，還讓群馬在墓地上任意踐踏，等第二年青草長起，與茫茫大草原再看不出什麼區別時才將軍隊全部撤走。他們為了使親族想在祭奠他時找到埋葬地，就牽來一隻駝羔，當著母駱駝的面將駝羔殺死並將血灑在墓地。駱駝有辨識自己血親的天性，每逢祭祀時，人們把那隻母駱駝牽來，它徘徊哀鳴的地方就是陵墓的所在地。

成吉思汗的陵寢在「馬背」上的原因，有一種說法主要是古代蒙古族特殊的葬制造成的。《黑韃事略》一書記載蒙古人「以馬踐蹂，使如平地」的習俗，講的就是蒙族實行土葬，但在地面上不留墳塚、碑記一類的標誌物。元末人葉子奇的《草木子》一書，也描寫了蒙古貴族實行祕密潛埋的習俗。他們死後一律被送到漠北墓區深埋，埋畢用萬馬踏平，待草長茂盛之後再解禁。

還有一種說法認為，成吉思汗選擇祕密埋葬的方式可能還有保密的目的。成吉思汗的一生是在馬背上度過的，他生前率領蒙古鐵騎橫掃亞歐大陸，威震四海。但也使不少民族遭到了滅頂之災，不少人對他可以說是十分仇恨。成吉思汗清楚地知道除了政治上或民族仇視的因素，還有不少人會為了盜取王者墓中的寶藏而使他的墓葬遭到毀壞。成吉思汗不願意自己身後也遭此厄運，因為在蒙古人看來，人的遺體一旦被挖掘，靈魂就難以超生。所以他選擇了祕密埋葬的方式，不希望自己的陵墓被找到並被挖掘。因此，由於墓地上無任何標誌，從而也就無法辨認靈柩真正的所在地了。數百年來，一直不斷有人尋找成吉思汗的陵寢，但都沒有成功。有人認為成吉思汗墓地在今蒙古國境內，也有學者堅持成吉思汗的陵寢在中國內蒙古，還有人認為成吉思汗葬在一處深水湖底或一條大河的河底。不久前新疆博物館的考古學者還宣稱最近在新疆北部阿勒泰山脈所在的青和縣三道海附近，發現了一座人工改造的大山，很可能是成吉思汗的葬身陵墓。

但這些都缺少足夠令人信服的證據。成吉思汗的陵墓在何處，已成為難以揭開的千古之謎。

或許以後，人們會有幸揭開它神祕的面紗，一覽其奧妙，這都未為可知，但可以肯定的是，到時一定會引起巨大的轟動，比起發現秦陵兵馬俑不遑多讓。

忽必烈遠征日本為何會馬失前蹄？

元世祖忽必烈承繼大統後，延續了祖先征戰的傳統，四處征伐拓展疆土，幾乎無往而不勝，但是在對日本的兩次渡海作戰中卻遭到了慘痛的失敗……

成吉思汗在中世紀建立了人類歷史上最龐大的軍事帝國，其孫元世祖忽必烈承繼大統後，延續了祖先征戰的傳統，四處征伐拓展疆土，幾乎無往而不勝，但是在對日本的兩次渡海作戰中卻遭到了慘痛的失敗，從而不得不打消兼併這個蕞爾小國的想法。我們先看一下忽必烈兩次遠征日本的過程。

至元三年（西元一二六六年），忽必烈遣兵部侍郎赫德、禮部侍郎殷弘出使日本。忽必烈在國書中，對這次遣使的目的講得極其清楚，要日本效法高麗，舉國來朝以通和好，如不相通好，將至「用兵」，令日本「王其圖之」。被日本以書辭無理，不能接受，予以退回。此後幾經出使，均被日本拒絕。

從至元十年（西元一二七三年）起，忽必烈開始著手部署征日戰爭。第二年，忽必烈第一次遠征日本，他命忻都和洪茶丘，以九百艘戰船、一萬五千名士兵開始了第一次遠征日本。戰爭開始時，對元軍來說還是比較順利的，十月，占領對馬、壹歧兩島，繼而進入肥前松蒲郡，日軍不得不退守太宰府。可惜的是，元軍對日本本土地形不熟，夜晚只能在船上宿營，天有不測風雲，就在這一天晚上，博多灣出現了罕見的颱風暴雨。日本群島四面環海，除東北部沿海外，均被來自熱帶太平洋的暖流所環繞，也就是我們常說的黑潮，氣候形成較溫和潮濕的海洋性季風氣候。在每年八、九、十月間，日本西部和南部常遭颱風襲擊，博多灣恰好位於颱風的襲擊區內。由於不熟悉地形，元軍停泊在博多灣口的艦隊一片混亂，不是互相碰撞而翻，就是被大浪打沉。午夜後，颱風漸停，但暴雨又降，加上漆黑一片，落海的兵卒根本無法相救。忻都怕日軍乘機來襲，下令冒雨撤軍回國。此役，元軍死亡兵卒達一萬三千五百人。日本史書則稱此役為「文永之役」。

日本朝野對突如其來的颱風趕走元軍十分驚喜，在全國範圍內展開了大規模的拜神活動，稱為「神風」。此後「神風」一詞陪伴了日本人六百七十多年，直到一九四五年。

自從蒙古軍崛起斡難河源以來，諸多戰事鮮嘗敗跡，想不到戰無不勝的蒙古大軍竟然敗在小小的日本手裡，忽必烈當下非常惱火，發誓一定要拿下日本，以解心頭之恨。此後，忽必烈加快了對南宋的戰爭，一邊再次派遣禮部侍郎桂世忠、兵部侍郎何文著等給日本寫信，要求日本投降，否則將訴諸武力，然而日本受到上次戰事的鼓舞，根本不聽蒙古人的話，反而處斬了大元派來的使者，並加寬了日本與元朝之間的海防線，這讓忽必烈備受恥辱。至元十六年（西元一二七九年），元終於消滅南宋，統一了中國大陸。忽必烈立即下令準備第二次攻打日本。

忽必烈第二次進攻日本是在至元十八年（西元一二八一年），忽必烈以日本斬殺元朝使臣為藉口，集結了南宋新投降的軍隊十萬人，兵分兩路遠征日本。一路是派大將阿塔海、范文虎、李庭等統率南宋降軍十萬人，從浙江定海起航渡海，另一路由忻都和洪茶丘率領蒙古、高麗和北方漢軍四萬人組成，從高麗渡海。日本軍隊在箱崎、今津、志賀等地海岸構築防禦工事，對元軍進行了頑強的抵抗，元軍始終未能深入日本本土。兩個月後，歷史又重演了，一場巨大颱風又讓希望撤退到海上的元軍元氣喪盡。這次東征又以元軍大敗而告終，北路軍損失三分之一，南路軍損失一半。

這樣，忽必烈的兩次東征日本都以失敗而告終，戰敗的結果讓他惱羞成怒，於兩年後再次命令南方商人和東北女真人為他建造船隻、高麗人為他提供糧食，準備再次征討日本，但由於連年戰爭，國庫虧空，財政吃緊，忽必烈不得不放棄了對日本的征討。

颱風是忽必烈遠征日本失敗的重要原因之一，這是眾所周知的。那麼，除了颱風之外，忽必烈遠征日本失利還有什麼原因呢？

一是蒙古戰船不適於航海作戰。第一次征伐的戰艦是高麗建造的，當時造船工業發達的中國江南及沿海地區尚未被忽必烈完全征服，部分地區仍在南宋軍隊的控制之下。所以，忽必烈不得不將造船的任務交給技術較為落後的高麗人。一方面，高麗對於造船很反感，認為元朝出兵日本肯定會要求高麗參戰，這必將給高麗人帶來沉重的負擔。另一方面，讓造船技術落後的高麗在如此短的時間內完成忽必烈強壓的任務實屬難事。高麗人在半年時間建造九百艘跨海戰艦，品質可想而知了。第二次東征雖然有江南軍隊參加，當時江南的造船技術雖然能夠適應跨海作戰，但是十萬人乘坐的戰艦不但數量多，而且還要能夠進行作戰，南宋又是新降之國，民族仇恨尚未淡化，談何為元出力？品質劣等的戰艦一旦遇上颱風，其結果也就不言自明。

二是元軍統帥指揮失誤和軍隊的厭戰情緒。海戰與陸戰有著根本的不同，軍隊統帥洪茶丘、忻都等人本不習海戰，繼續採用陸戰的方法，他們占領對馬、壹歧、鷹島等島嶼後，沒有及時在上面安營紮寨，建立鞏固的根據地，反而在占領後又在夜間回到戰船上，而且為防止戰船在海上顛簸，竟然將大多數艦船連在一起，犯了兵家之大忌，所以當颱風來襲時，他們張惶失措、無處可逃，被刮入大海者不計其數。加上當時忽必烈連年發動戰爭，造成經濟凋敝，屍橫遍野，老百姓生活疾苦，加以元朝實行種族歧視政策，契丹、女真、漢族等地位低下，飽受欺辱，因此民間反戰情緒很高。元朝軍隊中，又組織混雜，既有蒙古人，又有被征服的契丹人、漢人，戰鬥中根本不可能團結一致，而且在發動對日本的戰爭中，忽必烈強令高麗製造戰船，提供糧食，引起了高麗人民的強烈不滿，所造戰船品質低下。遠征軍中蒙古、漢、高麗等各族將領統帥很難協調一致，各路軍士也無心戀戰，戰鬥力自然大打折扣，最終導致了兩次遠征的失敗。

西夏遺址黑水城之謎

今天被湮沒在沙海裡的城池，是西夏王國當年特別發達的城市，而發白的牛骨、殘存的瓦礫、考古專家發現的六百年前的兒童乾屍都在向人們述說著黑水城的過去。

在中國的北部邊陲，歷史上聞名的居延海南側，有一座城牆保存完好的古城遺址，從城內市井建築的頹垣斷壁，可看出昔日街巷的布局，從城外殘存的田畦溝渠，可回想當年農業的興盛。這就是有名的黑水城，蒙古語稱作哈拉浩特（意為黑城）。傳說過去黑水城是西夏都城，最後一位君主號稱黑將軍。他英武蓋世，所向無敵，在與漢民族爭霸中原時，出師不利，退守孤城。中原大軍久攻不克，見城外額濟納河流貫其間，便以沙袋阻其上游，斷絕城中水源。守城者於城內掘井，至極深而滴水未見。黑將軍被迫全力出戰，未戰前，以所存白金八十餘車連同其他珍寶傾入井中，又親手殺死自己的妻小，以免落入敵手，然後率士卒出戰，終因寡不敵眾戰敗身亡。中原軍隊攻陷黑水城後，大肆搜尋而未能得見寶藏。這一有傳奇色彩的故事與歷史事實相去甚遠，但其中藏寶的傳說卻吸引著不少人。拋開這一傳說，西夏王朝是怎樣歷經興衰的？黑水城真的是西夏的都城嗎？歷史上的黑水之城到底是怎樣被拋棄的？它又有哪些令人歎息的故事呢？

西夏，是一個八百年前在中國西北與宋、遼（金）鼎立一百八十九年的封建王朝，它以党項族為主體。党項族，最早居住在今天的西藏、青海、四川等省區的交界地區。在隋末唐初的時候，羌族中的党項族開始興盛起來，他們以姓氏為部落的名稱，過著原始的遊牧生活，在党項族的許多部落中，尤以拓跋氏最為強大。到了唐僖宗時，以党項族的領袖拓跋思恭鎮壓起義有功，將其晉爵為夏國公，賜皇姓「李」。從此以後，拓跋思恭逐漸形成一支強大的地方割據勢力，五代十國時期，他們乘亂擴張勢力範圍，不斷地壯大自己的力量。到了夏大慶二年（西元一〇三八年），党項族首領李元昊於都城興慶府南築臺受冊，即皇帝位，國號大夏。因其地處西北，又在黃河以西，所以史學家稱之為「西夏」。

「西夏」地方割據政權建立以後，與宋朝時戰時和，雍寧二年（西元一一一五年），金滅遼。宋室南遷之後，西夏對南宋、金都採取和好政策，並廣泛吸收漢族生產經驗和技術，為王朝的政治、經濟、文化發展都奠定了相當堅實的基礎。當時，儘管形式上西夏必須向宋、遼稱臣納貢，實際上，它已經完全成為西北的一大軍事強國。西夏當時的疆域達到「東盡黃河、西界玉門、南接蕭關，北控大漠，地方萬餘里」，一時形成了宋、遼、夏三國鼎立的局面。

黑水城始建於十一世紀初，是西夏王朝設在北部邊境的一座重要的軍事城堡，城堡早在西夏王朝正式建國以前就已建成。儘管城市規模較小，但因它是河西走廊通往漠北的必經之路和交通樞紐，所以，戰略地位極為重要。西夏建國後，為了加強對這一地區的管理，以防東面遼國和漠北蒙古的侵入，西夏王朝曾先後調集兩個統軍司來駐守黑水城及整個居延地區。並將大批人口遷到黑水城一帶定居，讓他們在當地屯墾造田、生產糧食，以滿足大批軍民的生活需要。

到西夏鼎盛時期，黑水城已不再是一座單純的軍事城堡，逐漸變成一座經濟、文化都較為發達的繁榮城市。當時的黑水城內，官署、民居、店鋪、驛站、佛教寺院以及印製佛經、製作工具的各種作坊布滿了城區，一派繁榮昌盛的景象。

乾定三年（西元一二二六年），北方蒙古汗國的成吉思汗率領大軍征伐西夏，首先攻克了黑水城，並由此南下，直取西夏的國都中興府，次年，西夏滅亡。元朝建立後，由於黑水城是漠北通往內地的重要交通樞紐，元朝統治者不僅派遣了大量軍隊來黑水城駐防，還從各地遷來許多漢族和蒙古族人，來這裡與當地人共同發展農牧業生產。這一時期的黑水城繼續發展，成為當時的繁華城市。是當時「北走嶺北、西抵新疆、南通河西、東往銀川」的交通要衝和元朝西部地區的軍事、政治、文化中心。

但是好景不長，十四世紀中葉，這裡的情況發生了巨大的變化。昔日的綠洲被沙漠吞噬，變成了一片荒漠，昔日繁華昌盛的黑水城也變成了一座廢城。

一九〇八年，俄國人科茲洛夫受黑水城傳說的吸引，為了尋找那藏在井中的大批珍寶，他率隊來到中國「探險」。此時正值腐朽的清王朝行將崩潰，對帝國主義列強的文化侵略失於防範。當年三月，科茲洛夫終於找到了哈拉浩特，並在這裡進行了發掘。一九〇九年五月，他們從西藏東部返回時又重到哈拉浩特，對這座古城再一次大肆發掘。他們雖然沒有找到幻想中的「神祕寶藏」，但卻在城外的一座塔內發現了一大批西夏文文獻。其中既有刻本，又有寫本，既有大量的佛經，又有多種多樣的世俗文獻。除此之外，還有漢文、回鶻文、蒙文、敘利亞文、突厥文等多種文獻。此次發掘甚至被稱為找到了一個「完整的書庫」。這批文獻運到聖彼得堡後，共編了八千多個編號，大約有兩千冊書。

科茲洛夫的野蠻發掘給黑水城遺址造成了毀滅性的破壞，他在黑水城周圍一共挖掉了三十多座原先保存完好的佛塔，幾乎毀了黑水城百分之八十的塔！科茲洛夫因為他的野蠻行為，在離開黑水城時似乎「良心」有所發現，他在自己的〈考察記〉中這樣寫道：「隨著考察隊與死亡之城距離的增加，不由自主的難過之情愈來愈強烈地控制了我。我彷佛覺得在這毫無生命的廢墟中，還存留著為我所親近、珍視以後將不斷與我的名字聯繫在一起的東西，還有一些我捨不得與之別離的東西。我無數次地回望這座被塵土遮蓋的城堡，在和自己『蒼老的朋友』告別時，我帶著某種可怕的感覺意識到，哈拉浩特城（黑水城）現在只聳立著一座孤零零的塔了，這座塔的內容已經無可挽回地死亡了——被人類的好奇心和求知精神給摧毀了……」

失色的黑水城，成了今天那些仍然在關注著西夏文化的人們心中永遠的痛。此外，就要被大漠掩埋了的它，向人們證實著這樣一個不爭的事實：今天被湮沒在沙海裡的城池是西夏王國當年最漂亮最發達的城市，而這裡的每一個沙丘都是牧人們當年的家！發白的牛骨、殘存的瓦礫、考古專家剛剛發現的六百年前的兒童乾屍，都在向人們述說著黑水城的過去。而黑水城的敗亡之謎也吸引著我們繼續向前探索……

古墓怪異符號暴露契丹失蹤之謎？

契丹在最強盛時期，曾經雄霸中國北部半壁江山，但令人詫異的是，這樣一個不可一世的民族，自明代以來就集體失蹤了。契丹人究竟去了哪裡？

在中華民族幾千年波瀾壯闊的歷史長卷中，曾有一個以「鑌鐵」自稱的民族，他們就是契丹民族，這個剽悍勇猛、好戰威武的民族，在兩百多年的時間裡曾經揮斥長城內外，飲馬黃河。在最強盛時期，曾經雄霸中國北部半壁江山，但令人詫異的是，這樣一個不可一世的民族，自明代以來就集體失蹤了，人們再也聽不到關於他們的消息。契丹人究竟去了哪裡？他們還有沒有後裔？這個失蹤的民族，成為一個誘人的歷史之謎。

據《遼史》記載，遼滅亡後，至少有兩大部分契丹人留了下來。其一是契丹末代皇帝的追隨者，其二是聚居在遼國南部的契丹人，還有一些散居各地的契丹軍民。黃河流域不斷出土的文物，說明有的契丹人被女真人降服，有的向北回遷到契丹的發祥地，也有人和北方其他民族逐漸融合。事實上，在金朝統治時期，契丹人不斷起義。當蒙古族興起後，契丹人紛紛投靠，想借助成吉思汗恢復自身民族的地位。這也從側面證明，到元代初期，契丹人的勢力仍然十分強大。

那麼，幾百萬名契丹人到哪裡去了呢？

有人認為契丹民族作為一個民族，已經不存在了，契丹人在不同時期、不同歷史條件下，大都融入其他民族之中了。遼亡以後，除一部分契丹人隨耶律大石西遷以外，大部分契丹人仍留居在東北地區。這些契丹人雖大都與女真、高麗、蒙古族融合，但一部分契丹人還是以集團形式保留著契丹民族的風俗習慣。金蒙戰爭爆發以後，許多契丹人起事，參加反抗女真人統治的鬥爭。這部分契丹人有的被女真人鎮壓，有的投靠蒙古人。投靠蒙古人的這部分契丹人，隨著蒙古人東征西討，也隨之分散到了全國各地。

而隨耶律大石西遷的這部分契丹人，在西遼亡國後到今伊朗克爾曼省建立一個起兒漫王朝，俗稱後西遼。雖然這部分契丹人的傳統習俗已不見，被當地民族完全同化了。但他們對西方的影響至今仍在，以致現代俄語和拉丁語一直把中國稱為「契丹」。

也有人認為契丹民族沒有被其他民族融合，他們作為一個民族仍然存在。一種說法認為，生活在大興安嶺、嫩江和呼倫貝爾草原交匯處的達斡爾人，就是契丹人的後裔。達斡爾的意思是「原來的地方」，也就是故鄉。幾百年來，達斡爾人就在這裡遊牧，但究竟哪裡才是他們的故鄉？達斡爾人自己也不知道，因為他們自己沒有文字，只能靠口述來傳承歷史。達斡爾族一直供奉本族菩薩庫烈佛，而庫烈兒是八百多年前契丹北遷首領的名字。據史料記載，遼亡後，這個不肯降金的契丹將領，率領一部分契丹人來到嫩江流域，並按照契丹人的風俗，組織氏族部落定居下來。直到明末清初，根河地帶的達斡爾酋長根鐵木兒還被通古斯人稱為契丹酋長。學者透過比較研究契丹族和達斡爾族的生產、生活、習俗、宗教、語言、歷史等，找到大量證據證明，達斡爾人是繼承契丹人傳統最多的民族。但這些只是間接的證據，具體定論尚待進一步的證明。

還有一種說法認為，契丹部落最後遷徙到了雲南地區。他們的根據是，在雲南省施甸縣，發現了一個仍在自己祖先的墳墓上使用契丹文字的特殊族群，統稱「本人」。他們分布在雲南省施甸縣和保山、臨滄、大理、德宏、西雙版納等地，其中以居住在施甸縣的為多。據內蒙古社會科學院民族研究所和雲南民族研究所一九九〇年以來的調查研究，「本人」的先祖就是當年隨從蒙古軍隊遠征雲南而落籍於此的契丹人。他們歷經元、明、清和民國幾個歷史時期，至今仍保留著許多契丹民族的文化傳統。他們的體質特徵也與當地人明顯不同，長得比較高大。這些人有阿莽蔣、阿莽楊、阿莽李等姓，明清以來已改為蔣、李、趙、何、茶等姓。在雲南德宏傣族景頗族自治州還發現了一本《猛版蔣氏家譜》，其中記載著蔣氏家族的來源：「蔣氏祖先姓耶律氏，名阿保機，創建遼朝，為金所滅。後裔以阿為姓，又改為莽。在元初，隨蒙古軍隊南征有功，授武略將軍之職。明朝洪武年間，因麓川平緬叛有功，分授長官司，並世襲土職。後又經歷數代，改為蔣姓。」這個家譜清晰地記載了猛版蔣氏家族是遼太祖耶律阿保機的後裔及其姓氏的演變過程。

為了解開契丹民族的神祕失蹤之謎，有人還利用了 DNA 技術。他們先在四川樂山取到了契丹女屍的腕骨；從內蒙古自治區赤峰取到了有墓誌為證的契丹人牙齒、頭骨；在雲南保山、施甸等地採集到「本人」的血樣；從內蒙古自治區莫力達瓦旗和其他幾個旗提取到了達斡爾、鄂溫克、蒙古族和漢族等人群的血樣。在完成古標本的牙髓和骨髓中用矽法提取的線粒體 DNA 可變區比較後，得出了如下結論：達斡爾族與契丹有最近的遺傳關係，為契丹人後裔；雲南「本人」與達斡爾族有相似的父系起源，很可能是蒙古軍隊中契丹官兵的後裔。

經過現代科技手段的支持，契丹民族消失的千古之謎終被解開。即使如此，由於契丹族一千多年來一直保持著「外婚制」，所以純粹意義上的契丹人早已經不存在了。

濟公和尚原型是位博學高僧？

濟公其實是一個有史可查的人物，最早紀錄見於南宋高僧釋居簡《湖隱方圓叟舍利銘》和釋如《贊濟顛》。

「濟公」是中國家喻戶曉的神話人物，羅漢化身的濟公在人間懲惡揚善、治病救人。老百姓將他視為「活佛」，而那些為富不仁、壞事做絕的惡人則對他又恨又怕。那麼，濟公其人是否真的存在？他是何許人也？又有著怎樣不為人知的故事呢？

濟公的傳說至今已有八百多年的歷史。六朝以來，浙江南部的天臺山就是充滿神祕色彩的佛教聖地，晉代《西域記》把天臺石橋方廣寺稱為五百羅漢顯化之地；唐代被稱為三賢的寒山、拾得和豐干，就以瘋癲著稱，因此，天臺在歷史上就流傳著許多羅漢、顛僧的傳說。

濟公其實是一個有史可查的人物，最早紀錄見於南宋高僧釋居簡《湖隱方圓叟舍利銘》和釋如《贊濟顛》。濟公，法名道濟，他的高祖李遵勖是宋太宗駙馬、鎮國軍節度使。父親李茂春和母親王氏住在浙江天臺北門外永寧村。李氏家族人丁不是很旺盛，但因歷世仕宦，家境富裕，也稱得上是天臺的望族了。赭溪西岸的一大片田地，就屬於這個家族所有，至今人們還稱作「李家」。李茂春年近四旬，膝下無嗣，虔誠拜佛終求得子。濟公出生後，國清寺住持為他取俗名修緣，從此與佛門結下了深緣。

少年濟公成長在赭溪畔，讀書於赤城山。由於受天臺山「佛宗道源」和李府世代積善信佛家族文化的薰陶，潛移默化，萌生了出家的念頭，先入國清寺，後投奔靈隱寺瞎堂慧遠，這位「佛海禪師」為濟公授具足戒。

濟公被人們神化為「活佛」，不是偶然的，而是他扶困濟貧、除暴安良的行為得到了大家的尊敬所致。濟公出家後，不像其他世俗和尚那樣守著寺院的清規戒律循規蹈矩地生活，而是成天吃葷喝酒，衣衫襤褸，浮沉市井，救死扶弱。不過，在一般僧俗眼裡，道濟的言行出格，被認為是不正常的人。有的僧人向方丈告狀，說道濟違犯禪門戒規，應責打並逐出山門。誰知，方丈瞎堂慧遠一邊口宣：「法律之設原為常人，豈可一概而施！」並在首座呈上的單紙上批了：「佛門廣大，豈不容一顛僧！」此後無人再敢詬逐。瞎堂圓寂後，道濟去淨慈寺投德輝長老，後來做了書記僧。

濟公破帽破扇破鞋垢衲衣，貌似瘋癲，實際上卻是一位學問淵博，行善積德的得道高僧，被列為禪宗第五十祖，楊岐派第六祖。由於濟公法行高超，達官貴族都以與其結交為榮，但是，道濟卻不輕易入侯門，而用他精湛的醫術為老僧、貧民悉心治疾，疑難雜症多得根治。淨慈寺失火後，他自撰榜文，前去嚴陵山一帶募化，使之恢復舊觀。他好打抱不平，息人之爭，救人之命。於是人們又以他扶危濟困而稱之為「濟顛」，尊之為「濟公活佛」。濟公誕生時正好碰上國清寺羅漢堂裡的第十七尊羅漢（即降龍羅漢）突然傾倒，於是人們便把濟公說成是羅漢投胎。黎民盼望救星，社會呼喚英雄，當人民十分需要聖賢的時候，高僧就成了活佛，凡人道濟就成為歷代供奉祭祀的神靈，其成佛後的尊號長達二十八個字：「大慈大悲大仁大慧紫金羅漢阿那尊者神功廣濟先師三元贊化天尊」，集佛道儒於一身，堪稱神化之極致。

不過，也有人認為，濟公的原型為金陵高僧寶志，是南北朝時建康（今南京）人。寶志，自小出家，住京師（即建康）道林寺，修習禪業。又曾向西域來的著名禪師學習禪法。至宋明帝泰始初年，忽然出現反常行為，居止無定，飲食無常，留著長長的頭髮，喜歡赤腳走街串巷。出門時總是扛著一根錫杖，杖頭掛著剪刀和鏡子，或者掛一兩匹布帛。他那詭異乖張的行止，常常招致人們的好奇和訕笑。

據《南史・陶弘景傳》後面所附的沙門寶志事：「宋泰始中見之，出入鐘山，往來都邑，年已五六十矣。宋齊之交，稍顯靈跡，被發徒跣，語默不倫……好為讖記，所謂志公符是也。」這樣一直到南齊建元中，寶志有時一連幾天不吃飯，卻沒有饑餓的神色；有時言辭閃爍隱晦，難以捉摸，事後卻發現他說的話都應驗了。不時自編自唱半通不通的歌謠，結果都成了某些大事的預言。

據說梁武帝在位時，寶志有詩云：「昔年三十八，今年八十三，四中復有四，城北火酣酣。」梁武帝三十八歲做了皇帝，八十三歲時他曾「捨身」當和尚的所在地同泰寺發生火災，火起之日為四月十四日。寶志和尚的話都得到了應驗。在此之前的齊武帝，曾將他關押起來，次日，人們卻在大街上見到了他。齊武帝很驚訝，親往獄中察看，卻見他依然在押。齊武帝無奈，只好恭請他出獄，對其敬奉有加。

一天，寶志忽然將寺中的金剛像搬出，自語道：「菩薩當去。」到了第二天就無疾而卒。寶志死後，梁武帝女兒永定公主出資，在鐘山玩珠峰開善寺（明初稱蔣山寺）前為他建塔下葬，稱寶公塔。琅琊王筠奉命為寶志撰寫碑文，文詞麗逸。後人依此碑文演誤其名為道濟，朝代為南宋。

到了明初，朱元璋為了營建孝陵，選中了蔣山寺這塊風水寶地，決定遷移蔣山寺及寶公塔。誰知在拆塔掘基時，卻見寶公屍體未腐，手纏腰，髮披體，容貌如生，朱元璋視之生畏。遂許願金棺銀槨，以葬寶公。隨後將其移至鐘山東南麓，重建寺塔，即今之靈谷寺、寶公塔。

不管濟公的原型是誰，濟公的既顛又濟，他的扶危濟困、除暴安良、彰善罰惡等種種美德，在人們的心目中留下了獨特而美好的印象，人們懷念他、神化他。他也成為人民心中的活佛，反映出濟公形象的廣泛親和力。

敦煌藏經洞用壁畫封閉千年之謎

敦煌洞窟裡面曾經堆置的五萬餘件震驚中外學術界的經卷、文書，是什麼時候、什麼人存放的？是何時將洞門封住，輕鬆地抹上泥皮，繪上了壁畫？

位於古絲綢之路河西走廊的莫高窟的諸多洞窟中，最為馳名的首推第十七窟——藏經洞。敦煌藏經洞出土文獻，始於十六國，終於五代宋初，歷時近七個世紀，因而，敦煌的這些文獻寫本本身也是研究中國書法的活資料。而文獻中除大量漢文文獻外，還有相當多數量的非漢文文獻，如古藏文、回鶻文、于闐文、粟特文、龜茲文、梵文、突厥文等，這些多民族語言文獻的發現，對研究古代西域中亞歷史和中西文化交流有不可估量的作用。

誰也不會想到，這個藏滿瑰寶的藏經洞竟是在無意中被發現的。清光緒二十六年五月二十六日，即西元一九〇〇年六月二十二日，這在中國數千年的文明發展史中原本是滄海一粟，一個瞬間而已。然而，正是這一天，一位道士的偶然之舉，改變了莫高窟的命運。王圓籙（一八四九至一九三一年），道號法真，湖北麻城人。他雲遊到敦煌莫高窟時，發現莫高窟前的木質棧道大都被毀壞，堆積如山的流沙因長期無人清理而把最下層的許多洞窟給掩埋了。於是，他雇用楊某幫其清理積沙。這天，楊某在休息抽煙之後。當他把點煙燃剩的芨芨草無聊地插進甬道北壁的裂縫時，芨芨草竟插不到底。楊某異常驚訝，用手敲了敲牆壁，感覺裡面是空的，便立即報告了王道士。

等到夜深人靜之時，王、楊二人打開牆壁，去掉封泥，找到洞口，眼前的一切在燭光的照耀下令二人驚呆了：高約二公尺、寬約二・七公尺的洞窟裡堆滿了佛教經卷、社會文書、刺繡、絹畫、紙畫、法器等文物五萬餘件。震驚世界的敦煌藏經洞，就這樣被王道士二人在無意間發現了。

當你站在洞窟門前，望著這小小的石室，定會思緒萬千，滿腹狐疑。裡面曾經堆置的五萬餘件震驚中外學術界的經卷、文書，是什麼時候、什麼人、由於何種原因存放的？是何時將洞門封住，輕鬆地抹上泥皮，繪上了壁畫？

敦煌學專家、學者鑽進浩如煙海的敦煌遺書資料中仔細地查閱，卻未找到解謎的文字記載，只好另闢途徑，根據其他歷史資料進行推斷，提出了多種假說，試圖解開這個千古之謎。主要說法有幾種：有人認為洞中的文書是敦煌各寺院集中在一起的廢棄物，即所謂「廢棄說」；還有人認為洞中的文書是因為避免戰亂而有目的地藏起來的，即所謂「避難說」。

主張「廢棄說」的代表人物是斯坦因，他是第一個來掠取這批寶物的外國人。斯坦因是匈牙利人，當時在英國所屬的印度政府供職。他是一位考古學家，在藏經洞未發現之前，曾三次到中亞探險。當他得知敦煌發現古董時，於一九〇七年來到了敦煌。幾經周折，終於買通了王道士，從中挑選了許多好的寫本、絹畫等，拉了滿滿二十四箱寫本和五箱藝術品，經過長途跋涉，於一九〇九年運到了英國倫敦，入藏倫敦大英博物館。他對這批寫本和絹畫進行研究，認為這些經卷文書都是當時敦煌僧眾拋棄無用的廢品。因佛經眾多，為尊重佛法佛典，這些用過的經品既不能丟棄，也不能燒毀，只好用這個石室封存起來。而且藏經洞內沒有整部大藏經和其他珍貴物品，大多是殘卷斷篇，夾有不少疑偽經，甚至還有不少錯抄的廢卷和塗鴉之雜寫，乃至作廢的文書與過時的契約等。在藏經洞封閉時，即曹宗壽當政時期，敦煌僧侶已向內地請求配齊了大藏經。並向朝廷乞求到一部金銀字大藏經，還有錦帙包裹、金字題頭的《大般若經》。整部大藏經沒有被收藏，收藏的反而是殘經破卷，正是因為這些東西在當時實在沒有實用價值而被廢棄了。

日本學者藤枝晃也主張「廢棄說」，但他認為廢棄的原因是隨著中國印刷術的發明，印刷的佛經取代了卷軸裝的佛經；圖書館的重新布置導致了原來的卷軸佛典遭到廢棄。

主張「避難說」的代表人物是法國人伯希和，他是一位漢學家，不僅精通漢語，而且還精通中亞的幾種文字，當他得知敦煌莫高窟有古代寫本的消息後，一九〇八年，他來到了莫高窟，雖然洞內的寶物已被斯坦因洗劫了一部分，但他仍然從剩下的珍品中掠走了許多珍貴文物。伯希和根據他所掠取的文書，認為這些文物是為了避免當時的戰亂而被封起來的。唐代發生了「安史之亂」以後，駐紮在敦煌的軍隊被調入內地平定叛亂，經卷和文書被藏於石室中封閉保存，是莫高窟的僧人為躲避戰亂，使經卷文書免於戰火而存放的。

中國有的學者也主張避難說，但在具體封閉時間上又各不相同。最有代表性、較普遍的說法是，宋初西夏人占領敦煌之前，千佛洞下寺的僧人為躲避戰亂，臨走前便把經卷、佛像、雜書等藏入洞內封閉。待戰亂過後再回來啟用。誰知這些僧人一去不返，杳無音訊，此洞便成為無人知曉的祕密。

又有一種說法把封閉時間定為宋紹聖年間，認為藏經洞的封閉與伊斯蘭的東傳有關。當時，信仰伊斯蘭的哈拉汗王朝向宋朝要求出兵攻打西夏。宋朝表示贊同。這一消息傳到敦煌，佛教徒們驚慌失措，恐懼萬分，便採取保護措施，將千佛洞的經卷、佛像、文書全部集中堆放進石室封閉，免受其害。還有宋皇之後說、曹氏封閉說、元初說、元明之際說等，均為逃避戰亂說。

以上有關藏經洞的封閉原因，眾說紛紜，莫衷一是，迄今仍無定論，有待進一步挖掘旁證資料，以解開藏經洞封閉之謎。

第6章

日月復明

大明王朝隱秘歲月

大明王朝建文帝下落之謎

朱棣即位後，下令搜尋建文帝，這是歷史事實。但建文帝的真正下落，至今仍是一個未揭開的歷史之謎。各類辭書字典，也只好注明：「建文帝不知所終。」

建文帝朱允炆，太子朱標的次子，朱元璋之孫。由於朱標早逝，朱允炆被冊封為皇太孫。朱元璋死後，朱允炆即位，年號建文。朱元璋在位之時，為了鞏固大明王朝，實權始終掌握在朱姓子孫的手中，他先後分封自己的子孫為藩王，分駐全國各要害之地，這些分封藩王都手握重兵，稱霸一方，朱元璋在世之時，還老老實實，不敢有什麼非分之舉。但朱元璋死後，他們根本不把懦弱無能的建文帝朱允炆放在眼裡，個個飛揚跋扈，不服從中央政府的管轄。

為了削除地方藩王對中央皇權的威脅，建文帝採納了齊泰、方孝孺等人的建議，厲行削藩之策。這一措施觸動了眾藩王的利益，於是，對朱元璋安排朱允炆繼位本來就心懷不滿的燕王朱棣，以「清君側」為藉口發動靖難之役。經過四年的戰鬥，朝廷軍隊最終難以抵擋強大的燕軍，朱棣率軍攻進南京城。建文帝的結局到底怎樣，眾說紛紜，莫衷一是，成為明史第一謎案。因為建文帝在太祖嚴苛統治之後，力行寬政，所以他的遭遇引起了無數人的同情，他的下落就格外引人好奇，在各種野史、戲劇裡可以看到人們無盡的猜測和演繹。

據永樂年間《太宗實錄》和《明史稿》的記載，燕王揮師渡過長江，兵臨南京城下後，建文帝求和不允，只好死守，但是他的主帥李景隆卻打開金川門迎燕王大軍入城，滿朝文武紛紛投降。建文帝眼看大勢已去，不得已下令焚宮，頓時火光熊熊，建文帝攜皇后馬氏，跳入火中自焚，妃嬪侍從等，大都亦隨其蹈火而死。朱棣看到宮中火起，急忙命人前來搶救，可惜沒有來得及。從灰燼中找到建文帝燒焦的屍體，燕王朱棣不勝悲戚，撫屍痛哭，說他只是前來幫助皇帝學善，你又何必自尋死路呢？事後，朱棣備禮以葬建文帝，遣官致祭，輟朝三日。《明史・成祖本紀》及《明史・方孝孺傳》均持此說。

還有一種說法認為，建文帝並沒有死，而是逃出南京，到了貴州的一個寺廟當了和尚。據說，在燕王朱棣圍城之後，建文帝無可奈何，想一死了之。此時少監王鉞告訴他：你祖父臨死時，給你留下一個鐵箱子，讓我在你大難臨頭時交給你。我一直把它祕密收藏在奉先殿內。群臣急忙把箱子抬來，打開一看，裡邊有三張度牒，所謂「度牒」，就是做僧人的身分證，上面寫好了建文帝等三個人的名字。還放著三件僧衣、一把剃頭刀、白金十錠、遺書一封，上面寫道「應文從鬼門出，餘從水關御溝而行，薄暮，會於神樂觀之西房」。建文帝一看，便明白這是太祖皇帝早就預料到自己會有今天，傳此密匣，告知自己剃髮為僧，從密道出逃保命。按照密匣的指示，建文帝剃髮做了和尚，從鬼門逃出宮去，開始了浪跡天涯遊行四方的僧人生活。

建文帝化裝出逃之後，皇后馬氏為了掩護他，命令太監放火燒城，然後自己跳入火海，自焚而死。第二天朱棣攻入皇宮之後，搜尋建文帝的下落，太監、宮女們迫於壓力，便謊稱建文帝已自焚而死，並指認皇后的屍體就是建文帝，此時火中找出的屍體已被燒得面目全非，難以辨清，就這樣朱棣信以為真，沒再追究。

而對於建文帝到了哪兒當和尚，也存在多種觀點。觀點一，江蘇吳縣。在《明史・姚廣孝傳》和《胡濙傳》裡記載：明成祖朱棣當了皇帝後，對建文帝自焚而死的事，也產生過懷疑，也有人告訴他那具燒焦的屍體是馬皇后的，建文帝削髮為僧外逃了。他就把建文帝的主錄僧溥洽抓起來關進監獄長達十餘年，逼他供出建文帝下落。並派鄭和下西洋「欲尋蹤跡」，派戶科都給事中胡濙遍行郡、鄉、邑長達十六年，搜尋建文帝下落，一直到朱棣死前一年的一個晚上，他已睡下了，但聽說胡濙回來了，急忙穿上衣服，在臥室單獨召見。胡濙訪得建文帝離開紫禁城後，被僧司溥洽所救，一直藏在江蘇吳縣普洛寺內，此後一心為僧，無復國之意。後來，永樂二十一年（西元一四二三年），建文帝死於江蘇吳縣穹窿山，終年四十六歲，葬於皇駕庵後的小山坡上。

觀點二，貴州安順平壩縣境內的高峰寺。據《平壩縣誌》記載：高峰寺內齋堂地下有一個藏身洞，洞底有一塊石碑上刻有「秀峰肇建文跡塵知空般若門」的銘文，此外，寺中的另一塊石碑上刻有開山祖師秀峰收留建文帝的經過。以此，後人推測此處就是建文帝出家之後的歸宿之地。

觀點三，浙江蘭溪東山。東山又名皇回山，是金華山脈的一支，寺院裡的和尚世代口傳建文帝在此削髮隱蹕的傳說，並說寺院中還保留有建文帝的隱居之處和古碑遺跡。在寺院的大殿內，塑的是身穿袈裟的建文帝像，左右兩旁分別為伴帝出家的楊應能、葉希賢兩人，殿內的後壁，繪有建文帝遜國出逃的路線。此外寺院內還保存有建文帝出家後所作的幾首詩：「百官不知何處去，惟有群鳥早晚朝」；「塵心消盡無孝子，不受人間物色侵」。詩中意蘊飽含倉皇出逃，歸於世外的無奈和憂傷，為建文帝歸隱於此，又添一證據。

對於建文帝逃出南京後的下落，還有人認為，建文帝從南京城逃出之後，見前往北方的道路大都被燕王的軍隊圍阻，因此不得不化裝南下，輾轉來到武昌羅漢寺。過了一段時間後，建文帝等人見此處易於被燕王的爪牙發現，他們又在達玄和尚的指引之下坐船前往泉州開元寺，然後輾轉逃到印尼的蘇門答臘島，開始在此隱居，據說，當地的華人，至今仍在每年農曆五月十六日建文帝登基那天，舉行隆重的拜「皇爺」之禮。後來明成祖即位之後，派鄭和下西洋，就是為了尋找流落海外的建文帝。

綜上，朱棣在即位後，下令搜尋建文帝，這是歷史事實。但建文帝的真正下落，至今仍是一個未揭開的歷史之謎。各類辭書字典，也只好注明：「建文帝不知所終。」

土木之變的罪魁禍首是誰？

「土木之變」使明朝「一代國君」淪為「階下之囚」，五十萬大軍全軍覆沒。而這場戰爭的慘敗竟然源於一名太監的專權……

五百多年前，在今河北省懷來縣東的土木堡曾經發生過一場大戰。這次戰役的結果，使「一代國君」淪為「階下之囚」，五十萬大軍全軍覆沒。這就是歷史上被稱為「土木之變」的著名戰役。而這場戰爭的慘敗，竟然源於一名太監的專權，這名太監就是明朝英宗時期的王振。

在中國歷史上，宦官專權誤國的悲劇幾乎在每朝每代都上演過，明朝建國之初，太祖朱元璋吸取以往歷朝歷代宦官禍國的教訓，在建國之初就對宦官做了種種限制。例如，規定不許宦官識字，不許兼任外臣，任職不許超過四品，並在宮門外立一鐵牌，上書「內臣（宦官）不得干預政事，預者斬」。但是到了明宣德年間，這一規定卻被打破，宮中正式設置了宦官學校「內書堂」，選一些聰明伶俐的小太監入堂讀書，並派大學士任教。由此，許多宦官便在皇帝沉湎酒色玩樂之時，替皇帝批復奏章，日久成例，稱為「批朱」。如此一來，宦官權勢得到進一步擴大，明英宗時期就出現宦官王振專權的局面。

王振，明初蔚州（今河北蔚縣）人，讀過私塾，略通文書。本想通過應試進入仕途、飛黃騰達，但屢試不中，便漸漸喪失信心。中舉人、考進士這條榮升之路對他而言已經堵塞，也只有另作其他打算。據記載，王振因觸犯刑律而被發配充軍，正好趕上皇帝下詔「有子者許淨身入內」，王振便自閹入宮。王振知道在宮中要出人頭地，就必須依附朝廷中舉足輕重的靠山。後來他成功尋找到他的大靠山即太子朱祁鎮。當時的史籍記載，王振為人「狡黠」、善於揣摩別人心意。王振進宮後，憑藉靈敏的頭腦獲得宣宗皇帝的喜愛，宣宗皇帝很喜歡他，便任他為東宮局郎，服侍皇太子，也就是後來的英宗皇帝，陪太子讀書。這時的太子還是個小孩子，王振略施手段便讓太子對他是既敬重又害怕，稱他為「先生」。頗有心計的王振，也深知自己陪讀的孩子就是將來的大明皇帝，他除了表現嚴肅的一面外，還竭盡全力討好太子，挖空心思地討太子喜歡。本來小孩子就有很強的依賴性，朝夕相處使得太子與王振兩人形影不離，關係十分密切。

宣宗在宣德十年（西元一四三五年）正月病死。太子朱祁鎮繼位，是為明英宗。英宗即位後，很自然會重用自己喜愛的人，王振憑藉與英宗的親密關係出任宦官中權力最大的司禮太監。王振控制朝政以後，不僅對內黨同伐異，大施淫威，對外也投機取巧，破壞邊防，終於招致了瓦剌貴族的進犯。

明正統十四年（西元一四四九年）二月，蒙古族瓦剌部落首領也先遣使兩千餘人貢馬，向明朝政府邀賞，由於王振不肯多給賞賜，並減去馬價的五分之四，沒能滿足他們的要求，他們就製造釁端，分四路進犯明邊境。也先進攻大同的一路，「兵鋒甚銳，大同兵失利，塞外城堡，所至陷沒」（《明史紀事本末》卷三二《土木之變》）。大同參將吳浩戰死於貓兒莊。大同前線的敗報不斷傳到北京，明英宗朱祁鎮在王振的煽惑與挾持下，準備親征。

對此，諸大臣極力勸阻，但英宗還是聽信了王振的蠱惑，決定親征。經過兩天倉促的準備，王振挾持英宗率領五十萬大軍從北京出發。這支龐大的軍隊出居庸關，至宣府（今河北宣化），八月到大同。一路上為狂風暴雨侵襲，兵士飽受饑冷，士氣大減，前線又時有戰敗的消息傳來，更使軍中一片混亂。大同鎮守郭敬把各地慘敗真相祕告王振，王振慌了手腳，急令班師。王振的家鄉蔚州就在撤退的路上，他為了顯示自己的威風，便邀皇帝「臨幸」他的老家。大軍剛剛出發，王振又後悔了，他想，五十萬人馬經過蔚州，自己莊田裡的莊稼不就全毀了嗎？於是又下令改回原路。這樣一來，也先部隊贏得了時間，漸漸逼近明軍。八月十三日，明軍退到土木堡，次日，也先追到，並迅速包圍了土木堡。土木堡是一個沒有水源的地方，五十萬饑渴交加的將士如入絕境。也先看到這種情況便佯作撤退，並派使者講和。王振信以為真，急令移營就水。這時，瓦剌騎兵突然從四面八方殺來，明軍頓時大亂，士兵丟盔棄甲、倉皇奔逃，自相踐踏，死者不計其數。皇帝英宗只有下馬盤膝坐以待俘，隨行大臣大多戰死，明軍全軍覆沒。禍首王振早為將士們所切齒，亂軍之中，護衛將軍樊忠用鐵錘把他捶死，並痛罵道：「我為天下誅此奸賊。」（《明史紀事本末》卷二九）。

土木堡之變，英宗被俘，明朝五十萬軍隊差不多全部被殲，從征的一百多名文臣武將幾乎全部戰死沙場。後來，明代宗朱祁鈺對王振的府邸也進行了查抄。搜查的結果令新皇帝和大臣們瞠目結舌：總計有金銀六十餘庫，玉盤上百個，高達六七尺的珊瑚樹二十餘株，馬匹數萬，其餘珍寶不可勝計。

土木堡之變後僅僅一年，被俘的英宗就從蒙古回到了皇宮，後來又經過八年的密謀準備，發動了「奪門之變」推翻了景帝，又一次成為大明王朝的皇帝。但是明英宗卻用木頭雕刻成王振的模樣供奉於智化寺。他又為王振精心修建了一座精忠祠，並命人撰寫了一篇文辭華美的墓誌銘，極力鼓吹王振的忠心。英宗的這些行為讓我們頗為費解。如果說英宗以前處於年幼時期，不辨忠奸，那麼土木堡之辱卻還沒有讓他警醒，這其中又是什麼樣的原因呢？是歷史給我們留下了錯誤的信息嗎？回答這些問題並不是一件容易的事情。我們對被稱為「英宗」的朱祁鎮也只能用「昏庸」二字來概括了。

萬貴妃獨受恩寵的原因何在？

作為後宮中的女人，要集萬千寵愛於一身，並且還能獨受皇帝恩寵幾十年，是非常困難的事情。然而萬貴妃做到了，她究竟憑藉什麼獨受恩寵二十年呢？

中國古代社會的婚配制度是一夫一妻多妾制，在婚配年齡上，中國自古以來都是「丈夫年長於妻子」這一模式占主流，即使妻子年紀稍大，一般也都只是在三五歲之間。若論起納妾，那男人們更是非要挑選比自己年少許多的女子。然而在明朝的深宮大院裡，曾經出現過完全相反的事情。一個比皇帝年長十七歲的女人，高居專寵之位，甚至淩駕於皇后之上。這種忘年戀在民間尚且不多見，發生在後宮佳麗如雲的皇帝身上更是奇聞。後世的史學家們對這一戀情見仁見智，有的說朱見深有嚴重的戀母情結，有的說萬貴妃妖豔無比，具有超強的駕馭男人的能力……不管這一戀情是如何發生的，萬貴妃集萬千寵愛於一身確實是一個不爭的事實。那麼，萬貴妃是如何做到這一點的呢？

萬氏是青州諸城（今山東青州市一帶）人，父親萬貴為縣衙掾吏，犯法被發配邊疆，萬氏四歲時被選入宮，做過明宣宗（憲宗之父）的寵妃孫太后的宮女，長大後侍奉太子朱見深，萬氏雖比憲宗大十七歲，但由於她機警，善於獻媚討好，因而深得這位小太子的喜歡，朱見深十六歲繼承帝位時，萬氏已有三十五歲，但這位年輕的皇帝還是撇開世俗的眼光，將其留在身邊，並對她寵愛有加，萬氏也「不負帝意」，挖空心思地想一些奇招妙法討這位尚未成熟的小丈夫的歡心。據史書記載，朱見深每次臨幸萬貴妃的宮闈之時，萬氏總是穿上軍裝上前迎接，令朱見深笑顏逐開，好不開心。

憲宗一生都非常寵愛比自己大十七歲的萬貞兒。明朝文人沈德符在《萬曆野獲篇》中對萬貴妃所受的恩寵感慨道：「自古妃嬪承恩最晚、而最專最久者，未有如此。」那麼，萬貞兒為什麼會得到憲宗的曠世恩寵呢？究其原因，主要有以下幾種：

一是朱見深具有強烈的戀母情結。明憲宗朱見深，初名朱見浚。在他三歲的時候，父親英宗朱祁鎮在與蒙古瓦剌部的交戰中被俘。他的叔父明代宗朱祁鈺登基皇位，他被立為太子。但是，當他的叔父逐漸牢固地控制了政權之後，就改立了自己的兒子朱見濟為太子，而廢除了他的太子身分，改封為沂王。在他十一歲時，父親朱祁鎮重新成了皇帝，他又成了太子。這一年，他改名朱見深。在朱見深最艱難的日子裡，萬貞兒始終陪伴在他左右。由於古代主子和侍女之間的特殊關係，萬貞兒在他心目中就有了多角色的朦朧的定位——母親、姐姐兼情人。

二是萬貞兒心計頗重。據《明史．后妃傳》記載：萬貞兒擅寵之後，醋意大發的吳皇后憑藉優越的地位和超凡的自信指責萬貞兒的過錯，並親手杖打了萬貞兒，結果引起憲宗大怒。憲宗一怒之下下詔「廢后」，並將吳皇后打入冷宮。《明史》裡面對這件事是這樣評價的：「憲宗年十六即位，妃已三十有五，機警，善迎帝意，遂讒廢皇后吳氏。」一「迎」一「讒」，說明萬貞兒心計頗深。之後上臺的王皇后對她忌憚三分，但只能忍氣吞聲。

三是萬貞兒懂得憲宗在私生活方面的愛好。在明末清初查繼佐撰寫的《罪惟錄》中，描述萬貞兒「貌雄聲巨，類男子」，可見萬貞兒絕非是美女中的極品，連憲宗的母親周太后也大惑不解地問兒子：「彼有何美，而承恩多？」憲宗答道：「臣有疝疾，非妃撫摩不安。」這話已經說得非常露骨了，萬貞兒儘管不是美女，卻有美女不可替代的好處。不過這一觀點大多見於小說野史。

由於朱見深極其寵愛萬貴妃，因此萬貴妃飛揚跋扈，據《明史》記載萬貴妃「苛斂民財」，「糜費無算」。為了達到擅寵的目的，她還通過買通太監給懷孕的妃嬪灌藥，迫使她們墮胎，但九密一疏，一個宮女紀氏被朱見深臨幸後懷孕，萬貴妃命太監張敏進藥給紀氏，張敏感歎憲宗無子，動了惻隱之心，私自將墮胎藥量減半，竟保住了孩子，後來朱見深父子相認，萬貴妃極其惱怒。

朱見深父子相認後不久，一日，憲宗召紀氏宴飲。宴席中，紀氏忽然覺得腹痛，不得不中途返回永壽宮。萬貴妃得知消息，立刻派太醫去為紀氏診治，但診治後沒多久，紀淑妃就暴薨了。對於紀淑妃的暴死，皇宮內外議論紛紛，有說是萬貴妃下毒害死的，也有說是下毒未果後紀淑妃自知不免而自縊身亡的。總之，不管怎麼說，萬貴妃都是路人皆知的主謀。這時，離憲宗父子相認之時，僅僅才過了四十二天。大臣們都對皇子之母如此不明不白地死去而感到震驚，紛紛請求調查紀淑妃的死因。其實憲宗自己也疑心是萬貴妃所為，但是為了避免使萬貴妃受追究，他放棄了為紀氏申冤的想法，只是追封她為「恭恪莊僖淑妃」，隆重舉殯而已。

太監張敏眼看憲宗皇帝對萬貴妃的偏心包庇竟然已經到了這個地步，不禁對自己的結局也憂懼萬分。為了不至於在萬貴妃手裡受活罪，他決定自盡。紀淑妃的喪禮剛過，張敏便吞金自盡了。這年十一月，在紀淑妃去世四個月之後，朱樘被立為太子。

據沈德符在《萬曆野獲篇》中記載，萬貴妃在鞭打一個宮女時，因為暴怒，被湧上來的痰憋死，聽聞萬貴妃死後，憲宗很長時間沒有說話，只是長歎一聲：萬貴妃去了，我也快要去了。憲宗對萬貴妃的愛很容易讓人聯想到唐明皇對楊貴妃的愛，但兩者本質是不同的，楊貴妃是四大美女之一，有驚人的美貌，而萬貴妃，得寵的時候已經三十五歲，已經是半老徐娘。所以憲宗對萬貴妃的愛應該著重在一個「情」字上，或是親情，或是友情，或是愛情，總之是一種錯綜複雜的情。而這種感情造成了萬貴妃獨享恩寵二十年。

明宮「梃擊案」的種種謎團

「梃擊案」使鄭貴妃勢力大衰，神宗不得不放棄立福王為皇太子。而太子朱常洛的地位也因而穩固。

在中國古代社會，特別是封建社會，採用的是嫡長子繼承制度。那麼，什麼是嫡長子繼承制度呢？皇帝立皇后所生之長子為太子，而皇后無所出時，則以年長者為太子。雖然明朝有數代皇帝經過特殊情況而被立為帝（明成祖起兵篡奪侄兒惠帝的帝位，明代宗景泰帝因明英宗被俘而被大臣擁立，明世宗因明武宗無子而入繼大統），但明朝大抵仍然沿襲這套禮制。

明神宗萬曆帝在位期間，由於王皇后無子，故朝臣主張立宮女王氏所生的皇長子朱常洛為太子，皇太后李氏、皇后王氏也支持立朱常洛。

朱常洛生母王氏，於萬曆六年（西元一五七八年）被選入慈寧宮，在萬曆母親李太后身邊做宮女，被萬曆私幸而懷有身孕。太后發現宮女王氏懷孕，問萬曆帝，萬曆帝不承認。太后命太監取出文書房內侍記錄的《內起居注》，對萬曆帝語重心長地說：「吾老矣，猶未有孫。果男者，宗社福也！」就是說我已經老了，現在還沒有孫子呢。如果這個宮女將來生個男孩的話，那是宗廟和社稷的福啊。話說得語重心長，萬曆帝就承認了。萬曆十年（西元一五八二年）八月，王氏生下一個男孩，就是朱常洛。朱常洛出生前五十天，大學士張居正逝世，萬曆帝獨攬大權。王氏被打入冷宮，連兒子也不能相見，抑鬱成疾，雙目失明。王氏於萬曆三十九年（西元一六一一年）病重時，子常洛請旨獲允前往看望母親，但「宮門猶閉，抉鑰而入。妃目眚，手拉光宗衣泣曰：『兒長大如此，我死何恨！』」遂薨。萬曆帝既不喜歡王氏，由母及子，也不喜歡王氏所生的長子常洛。神宗喜歡的人是皇貴妃鄭氏，他一直想立鄭貴妃所生皇三子朱常洵為太子。最初神宗不斷拖延，到了皇長子十歲時，因為儲位未定，不能就學讀書。神宗雖然處分一些支持皇長子的大臣，但東林黨也支持皇長子，使支持皇長子為太子的聲勢更大。萬曆二十九年（西元一六〇一年），皇長子朱常洛二十歲，神宗在無法拖延下，終於策立常洛為皇太子，朱常洵為福王，封地為洛陽。

朱常洛雖被立為太子，但是明神宗仍然沒有放棄改立朱常洵為太子的想法，朱常洛二十一歲大婚後，移居慈慶宮居住，但是，慈慶宮名義上是太子的寢宮，實際上還比不上宮中的一般宮殿，不僅破陋不堪，而且防衛甚差，神宗僅僅派了幾名老弱病殘的侍衛來防守。宮中服侍的宮女太監也很少，僅有幾個隨朱常洛一塊長大的貼身太監。慈慶宮的情況與皇三子朱常洵所居住的宮殿相比，簡直是天壤之別，似乎他才是真正的皇太子似的。就在這種情況之下，萬曆四十三年（西元一六一五年），慈慶宮發生了梃擊一案。「梃擊案」的「梃」就是木棍，「梃擊」就是以木棍打人，因為打的這個人不是普通人，是皇太子，所以就成為一個案子。

萬曆四十三年（西元一六一五年）五月初四黃昏時分，一個身材高大的陌生男子手持一根粗大的棗木棍，闖入朱常洛居住的慈慶宮。打倒了幾個守門的老太監後，便直奔太子就寢的大殿而去。朱常洛的貼身太監見外邊的太監攔不住，馬上關閉了大殿的大門，並臨窗大聲呼喊「抓刺客，抓刺客」。後來，宮裡的侍衛們聞訊趕到，才與同時趕來的幾個太監一起將這名陌生男子制服，交由東華門的守衛指揮使朱雄收監。

經過御史劉廷元審訊，刺客張差是薊州井兒峪人，語言顛三倒四，常提到「吃齋討封」等語。刑部提牢主王之認為事有蹊蹺，覺得張差絕不像瘋癲之人，用飯菜引誘他：「實招與飯，不招當餓死。」張差低頭，又說：「不敢說。」王之命眾人回避，親自審問。原來張差靠砍柴與打獵為生，在一個月前，張差在濟州賣完貨後，賭錢輸了，結果遇上一個太監，太監說可以帶他賺錢，張差隨這個太監入京，見到另外一個老太監，老太監供與酒肉。幾天後，老太監帶他進紫禁城。老太監交木棒給張差，又給酒讓張差飲。帶他到慈慶宮，讓他進宮後見人即打，尤其見到穿黃袍者（指太子朱常洛），說他是奸人，要把他打死。老太監言明，如打死穿黃袍者，重重有賞，如被人捉住，他會救張差。張差的供言，結果供出是鄭貴妃手下太監龐保、劉成指使。朝臣有人懷疑是鄭貴妃想要謀害太子，王志、何士晉、張問達奏疏譴責外戚鄭國泰「專擅」；鄭貴妃則惶惶不可終日，向皇上哭訴，神宗朱翊鈞要她去向太子表明心跡。結果皇帝和太子不願深究，最後以瘋癲奸徒罪將張差處以淩遲。張差臨死前曾說：「同謀做事，事敗，獨推我死，而多官竟付之不問。」（據《先撥志始》）。不久刑部、都察院、大理寺三法司前後五次會審龐保、劉成兩人，由於人證消失，龐保、劉成二犯有恃無恐，矢口否認涉案。六月一日，明神宗密令太監將龐保、劉成處死，全案遂無從查起。這就是「梃擊案」。

「梃擊案」是明宮三大案之首，其疑點重重，首先，張差怎麼會輕易地拿著一根棍子就闖進了東宮？其次，假若是鄭貴妃幕後指使，她為什麼不採用更為隱蔽更有把握的方式，反而採用這個極易讓人抓住把柄的方式？再次，明神宗為什麼要祕密處死龐保和劉成，他是不是知道事情的真相？最後，主審官員審訊犯人所獲得的供詞究竟有沒有造假？

種種謎團隨著龐保和劉成的死呈現在我們眼前，不管這些問題的答案是什麼，「梃擊案」使鄭貴妃勢力大衰，神宗不得不放棄封福王為皇太子的想法。而太子朱常洛的地位也因而穩固了。

明宮「紅丸案」是誰的陰謀？

大臣們聯想到梃擊案以來的風波，不禁疑竇叢生。但泰昌帝之死究系何因，鄭貴妃是否是幕後主謀，始終未解，「紅丸案」也因此成為明宮疑案之一。

萬曆四十八年（西元一六二〇年）七月二十一日，萬曆皇帝病死。太子朱常洛繼位，改年號為泰昌，所以習慣把他叫作泰昌帝。特殊的身世，坎坷的經歷，使朱常洛形成膽小怯懦的性格。有兩件事可以證明：他出閣讀書時，正值寒冬，太監居然不給他生火取暖。他凍得渾身發抖，也不敢吭氣，氣得講官郭正域訓斥太監，太監們才給他生火；在萬曆帝病重時，朱常洛帶著兒子朱由校（後來的天啟帝）等去探望，守門太監攔著不讓進去，朱常洛不敢違抗，於是從早到晚一直等在門外，後來是兵部右給事中楊漣、御史左光斗和東宮太監王安等周旋，他才見到父親萬曆帝的最後一面。

太子朱常洛既沒有統兵征戰沙場的鍛煉，也沒有協助父皇治理朝政的閱歷，更沒有苦讀經書的學養，甚至幾乎未出過皇城，又長期受到父皇的冷落，心情壓抑，寂寞寡歡，無所事事。於是借酒色填補精神空虛，長期「惑於女寵」。儘管如此，泰昌帝在登基大典上，還是「玉履安和」，「沖粹無病容」，就是行走、儀態正常，沒有疾病的徵候。

光宗朱常洛即位之後，開始行使皇帝職權，致力於扭轉萬歷朝後期的一系列弊政，他發內帑犒勞前線軍隊，解決了長期缺餉的燃眉之急；還停止了民憤甚深的礦稅太監的活動；起用了許多萬曆年間因為直言進諫而遭貶斥的大臣；他還親自考課大臣，破格提拔人才。種種作為，顯示出光宗皇帝要做一代明君的努力。但是，這個願望隨著「紅丸案」的發生，變成了一個歷史的春秋大夢。

神宗駕崩之前，曾經留下一紙遺詔，要朱常洛繼位之後封鄭貴妃為皇太后。但是，朱常洛三十多年來，受盡了鄭貴妃的壓制和打擊，當然不會同意，而且這種做法顯然不符合祖宗的典章制度，也遭到大臣們的強烈反對，所以這件事就暫時擱置了下來。鄭貴妃等人為了保住自己的地位，取悅新帝，從侍女中挑選了八名能彈會唱的美姬進獻給泰昌帝。鄭貴妃又竭力籠絡泰昌帝的寵妃李選侍，二人合謀，欲以美人計為己請封皇太后和皇后之號。貪戀酒色的泰昌帝納八姬後，一時間元神大耗。不到半個月便一病不起了。關於這段歷史，在文秉《先撥志始》中也有所記載：「光廟御體羸弱，雖正位東宮，未嘗得志。登極後，日親萬機，精神勞瘁。鄭貴妃欲邀歡心，復飾美女以進。一日退朝內宴，以女樂承應。是夜，一生二旦，俱御幸焉。病體由是大劇。」李遜之《泰昌朝記事》也有類似的說法：「上體素弱，雖正位東宮，供奉淡薄。登極後，日親萬機，精神勞瘁。鄭貴妃復飾美女以進。一日退朝，升座內宴，以女樂承應。是夜，連幸數人，聖容頓減。」

此時，司禮監秉筆、掌管御藥房的原鄭貴妃宮中的內醫崔文升入診帝疾，光宗本是縱欲傷身，身體虛弱以致臥床不起。這個崔太醫不知道什麼原因，卻診斷為腎虛火旺，需要瀉火，便給光宗皇帝開了一服藥性很強的瀉藥。所以，接下來的一晝夜，朱常洛連瀉三、四十次，身體極度虛弱，處於衰竭狀態。後來，廷臣們對於崔文升進藥的資格和所進藥物是否符合醫學原理兩點，對崔文升進行猛烈的抨擊。給事中楊漣說：「賊臣崔文升不知醫……妄為嘗試；如其知醫，則醫家有餘者泄之，不足者補之。皇上哀毀之餘，一日萬幾，於法正宜清補，文升反投相伐之劑。」楊漣認為，朱常洛本來身體就虛弱，應當進補，而崔文升反而進以瀉藥，其心叵測。當時，朱常洛的生母王氏外家、原皇太子妃郭氏外家兩家外戚都認為其中必有陰謀，遍謁朝中大臣，哭訴宮禁凶危之狀：「崔文升藥，故也，非誤也！」八月二十二日，朱常洛召見首輔方從哲等大臣，六品的給事中楊漣也在召見之列。朱常洛看了楊漣很久，說：「國家事重，卿等盡心。朕自加意調理。」之後，朱常洛下令，將崔文升逐出皇宮。

八月二十九日，鴻臚寺丞李可灼說有仙丹要呈獻給皇上。太監們不敢做主，將事情稟告內閣大臣方從哲。方從哲說：「彼稱仙丹，便不敢信。」接著，內閣大臣們進乾清宮探視朱常洛。朱常洛此時已著意安排後事，將皇長子交由閣臣小心輔佐，又問起自己陵墓的營建事宜。在安排好一切之後，朱常洛問：「有鴻臚寺官進藥，何在？」方從哲說：「鴻臚寺丞李可灼自云仙丹，臣等未敢輕信。」朱常洛自知命在旦夕，遂抱著姑且一試的想法，命李可灼入宮獻藥。到中午時分，李可灼調製好一顆紅色藥丸，讓皇帝服用。朱常洛服完紅丸後，感覺還好，讓內侍傳話說：「聖體用藥後，暖潤舒暢，思進飲膳。」傍晚，朱常洛命李可灼再進一粒紅丸。儘管御醫們都表示反對，但是朱常洛堅持要再服一顆。於是，李可灼再讓皇帝服用了一顆紅丸。服後，朱常洛感覺安適如前，沒有什麼不良反應。然而，次日（九月初一）五更，朱常洛卻死去了。

大臣們聯想到梃擊案以來的風波，不禁疑竇叢生，所謂「張差之棍不靈，則投以麗色之劍；

崔文升之泄不逮，則促以李可灼之丸」，這一系列事件豈非正是有目的地陷害皇帝嗎！繼泰昌帝而後新登基的天啟皇帝朱由校迫於輿論壓力，罷免未力阻李可灼進藥的內閣首輔方從哲，將崔文升發配南京，李可灼充軍，此案草草收場。但泰昌帝之死究系何因，鄭貴妃是否為幕後主謀，始終未解，「紅丸案」也成為明宮疑案之一。

明宮「移宮案」的真相如何？

明朝末年的宮廷鬥爭並沒有因為明光宗的死而結束，反而更加撲朔迷離。「紅丸案」的真相還沒有查清，接著又發生另一件大案「移宮案」。

明朝末年的宮廷鬥爭並沒有因為明光宗的死而結束，反而更加撲朔迷離。「紅丸案」的真相還沒有查清，接著又發生了一件大案「移宮案」。明萬曆四十八年（公元一六二〇年）七月至九月一日，萬曆、泰昌兩帝相繼而亡，新帝即位之事關係著國家的命運，成為朝野關注的焦點。

事情還得從明光宗說起，明光宗有一位非常寵愛的李選侍。李選侍入宮之後，很快討得了朱常洛的歡心。在宮裡的地位迅速上升，並且替光宗撫養日後的皇太子朱由校，地位由此更加特殊，幾乎掌握了後宮的實權。而且她還與鄭貴妃保持著密切的聯繫，李選侍極力地想通過鄭貴妃的力量將自己扶上皇后寶座，鄭貴妃則想利用李選侍在皇帝面前說話方便的機會，幫她實現做皇太后的夢想。

當初，朱由校由於其父泰昌帝朱常洛不得萬曆皇帝的寵愛，他自幼也備受冷落，直到萬曆帝臨死前才留下遺囑，冊立其為皇太孫。朱由校的生母王才人雖位尊於李選侍，但因李選侍受寵，她備受李選侍淩辱而致死，臨終前遺言：「我與李選侍有仇，負恨難伸。」而朱由校從小亦受李選侍的「侮慢淩虐」，終日涕泣，形成了懼怕李選侍的軟弱性格。

泰昌元年（西元一六二〇年）九月初一，朱常洛在宮中暴斃。李選侍卻仍住在皇帝、皇后的寢宮乾清宮，絲毫不想搬出乾清宮。按照明代的制度，外廷有皇極殿，內宮有乾清宮，都是屬於皇帝、皇后專用的。而李選侍是想借年僅十五歲的光宗長子朱由校掌握朝政，坐鎮乾清宮，進而統馭後宮。

此舉引起朝臣的極力反對。泰昌帝駕崩當日，楊漣、劉一等朝臣即直奔乾清宮，要求哭臨泰昌帝，請見皇長子朱由校，商談即位之事，但受到太監們的阻攔。兵部右給事中楊漣挺身而出，厲聲斥責道：「你們這些奴才想幹什麼？我們都是受皇帝召見的，皇帝晏駕了，你們敢造反不成！」太監們這才讓開。李選侍把朱由校藏在自己房裡，不讓出來。大學士劉一爆問：「太子到哪裡去了？」太監們都不答話。比較正直的東宮伴讀太監王安走進房內，哄李選侍道：「太子出去一下就回來。」才將朱由校帶出。但李選侍馬上就後悔了，叫太監把朱由校帶回來。太監們上前拉住朱由校的衣服，朱由校一時也沒有了主意。這時，楊漣上前將太監斥退。群臣簇擁著朱由校來到文華殿接受群臣的禮拜，決定於本月六日舉行登基大典。為了朱由校的安全，諸大臣暫將他安排在太子宮居住，由太監王安負責保護。

李選侍挾持朱由校的目的落空後，群臣紛紛上書，要求李選侍搬出乾清宮。李選侍卻「居乾清宮自若」。而朱由校（天啟帝）要登臨大位，就必須回到乾清宮。為了讓李選侍儘快「移宮」，御使左光斗上書朱由校明白指出：「內廷有乾清宮，猶如外廷有皇極殿，唯天子御天得以居之，唯皇后配天得以共居之。其他妃嬪不得常住。這非但為避嫌，也為了區別尊卑。選侍既非嫡母，又非生母，儼然尊居正宮，殿下反而退處慈慶宮，名分又從何說起？不早作決斷，勢必借撫養之名，行專制之實。武氏之禍，將在今日重演。」朱由校聽了，覺得甚是有理，便發布上諭，說移宮已有聖旨，冊封貴妃一事，尊卑難稱，著禮部再議。

隨著朱由校登基大典日期迫近。至初五日，李選侍尚未有移宮之意，並傳聞還要繼續延期移出乾清宮。楊漣便直言上奏：「選侍托保護之名，圖專擅之實，宮不可不移。臣言之在今日，殿下行之在今日，諸大臣贊決之，也在今日！」

隨後，楊漣又去拜見首輔大臣方從哲。方從哲起初認為這件事不用太著急，晚兩天也沒什麼關係。楊漣卻說，太子明天就要登基了，難道登基為天子後還要回到東宮的住處嗎？選侍今天不願離開乾清宮，難道以後就會主動離開了嗎？方從哲最終被楊漣說服，兩人統一了意見後，又去請求太子頒下嚴令。於是，朱由校下令，命李選侍移出乾清宮，移住仁壽殿。他還下令收捕李選侍身邊的幾個親信太監，理由是他們涉嫌偷盜大內庫藏。如此情形下，勢單力孤的李選侍還是敵不過皇帝的一紙命令，移宮已成定局。李選侍終於無奈地決定移宮。九月初五，她抱著皇八女，徒步從乾清宮走向宮中宮妃養老處——仁壽殿噦鸞宮。於是，這件震動宮闈的明朝三大疑案之一的「移宮案」終於落下了帷幕。李選侍以失敗而告終，熹宗朱由校進駐乾清宮，登上寶座。

李選侍封后的願望沒有實現，做皇太后控制朝政的願望也落了空。她賴在乾清宮不走是否是受到了鄭貴妃的幕後指使，這個後人亦無從得知。但是其意圖很明顯，就是要透過控制新皇帝朱由校來操縱整個朝政。李選侍雖已「移宮」，但鬥爭並未結束。「移宮」數日，噦鸞宮失火，經奮力搶救，才將李選侍母女救出。反對移宮的官員散發謠言：選侍投繯，其女投井，並說「皇八妹入井誰憐，未亡人雉經莫訴」，指責朱由校違背孝悌之道。朱由校在楊漣等人的支持下批駁了這些諡傳，指出「朕令停選侍封號，以慰聖母在天之靈。厚養選侍及皇八妹，以遵皇考之意。爾諸臣可以仰體朕心矣」。至此，「移宮」風波才算暫告結束。它與萬曆朝的梃擊案、泰昌朝的紅丸案一直是天啟朝爭論的問題，史稱晚明三大疑案。

戚繼光斬子疑案竟是子虛烏有？

戚繼光在兩部著作中記述：「若犯軍令，就是我的親子侄，也要依法施行，絕不干預恩仇。」沒想到以訛傳訛，竟然衍生出他斬子的故事。

戚繼光（一五二八至一五八八年），字元敬，號南塘，晚號孟諸，山東蓬萊人。是明代著名抗倭將領、民族英雄。

倭寇的形成，最早要追溯到元朝。元朝末年，日本的北條時宗曾兩次發布異國征伐令，企圖趁戰亂之機入侵朝鮮，進而覬覦中國。被這個征伐令動員起來的日本武士從此開始騷擾中國東北沿海，倭寇之患逐漸形成。由於中國古代稱日本為「倭國」，所以這些劫掠中國沿海的日本武士和浪人被稱為「倭寇」。明初時，國家強盛，海防較為完備，倭寇並未釀成大患。正統年間之後，由於朝政腐敗，軍備廢弛，倭寇日漸猖獗。正統四年（西元一四三九年），倭寇襲入浙江臺州的桃渚村，殺人放火，劫掠財物，甚至把嬰兒拴在竿上，用開水澆死。嘉靖年間之後，倭寇之患發展到了極點。他們在東南沿海一帶，攻城掠地，殺人放火，姦淫擄掠，無惡不作。使東南沿海一帶人民的生命財產遭受到難以估計的損失。

為了剷除倭寇之患，嘉靖年間，戚繼光在東部沿海地區開始抗倭。曾有一首民謠在我國東南沿海一帶廣為流傳：「天皇皇，地皇皇，莫驚我家小兒郎，倭寇來，不要慌，我有戚爺會抵擋。」

戚繼光統軍打仗，十分強調紀律的重要性。他要求士兵要絕對地服從指揮，指揮官下令向前，前面就是有刀山火海也要奮勇前進，不得後退，違令者定斬不赦。正是因為戚繼光如此強調軍紀的重要性，戚繼光才建立了一支能征善戰、紀律嚴明的軍隊，在抗倭的鬥爭中取得了一系列的勝利。

民間傳說，戚繼光為了嚴明軍紀，甚至處斬了自己的兒子，這是怎麼一回事？這件事在歷史上真的發生過嗎？

清代乾隆版《寧德縣誌》抄錄《連江縣誌》的一段記載：「更聞，公（指戚繼光）既平連江，移兵寧德，以其子為前鋒，傳達『退縮者斬』。其子登白鶴嶺，見倭勢甚盛，回首欲有關白，立斬以徇，三軍股慄，臨戰無不以一當百，於是盡殲群倭，遂平福寧路。」《寧德縣誌》接著寫道：「公但有此子，寧人感而傷之，因並塑其子之像於廟，配祀無疆。」這段記載，使後人相信：戚繼光在寧德縣的白鶴嶺斬了自己的兒子。

但是「戚繼光斬子」的故事卻受到了不少後人的質疑。

首先，戚繼光斬子的故事，在《明史》、《罪惟錄》和汪道昆的《孟諸戚公墓志銘》、董承詔《戚大將軍孟諸公小傳》、《閩書》中的《戚繼光傳》等較為可信的史料中均無記載，戚繼光後人所編著的《戚少保年譜耆編》中也沒有關於此事的記載。而且從《寧德縣誌》的記載來看，戚繼光在白鶴嶺「斬子」，是嘉靖四十二年（公元一五六三年）；寧德縣第一次編寫縣誌是萬曆十九年（西元一五九一年），「斬子」距編志不過二十八個年頭。萬曆版縣誌對倭寇侵擾，記敘詳盡，而對「斬子」，隻字未提。至清乾隆四十六年（西元一七八一年），寧德第二次編纂縣誌，對戚繼光「斬子」一事，不直接記述，而是抄錄《連江縣誌》，還慎重地附上一句「事見連江縣誌」。後人就以此為依據了。其次，嘉靖四十四年（西元一五六五年）的《建功德祠記》以及祭文，其內容都沒有說到「斬子」之事。最後，白鶴嶺兩側，留有明、清及民國的摩崖石刻二十餘處，也沒有發現有關戚繼光「斬子」的隻言片語。《連江縣誌》這段文字開頭的「更聞」二字，足以說明是道聽塗說，敷衍而來的。傳聞之事，不足為據。

此外，在福建連江、莆田、閩侯，浙江義烏、臺州等地也有類似的傳說。《閩都別記》第三〇一回，回目上聯「嚴軍令戚參將斬子」，文中描述倭寇至福州北嶺，戚繼光以其子為先鋒，傳令「直往破賊，回顧者斬」，其子回顧父至未，令即拿斬。《仙遊縣誌》記載：「戚公至莆田，將出師，煙霧四塞，其子印為先鋒，勒回馬，且求駐師，公怒其犯令，殺之。」還有傳說，戚印是戚繼光早年收養的義子。但傳說歸傳說，並沒有可靠的記載。

最直接的證據是，根據《戚繼光墓誌銘》的記載，戚繼光的正房夫人王氏，一生只生有一個女兒，並無傳說故事中的長子戚印這個人。戚繼光在軍中所納的小妾陳氏、沈氏、楊氏等人雖然先後為他生了戚祚國、戚安國、戚報國、戚昌國、戚興國等幾個兒子。但這些兒子在戚繼光抗倭時期都還是繈褓中的小兒，根本不可能成為統軍打仗的將領。因此，許多歷史研究者認為，戚繼光斬子之事，純粹是子虛烏有。民間之所以會有這樣的故事流傳，也許是人們根據戚繼光將軍治軍嚴明、軍紀如山的特點演繹出來的。戚繼光斬子的傳說從歷史考證的角度來講並無明證

而引起這場爭論的源頭很可能是戚繼光的兩本著作《紀效新書》和《練兵實紀》，戚繼光的這兩部著作中都記述：「若犯軍令，就是我的親子侄，也要依法施行，絕不干預恩仇。」這只是表明戚繼光在治軍方面的態度，沒想到以訛傳訛，竟然衍生出他斬子的故事。

駭人聽聞的「天啟大爆炸」

明朝天啟六年五月初六巳時，北京西南隅的工部王恭廠火藥庫發生離奇的大爆炸，範圍半徑大約七百五十公尺，面積達到二・二五平方公里，造成兩萬多人死傷……

明朝天啟六年（西元一六二六年）的一天，北京西南隅的工部王恭廠火藥庫發生離奇的大爆炸，範圍半徑大約七百五十公尺，面積達到二・二五平方公里，造成二萬多人死傷。這場大爆炸之慘烈、詭祕，世所罕見，至今眾說不一。

關於大爆炸的情況，在《明實錄・熹宗實錄》、《國榷》、宦官劉若愚所著《酌中志》、北京史地著作《帝京景物略》、《宸垣識略》中都有記載，尤其是根據當時屬於官方的、相當於現在政府新聞公報性質的邸報底本，佚名抄撰《天變邸抄》對王恭廠災變記述極為詳細。這部著作是最早記述王恭廠災變的著述，有很高的史料價值，流傳於明朝天啟末年。其影響之大就連明代佚名小說《檮杌閑評》第四十回中，也把這一事件寫進了小說的情節之中。

《天變邸抄》對這次災變的描述是：「天啟丙寅五月初六日巳時（天啟丙寅即天啟六年），天色皎潔，忽有聲如吼，從東北方漸至京城西南角，灰氣湧起，屋宇動盪。須臾，大震一聲，天崩地塌，昏黑如夜，萬室平沉。東自順城門大街（今宣武門內大街），北至刑部街（今西長安街），西及平則門（今阜城門）南，長三四里，周圍十三里，盡為齏粉，屋以數萬計，人以萬計。」這次爆炸中心的「王恭廠一帶糜爛尤甚，僵屍層疊，穢氣熏天……」

在爆炸中心範圍內行路的官員薛風翔、房壯麗、吳中偉的大轎被打壞，傷者甚眾，工部尚書董可威雙臂折斷，御史何廷樞、潘雲翼在家中被震死，兩家老小「覆入土中」，宣府楊總兵一行連人帶馬等七人沒了蹤影。還有，西會館的塾師和學生共三十六人，一聲巨響之後，都沒了蹤影。據說，承恩街上有一八抬大轎正走著，巨響後，大轎被打破在大街上，而轎中女客和八個轎夫不知去向。更為奇怪的是，菜市口有個姓周的人，正與六個人說話，巨響後，頭顱突然飛去，軀體倒地，而近旁的六個人卻安然無恙。爆炸之時，許多大樹被連根拔起，飄落於遠處。石駙馬大街有一尊一千斤重的大石獅子，幾百人都推不動，居然被一捲而起，落在十里外的順成門外，豬馬牛羊、雞鴨鵝狗更是紛紛被捲入雲霄，又從天空落下。據說，長安街一帶，紛紛從天上落下人頭人身來，德勝門外一帶，落下的人的四肢更多。一場碎屍雨，一直下了兩個多小時。木頭、石頭、人頭、人臂以及缺胳膊斷腿的人，無頭無臉的人，還有各種家禽的屍體，從天而降，絕對駭人聽聞。

出事之時，明熹宗皇帝朱由校正在乾清宮用早膳，突然，他發現大殿震盪起來，不知發生了什麼禍事，嚇得不顧一切就逃。他躍出門外，急忙拼命向交泰殿狼狽奔去，內侍們驚得不知所措，只有一個貼身內侍連忙跟著他跑。不料，剛到建極殿旁，天上忽然飛下鴛瓦，正巧砸在這個內侍的腦袋上，當即腦漿迸裂，倒地而亡。熹宗皇帝也顧不上他了，一口氣跑到交泰殿，正好殿內牆角有一張大桌子，他連忙鑽進去，才喘口氣，躲過此劫。

令人感到不可思議的是，在這次災變中死傷的人，無論男女老幼，全都赤身裸體、一絲不掛，衣褲鞋襪全都不知去向。《天變邸抄》記述：「所傷俱赤身，寸絲不掛，不知何故？」《日下舊聞》記有這麼一件事，在元宏街有一乘女轎經過，只聽一聲震響，轎頂被掀去，女客全身衣服都被刮走，赤身裸體坐在轎中，竟沒有傷及皮肉。他們的衣服哪裡去了呢？據《國榷》記載：「震後，有人告，衣服俱飄至西山，掛於樹梢，昌平縣校場衣服成堆，人家器皿、衣服、首飾、銀錢俱有。戶部張鳳奎使長班往驗，果然。」以上所述雖看上去荒誕不經，怪異迭出，但這些記述完全出自明朝很有聲望的官員和史學家筆下，以及官方報紙《邸報》，其真實性應該是毋庸置疑的。

由於這次爆炸受害範圍僅限於北京城西南角長三四里，周圍十幾里的一小塊地方，且災害區的人全部赤裸，而衣服卻飄蕩到幾十里外的山上。使得人們對引起這場災害的原因百思不得其解。

有人認為是火藥致災。由於明末王恭廠是作為工部製造、儲存火藥的火藥庫。因此，自然很多人會認為，是王恭廠的火藥爆炸引起了這場災難。但是，這次奇災相當於三萬噸黑色火藥爆炸的能量，而據史料記載，王恭廠內貯存的火藥最多不超過幾百噸，根本不足以形成將數里外紫禁城中「大樹二十餘株盡拔出土」，庭院內「坑深數丈」這樣大的破壞力。有人認為是隕石墜落。此說根據當時出現了「颶風一道，內有火光」，「西安門一帶皆霏落鐵渣，如米者，移時方止」，以及呈方向性的衝擊波、隕擊坑等記載，認為這場災變成因類似通古斯大爆炸，是隕石墜落造成。可是作為天文學很發達的我國，當時卻無隕石的記載，直到現在爆炸現場也沒有發現任何隕石。

還有人認為是地震。古籍對當天的記載，確實也肯定地提到了地震。突變前地聲、火球很像地震的前兆，而整個突變過程都很像是地震。可是，地震說沒有辦法解釋受害者被脫光了衣服的現象。

也有人認為是颶風成災。這些學者解釋說很可能在災變發生的一瞬間，大氣壓幾乎為零，而人體內的氣壓遠遠超過外界，於是，就出現了受害者皆為裸體的現象。同時各種雜物隨風飛升，被拋至遠處。不過，爆炸中出現的地震、火球、地聲現象是這種說法解釋不了的。

除此之外，還有多種猜測分析，如球形閃電、外星人入侵等。但究竟哪一種或是哪幾種原因造成這次慘絕人寰的大爆炸，至今還沒有令人信服的結論。

袁崇煥之死真是千古奇冤？

乾隆皇帝為袁崇煥平反昭雪的真實目的，是因為袁崇煥被崇禎所殺，如袁崇煥是英雄，崇禎自然是昏君，袁崇煥形象愈高大，就愈可顯示明朝皇室的昏庸。

袁崇煥，祖籍廣東東莞。明萬曆中進士，從政之初，任福建邵武知縣。天啟二年（西元一六二二年），袁崇煥任兵部職方司主事。明朝後期，後金不斷侵擾明朝邊境，袁崇煥深感其辱，於是單騎出關考察關外形勢，回到北京後，袁崇煥自請守衛遼東。天啟六年（西元一六二六年），努爾哈赤率軍攻打袁崇煥守衛的寧遠城時被炸死，袁崇煥升至遼東巡撫。後被宦官彈劾，因而被撤職。

崇禎皇帝登基之後，為了解除後金對明的邊境壓力，任命袁崇煥為兵部尚書兼右副都御史，督師薊、遼，兼督登、萊、天津軍務。崇禎二年（西元一六二九年），皇太極親率大軍避開袁崇煥的防區，直逼北京城下。袁崇煥得知消息後，率部星夜馳援京師，迫使後金軍退回關外。後金軍撤退後，剛愎自用的崇禎皇帝中了皇太極的反間計，反而將袁崇煥逮捕下獄。《明史・袁崇煥傳》說：「會我大清設間，謂崇煥密有成約，令所獲宦官知之，陰縱使去。其人奔告於帝，帝信之不疑。」王先謙《東華錄・天聰三年》也有類似的記載，崇禎三年（西元一六三〇年），崇禎帝以「袁崇煥咐托不效，專恃欺隱，以市米則資盜，以謀疑則斬帥」等罪名將袁崇煥處死於西市。

當時，京城百姓對袁崇煥恨之入骨，據史書記載：「遂於鎮撫司綁發西市，寸寸臠割之。割肉一塊，京師百姓從劊子手爭取生啖之。劊子亂撲，百姓以錢爭買其肉，頃刻立盡。開腔出其腸胃，百姓群起搶之，得其一節者，和燒酒生齧，血流齒頰間，猶唾地罵不已。拾得其骨者，以刀斧碎礫之，骨肉俱盡，止剩一首，傳視九邊。」

由於努爾哈赤死於袁崇煥的大炮之下，而袁崇煥是崇禎皇帝中了皇太極的反間計而死，且「自崇煥死，邊事益無人，明亡征決矣」。因此有人認為袁崇煥的死是千古奇冤，袁崇煥是不折不扣的民族英雄。但也有人認為，袁崇煥的死，很大程度上歸罪於自己。那麼，袁崇煥到底是個什麼樣的人，認為袁崇煥並不是冤死的人又有什麼證據呢？

首先，錯失良機。寧遠大捷後，本是最好的反攻時機。當時努爾哈赤回到老家，曾哀歎若是此時明將率軍進擊，加上朝鮮、毛文龍部及周邊軍隊，後金四面受敵，必會敗得很慘。然而袁崇煥有識無膽，竟然白白放過這個大好時機，讓努爾哈赤得以緩過一口氣來。歷史上努爾哈赤便是在這個時候頒下數條法令：包括通商、釋奴等，使後金政權緩過勁來。

其次，擅殺毛文龍。毛文龍的皮島基地對後金的威脅作用甚是巨大。當時，毛文龍軍與關寧守軍、朝鮮成三角之勢，每次後金欲深入中原腹地，毛文龍便自後出兵襲擾後金腹地，令其不得不回師救援。努爾哈赤曾歎道：「有毛文龍在，某不得深入敵地，恐家中婦孺不寧也！」史書記載：「崇煥既殺文龍，密報於清議和。清主大喜，置酒高會。」袁崇煥藉口毛文龍不聽指揮，就地將他斬殺後。清軍無所顧忌，所以才能長驅直入北京城下。

最後，袁崇煥的人品也值得懷疑。有史料顯示，袁崇煥對奸佞魏忠賢阿諛奉承、極盡諂媚。《明熹宗七年都察院實錄》記載，遼東巡撫袁崇煥疏稱：「廠臣魏忠賢功在社稷，海內之共見共聞，業已銘刻金石，無容職贅，至其身任遼事，誓恢復，梟滅逆虜……浞古內臣誰有出其右者！」《明熹宗實錄》則記載「薊遼總督閻鳴泰、巡撫袁崇煥疏，頌魏忠賢功德，請於寧前建祠，賜名懋德」。

袁崇煥與後金的議和在受到崇禎皇帝的反對後，袁崇煥便邀後金軍進攻，以脅迫崇禎議和。袁崇煥在薊門先款待敵人，後來後金軍半夜潛越入關，袁崇煥並不堵截，而是尾隨殿後。徐石麒於弘光年間（一六四五年明南京福王稱帝後的政權所使用的年號）所上的反對與清議和奏疏中就說，袁崇煥是「陽主戰」、「陰主款」，並且以殺邊帥毛文龍為向敵人示好之信，認為殺毛文龍以示好後金的說法在《石匱書後集》中也有提及：「督師袁崇煥事，適當女真主（努爾哈赤）病死，崇煥差番僧喇嘛鎦南木座往吊，謀以歲幣議和。女真許之，乃曰：『無以為信，其函毛文龍首來。』」而說後金軍入寇乃袁崇煥招來的還有《崇禎實錄》：「丁酉孫承宗入朝，袁崇煥抵左安門。時戒嚴，報不即入；漏下，始馳奏簿城下，都人競謂崇煥召。」

許多人認為袁崇煥被剮時北京市民的表現是明顯的愚民反應，然而事實並非如此。以魏忠賢屈殺左光斗、魏大中等人時的殘酷壓迫形勢下，仍多有市民為其鳴冤叫屈，同樣被冤殺的大將熊廷弼也受到百姓歌頌讚揚，偏偏袁崇煥死時卻被人生啖其肉，其中必有原因。

事實是歷史上對袁崇煥評價最高的，不是別人，正是後金最高統帥努爾哈赤，是他一再對袁崇煥表示讚賞，康熙更是下令為其建祠供奉，這就更加耐人尋味。乾隆四十九年（西元一七八四年），乾隆皇帝下詔為袁崇煥平反。雖然，後世將乾隆皇帝為袁崇煥平反昭雪的根本目的解釋為崇儒重道，籠絡漢族地主知識分子，緩解滿漢兩族矛盾。但是，這樣的解釋怎麼看都很牽強。如果按照清人所說，崇禎皇帝淩遲袁崇煥是因為中了皇太極的反間計。但是，袁崇煥是囚禁半年後才被處死的，這就杜絕了崇禎皇帝一時失察激憤誤殺的可能。如此看來，崇禎皇帝中反間計淩遲袁崇煥的理由就顯得生硬可疑，裡面有了造假的成分。乾隆皇帝為袁崇煥平反昭雪的真實目的，則是袁崇煥被崇禎所殺，如袁崇煥是英雄，崇禎自然是昏君，袁崇煥形象愈高大，就愈可顯示明朝皇室的昏庸。

李自成百萬大軍竟是瓦解於鼠疫？

是什麼原因導致了號稱百萬雄兵，又有著雄厚財力保障的起義軍，在進京四十天後突然間失去了戰鬥力呢？

明朝末年，盛極一時的李自成起義軍，在清軍與吳三桂軍隊的聯合進攻下迅速失敗，李自成也死於地主武裝的襲擊中。究竟是什麼原因導致李自成起義軍的潰敗呢？

有人認為是起義軍進入北京後軍心渙散，軍紀敗壞，導致了他們的潰敗。但是，李自成起義軍能夠迅速擴大，並且得到百姓擁護的根本原因，是其軍紀嚴明，早在起義之初，他就提出了「剿兵安民」的口號。並且提出「殺一人者如殺我父，淫一女者如淫我母」，嚴肅軍紀，並且下令「三年不征，一民不殺」。

大順軍在入京之初，便迅速地穩定了局勢，恢復了北京居民的正常生活秩序。趙士錦在大順軍進城時是明工部官員，他根據親眼所見記載說，大順軍進城之後，鑒於官軍停止了抵抗，立即就「不殺人了」。義軍戰士「俱白帽青衣，御甲負箭，銜枚貫走」。百姓「有行走者，避於道旁，亦不相詰」，絲毫不加侵犯。為了防止敵對活動，義軍「添設門兵，禁人出入；放馬兵入城，街坊無不至者，但不抄掠」。在數以萬計的入城大軍中，個別違反紀律的現象在所難免，但一經發現違紀事件時，能秉公執法，迅速處理。趙士錦就記載說：「賊初入城，有兵二人搶前門鋪中綢緞，即磔殺之，以手足釘於前門左柵欄上，予目擊之。」當時在北京充當明給事中的徐應芬（署名聾道人），在其著作中雖然提到個別義軍戰士有貪圖便宜暗中竊取銀錢的現象，但他仍然不得不承認：「至淫、奪、斬、殺之事，則猶未見也。」

由於大順軍在加強對京師控制的同時，又注意約束軍紀，因此，當時北京的社會秩序是良好的。當然，李自成起義軍的高層的確存在著腐化墮落的現象，但部隊的戰鬥力大多由普通士兵決定，我們也很難說是高層的腐化導致全軍的潰敗。

是因為李自成起義軍的軍餉得不到保障，而軍心不穩嗎？李自成大軍在北京通過肅貪追贓獲得了七千萬兩銀子，相當於明朝的十年稅收，這筆軍餉足可支撐他龐大的軍隊。

既然不是軍紀渙散導致的潰敗，那麼是什麼原因導致了號稱百萬雄兵，又有著雄厚財力保障的起義軍在進京四十天後突然間失去了戰鬥力——在清軍的攻擊下一觸即潰，兵敗如山倒，而且從此一蹶不振呢？

仔細地研究歷史，或許我們能得出一個驚人的結論，原來李自成並非敗於清軍和吳三桂，而是敗於當時肆虐橫行的鼠疫！

鼠疫是鼠疫桿菌借鼠蚤傳播為主的烈性傳染病，是廣泛流行於野生齧齒動物間的一種自然疫源性疾病，也叫作黑死病。臨床上表現為發熱、嚴重毒血症症狀，伴有淋巴結腫大、肺炎、出血傾向等。此病遠在兩千年前即有記載。世界上曾發生三次大流行，第一次發生在西元六世紀，從地中海地區傳入歐洲，死亡近一億人；第二次發生在十四世紀，波及歐、亞、非；第三次是十八世紀，傳播三十二個國家。十四世紀大流行時波及中國。

按照大興縣誌記載，李自成進京前，北京出現了大量死老鼠，隨後軍民發病，高燒、四肢無力、脖子腫大，而且患病者十死七八。這是什麼病？按現代醫學對照病症一看，正是可怕的鼠疫，大頭瘟或疙疸所描述的其實就是鼠疫的典型特徵——淋巴腫大。鼠疫於崇禎十六年（西元一六四三年）秋出現，十七年（西元一六四四年）春天，天氣轉暖，跳蚤、老鼠開始趨向活躍，大規模的鼠疫自然暴發，鼠疫先「消滅」了崇禎的御林軍，讓李自成輕鬆進京。然後，鼠疫又感染了進入北京城的李自成大軍，起義軍自然戰鬥力大減，打不過清兵。最可怕的是，敗兵因此成了鼠疫傳染源，據文獻記載「賊過處皆大疫」。因此李自成雖然此時財雄天下，可以大規模招兵買馬，但新兵入伍即感染鼠疫失去戰鬥力，兵力再多也沒用，始終無法抵擋清軍的虎狼之師。由於軍人是集體生活，所以鼠疫流行對古代軍人的打擊是毀滅性的。鼠疫蔓延軍營，且長時間無法擺脫，李自成的精神遭受毀滅性打擊，因此痛失江山並一蹶不振，「無可奈何花落去」。以當時的科技水準，無論是崇禎或是李自成，都不可能瞭解這種可怕的傳染病，不知道自己的精銳部隊已經在短時間內失去了戰鬥力。他們的失敗就不可避免了。

也許有人會問，清軍就不會被鼠疫傳染嗎？科學研究發現，鼠疫傳播過程有一個必不可少的傳播媒介——跳蚤。由跳蚤吸咬病鼠或病人的血後，跳蚤被鼠疫桿菌感染而發病。發病的跳蚤吸血困難而且十分饑餓，因而不斷叮咬人、鼠並反吐被鼠疫桿菌汙染的血。導致更多人、鼠被感染鼠疫。但是，奇怪的是，跳蚤有一個奇怪的習性——它討厭馬的味道。我們在現代傳染病研究的文獻中可以發現，鼠蚤的宿主沒有馬。所以騎兵很少會被傳染。而清軍八旗兵幾乎全是騎兵。所以清兵能夠在鼠疫流行中倖存，以飽滿精神攻擊對手。

翻看歷史，精明能幹的努爾哈赤不能戰勝不大過問政事的萬曆皇帝滅掉明朝，而明顯才幹不高的順治卻能取代勵精圖治的崇禎與豪情萬丈的李自成入主中原，僅僅因騎兵招跳蚤討厭！真正令人拍案稱奇！

明朝滅亡後崇禎子女跑哪兒去了？

崇禎迫周皇后自殺，又手刃妃、嬪、公主後，到萬歲山吊死在一棵槐樹上。明朝就此滅亡。但人們感到困惑不解的是：明朝末代皇帝的子女們哪兒去了？

明崇禎十七年（西元一六四四年），闖王李自成在西安建立大順政權後，率領農民起義軍直搗北京。同年三月十六日包圍北京，開始發動猛攻。崇禎十七年（公元一六四四年）三月十九日，崇禎皇帝見大勢已去，迫周皇后自殺，又手刃妃、嬪、公主後，到萬歲山（今景山）吊死在一棵槐樹上。明朝就此滅亡。與此同時，讓人們感到困惑不解的是，明朝末代皇帝的子女們都跑哪兒去了？

金庸先生曾在小說《鹿鼎記》中描繪了一位白衣俠女，纖塵不染，神功蓋世浪跡江湖的尼姑形象。據說她乃是大明崇禎皇帝的女兒長平公主，但這畢竟是小說故事。據《明史》記載：崇禎皇帝在皇宮中砍傷十六歲的長平公主後，長平公主暈死在血泊中，後來被人發現，抬到周皇后的父親周奎家中，五天後竟然蘇醒過來。當她醒來的時候，北京城已成了大順天下。周奎不敢收留她，就把她交給了李自成，李闖王見公主居然死而復蘇，感到很意外，於是將她交給劉宗敏救治。「大順」只在北京城裡待了兩個月，就結束了它的歷史使命。李自成沒有來得及帶上長平公主，就在清軍的追擊下敗逃遠去。

清順治二年（西元一六四五年），長平公主向順治帝及攝政王多爾袞上書要求出家為尼，但清政府為了籠絡人心，不但不答應，在長平公主上書不久，順治帝就下達詔命：讓她與崇禎為她選定的駙馬周顯完婚，並且同時賜予府邸、金銀、車馬、田地。但僅僅過了幾個月，長平公主就病逝了，時為順治三年（西元一六四六年），長平公主十八歲。賜葬廣安門外。

長平公主的下落有了結論，但崇禎帝兒子的下落至今卻還是個謎。

據《明史・諸王傳》記載：崇禎帝的一生共生有七個兒子。崇禎十七年（公元一六四四年），李自成攻陷北京之時，皇太子朱慈烺十六歲，皇三子定王朱慈炯十四歲，皇四子慈照只有十歲。除了這三個兒子外，崇禎帝其他的兒子都是早夭。李自成大軍攻破北京之日，崇禎帝為給大明保留一絲血脈，他讓兒子們都換上平民的衣服，由太監護送逃出北京城。臨死，他還寫下遺詔，要求各地的官員協力輔佐太子，重振大明。

那麼，崇禎帝的這些兒子們都逃到哪裡去了呢？

說法一：被清廷捕獲殺害。持這種說法的人認為在李自成戰敗後，太子趁機逃脫，被吳三桂部下捕獲，後來太子又逃到外舅周奎家，周奎擔心私藏太子會惹來禍端，就將太子獻給了清攝政王多爾袞，經過辨識確認，最終被害。這一觀點依據《石匱書後集》中的《烈帝本紀》及《太子本紀》記載，《國壽錄・崇禎太子》及《甲申傳信錄》等書中也有比較類似的記述。這些說法都認為太子最終被清廷抓獲，然後遇害。

說法二：被吳三桂殺害。《明史紀事本末》中稱，李自成攻下北京城後，太子慈烺與定王慈炯、永王慈照一起被起義軍所擄獲。後來，李自成不敵戰敗，就與吳三桂議和，吳三桂提出以歸還太子與二王並離開北京城為條件，換取停戰。李自成同意了，就將太子等人交給了吳三桂。這樣太子就落入了吳三桂的手中。據此，有人提出，太子已經遇害。

說法三：跟隨李自成敗退，不知所終。崇禎的三個兒子在北京陷落後，均未逃脫，一併為李自成軍俘獲。在對他們的處理上，李自成採納李岩等人的建議，封明太子為宋王，永王和定王也改封他爵。後來，吳三桂在山海關反叛，李自成率軍親征時，身邊還帶著明太子及其兄弟，其用意自然是以此來堵住吳三桂效忠明廷之藉口，並招降吳三桂。但此舉並沒有收到效果。李自成農民軍與吳三桂交戰受挫，決定離京西撤時，將他們三兄弟一起帶走。從此太子便杳無音信，不知死活。這種說法是依據《明史紀事本末》、《明季遺聞》以及《明史》等，如《明史紀事本末》云：「京城被攻陷，李自成捕獲太子，封為宋王。當李自成向西前進時，太子卻不知所終。」《明季遺聞》的記述尤為具體：「李自成軍受挫後，便狼狽回到京城，之後又向西行。有人說太子和二王也一同出行。」《明季遺聞》乃鄒流綺父子所編輯，他們在甲申之變時都身臨其境，且該書面世之時離事情發生之日不過十年左右，因此人們認為他倆所輯錄的遺聞還是較為可靠的。

說法四：跟隨李自成敗退，後逃出做了和尚。有人認為在李自成軍隊敗退北京的路上，劉宗敏受了重傷，放鬆了對他們的看管，他們就找了個機會和他們以前的老師李士淳從闖王的軍中逃了出來，後來到了李士淳的老家廣東嘉應州陰那山出家當了和尚。他們在人跡罕至的深山裡建了一座寺廟叫作「聖壽寺」，大殿就取名叫「紫極殿」，處處都顯示了寺中和尚的神祕出身。據說太子死後，廟裡就開始供奉一尊「太子菩薩」的神位。這尊神位始終保留著，直到辛亥革命後，清王朝覆滅了，人們才知道原來供奉的這尊塑像就是明朝的逃亡太子。李士淳的後人也聲稱他們的先祖確實在亂軍之中救了太子，並把太子帶回自己的家鄉，還一同出家做了和尚。

除了以上四種說法外《明季太略・太子一案》中則說，太子從李自成軍隊逃出後，被人帶到皇姑寺藏了起來，又和太監高起一起潛逃到天津，然後像傳言中的建文帝一樣，出海南下，不知所終。《野史無文》則記載太子曾逃往南京的南明小朝廷，清兵攻陷南京後，他被人獻出後被帶往北方，不知所終。還有的說，明末清初兵荒馬亂的，太子後來死於亂軍之中。但這些說法均無證據證實。

種種說法，不一而足，清康熙時期有人借崇禎太子之名反清起義，牽連並害死了很多人，結果也被證實是假的。崇禎的三個兒子到底流落何處，到今天仍是解不開的謎團。

唐伯虎為何點大他二十歲的秋香？

秋香與唐伯虎雖然生活在同一個時代，但據考證，秋香生於明景泰元年（一四五〇年），比唐伯虎足足大二十歲……

唐伯虎點秋香的故事，在江浙地區流傳了五百多年，說的是唐寅與文徵明、祝枝山都是吳中的才子，唐伯虎尤其能文擅畫，氣度瀟灑，不拘小節。無錫望族華學士之夫人率婢僕乘畫舫來吳中進香，正巧遇到應文徵明和祝枝山相邀來遊虎丘的唐伯虎。這時，唐伯虎看見華府眾人中有一位風姿明麗、秀逸絕塵的婢女。這引起了唐伯虎的追求之心。為此，唐伯虎不惜更換便裝到華府應聘教書先生，取名華安，後與秋香終成眷屬。

然而這只是傳說故事，歷史上真實的唐伯虎，不僅沒有傳說中的風流韻事，而且生活清貧，一生坎坷。他年輕時，妻子離世。唐伯虎二十七歲時續弦，娶了何氏。可惜，好景不長，在第二年的會試中，唐伯虎受到科舉舞弊案的牽連，吃了一連串冤枉官司，從此科舉無門，功名路斷。何氏見唐伯虎失去仕進希望，與唐伯虎日日爭吵，唐伯虎一紙休書將何氏送回娘家。後來，唐伯虎娶青樓女子沈九娘為妻，兩人情投意合，唐伯虎自此也潛心作畫，仕丹青上大有進展。唐寅三十一歲開始「千里壯遊」，足跡遍及江、浙、皖、湘、鄂、閔、贛七省，貧困之下以賣畫為生。唐寅擅畫山水及工筆人物，尤其是仕女，筆法秀潤縝密、瀟灑飄逸，「唐畫」為後世畫家所宗。傳世作品有《騎驢歸思圖》、《秋風紈扇圖》、《李瑞瑞圖》、《一世姻緣圖》、《山路松聲圖》等。詩詞散文有《六如居士全集》。

唐伯虎的後半生與桃花塢是密不可分的，明正德四年（西元一五〇九年），唐伯虎在蘇州城北建成桃花塢，他自稱桃花塢主，曾寫《桃花庵歌》描寫自己的生活：「桃花塢裡桃花庵，桃花庵下桃花仙；桃花仙人種桃樹，又摘桃花換酒錢……」唐伯虎的主要藝術作品也誕生於此。唐伯虎坎坷一生，晚年生活貧困淒苦，享年五十四歲。從唐伯虎坎坷的一生來看，他並沒有娶過名為秋香的妻子，那麼「唐伯虎點秋香」的故事是怎麼回事呢？秋香又是何人？

在明代的筆記體小說中最早出現了秋香的身影。明代小說家王同軌在他的《耳談》中敘述了另一個蘇州才子陳元超與唐伯虎點秋香一模一樣的故事：「元，少年倜儻不羈，嘗與客登虎丘，見官家從婢姣好姿媚，笑而顧己，悅之。令人跡至其家，微服作落魄，求傭書焉，留侍二子。自是二子文日奇，父師大驚，不知出元也。已而以娶求歸，二子不從，曰：『室中惟汝所擇。』曰：『必不得已，秋香可。』即前遇婢也。二子白父母，嫁之。元既娶，婢曰：『君非虎丘遇者乎？』曰：『然！』曰：『君既貴公子，何自賤若此？』曰：『汝昔笑顧我，不能忘情耳！』」這個故事到了明末馮夢龍手上，變成了《警世通言》中《唐解元一笑姻緣》。而在戲曲中出現唐伯虎故事的，最早有明末孟稱舜的雜劇《花前一笑》，後來人們覺得「一笑」不過癮，又從「一笑」發展到「三笑」，出現了王百谷的《三笑緣》彈詞、卓人月的《唐伯虎千金花舫緣》雜劇。乾隆、嘉慶後，蘇州評彈藝人口中常唱的彈詞有《三笑姻緣》、《三笑新編》、《三笑八美圖》、《笑中緣》等。到了清末，民間開始流傳彈詞唱本《九美圖》，開始有唐伯虎娶九個貌美如花的老婆的說法。

唐伯虎雖然並未娶秋香為妻，但與其同時代，的確有一個叫秋香的女子，不過這個秋香並非大戶人家的婢女，而是當時南都金陵風月場中的名妓。據記載，這個秋香本名林奴兒，字金蘭，號秋香，她琴、棋、詩、畫樣樣精通，當時被譽為「吳中女才子」，秋香早年被迫墮入青樓，從良嫁人後還有些老主顧來找她。她不僅拒絕了，而且還在扇子上畫了一幅畫叫《新柳圖》，題詩曰：「昔日章臺舞細腰，任君攀折嫩枝條。如今寫入丹青裡，不許東風再動搖。」據明代《畫史》中記載：「秋香學畫於史廷直、王元父二人，筆最清潤。」在《金陵瑣事》中，還記載了秋香曾經向唐伯虎的繪畫老師沈周學過畫畫。沈周是明代相當著名的大畫家，曾為秋香畫過一幅丹青畫，寫過一首詞。秋香與唐伯虎雖然生活在同一個時代，但據考證，秋香是生於明景泰元年（西元一四五〇年），比唐伯虎足足大二十歲，唐伯虎十六歲出道時，很難與金陵秦淮河畔的秋香產生感情。唐伯虎點秋香的故事看來很可能是後人的附會了。

秋香確有其人，華太師也在歷史上出現過，不過據《明史》記載，華太師其實比唐伯虎小二十七歲。他原名華察，字子潛，號鴻山，明嘉靖五年（西元一五二六年）中進士，當時才三十歲。華鴻山後任兵部郎中，入為翰林院修撰，曾奉命出使朝鮮，賜一品服。和《三笑》中描述的情況恰恰相反，華鴻山平時的生活很儉樸，飲食非常簡單，家中也沒有侍婢，他年老歸隱時，「家本素豐，林園甲江表，而食不三豆，室內無侍媵，文詞清削」。而且華鴻山的兩個兒子也不是弱智，據《西神客話》載，其子「少有雋才，甫冠即登科第」。

由此可以看出，「唐伯虎點秋香」原本是「陳公子點秋香」，由於「陳公子點秋香」的原型陳元超，也是明代蘇州人，與唐伯虎同為才子，明末的馮夢龍就把兩人的身分搞錯了。

《水滸傳》的作者究竟是誰？

《水滸傳》是元末明初的文學家根據歷史材料和民間流傳的故事創作的。這樣一部傳世奇書，卻給後人留下了諸多難解之謎。那麼《水滸傳》的作者究竟是誰呢？

《水滸傳》又名《忠義水滸傳》，是元末明初的文學家根據歷史材料和民間流傳的故事創作的。它描寫了北宋末年以宋江為首的農民起義，塑造了李逵、武松、林沖、魯智深等眾多在梁山泊聚義的英雄人物，暴露了封建統治階級的殘暴和腐朽，揭露了當時的社會矛盾。故事情節引人入勝，語言豐富生動。但是這樣一部傳世奇書，卻給後人留下了諸多難解之謎。其中之一，就是《水滸傳》的作者究竟是誰？

第一種說法，認為《水滸傳》的作者是羅貫中。這種說法最早出現於明朝嘉靖年間的一些文人筆記。例如，田汝成《西湖遊覽志餘》、王圻《續文獻通考》、《稗史彙編》、許自昌《樗齋漫錄》、阮葵生《茶餘客話》、錢曾《也是國書目》的著錄等都有這樣的記載。

第二種說法，認為《水滸傳》是施耐庵和羅貫中兩人合作的。例如，郎瑛在《七修類稿》中說：「《三國》、《宋江》二書，乃杭人羅貫中所編。予意舊必有本，故曰編。《宋江》又曰錢塘施耐庵的本。」高儒《百川書志》中說：「《忠義水滸傳》一百卷，錢塘施耐庵的本，羅貫中編次。」李贄《忠義水滸傳》中提到作者，說是「施羅二公」。所謂的「本」，是宋、元、明時代的常用語，即「真本」，「集撰」含有「撰寫」之意。這表明，施耐庵是作者，是執筆人。所謂「編次」，可解釋為「編輯」。這等於說，羅貫中是編者，或整理者、加工者。

第三種說法，認為是施耐庵一個人所撰。這主要見於《水滸傳》雄飛館刊本、貫華堂刊本為題號，以及胡應麟《少室山房筆叢》、徐復祚《三家村老委談》、徐樹丕《識小錄》、周暉《金陵瑣事》、錢希言《戲瑕》、劉仕義《玩易軒新知錄》、曹玉珂《過梁山記》、王士禎《居易錄》、金埴《巾箱說》、梁玉繩《瞥記》、焦循《劇說》、李超瓊《櫃軒筆記》等書的記載。現在這一說法占主流地位。

第四種說法，認為《水滸傳》的作者已不可考，施耐庵和羅貫中都是假託的人名，如中國近代的文斗魯迅在《中國小說史略》中就說：「疑施為演為繁本者之託名。」他的根據，是最早出版的《水滸傳》簡本書上並沒有編著者署名，過了幾十年，出來繁本，不但內容有所增加，作者也署名了。

持這種觀點的人還認為當時在讀書人的眼光中，寫詩詞歌賦的是「文人雅士」，寫小說的就是「無聊文人」。這樣的社會風氣下，中國古代的小說家，大都不署名或用別號署名。例如，湫六山房、花也憐儂、蘭陵笑笑生等。《水滸傳》是中國最早期的白話小說，寫的人物又都是土匪強盜，作者不敢署名，而對於刊刻書籍的書商來說，作者的名氣對書的發行又是至關重要的。所以，有些書商就在刊印時署上某個名人的名字，或者說是某某名人「本」，某某名人編撰，而真正的作者或編者卻被隱去了。

那麼，在這四種說法中，哪一種說法最可靠或比較可靠呢？

我們先來看施耐庵和羅貫中的生平。關於施耐庵，有些人認為並無其人，是別人托名；有人認為是杭州人施惠；有人認為是興化人施彥端。各有各的理由，但又不能令人信服。不過有一點，就是在《靖康稗史》一書上署名編著和作序者的是耐庵。學術界認為，這個耐庵就是施耐庵。也就是說，施耐庵編寫了一部《靖康稗史》，而且這一部書在當時很有名氣，很受歡迎，施耐庵也就成了很有名氣的稗史，也就是小說作家。

關於羅貫中，《水滸傳》最早本子署名為「東原羅貫中編輯」。羅貫中的生平事蹟雖不十分清楚，但有幾部作品卻已被學術界認可是他編寫的，如《三國志通俗演義》、《三遂平妖傳》、《隋唐志傳》、《殘唐五代史演義》和雜劇劇本《風雲會》。由此可以看出，羅貫中也是一個很有名氣的小說家。

既然施耐庵和羅貫中都是有名的小說家，這也為他們合作編寫，或者是獨立寫作《水滸傳》這樣一部名著提供了可能。

第一種說法和第二種說法最早見於明朝嘉靖年間，第三種說法，首見於萬曆時人胡應麟的《少室山房筆叢》。從它們分別出現的時間上比較而言，第一種說法和第二種說法無疑要早於第三種說法。但這並不意味著第一種說法和第二種說法比第三種說法可靠。我們知道，羅貫中是《三國演義》的作者。在這一點上，並不存在爭議。而《三國演義》和《水滸傳》兩部小說，在語言形式上完全不同。前者用的是淺近的文言，後者卻出之以通俗的白話。說它們出於同一作者的筆下，實在很難獲得人們的首肯。因此，以第一種說法而論，它恐怕是最不可靠的。

第二種說法和第三種說法雖然有出現早晚的差別，但它們卻有著共同點：以施耐庵為作者或作者之一，第二種說法，以施耐庵、羅貫中為共同的作者，有一定的道理。但缺憾在於，它沒有交代清楚他們是什麼樣的合作關係。在清代，也有人認為施耐庵寫了前七十回，羅貫中寫了後五十回。但這僅僅是一種憑空的猜測，而且出現的時間太晚：只有在《水滸傳》一百二十回本、七十一回本流行之後，才有這種說法，因此不足以採信。

至於第四種說法，只是說《水滸傳》可能不是羅貫中或施耐庵中的一個人或他們合作寫作的。並不能否定他們寫作的可能性。其實，水滸故事，早有流傳，元雜劇裡便有《梁山泊李逵負荊》的本子，人物刻畫已經很生動。大約羅貫中也曾著過《水滸傳》，而施耐庵是《水滸傳》這一書目的集大成者吧。

歷史上的三個張三豐之謎

歷史上確實有張三豐這個人，而且可能有三個張三豐，宋朝的張三豐，元朝的張三豐，明朝的張三豐。

很多讀者透過金庸的作品瞭解到張三豐其人，對他出神入化的武當神功以及仙風道骨和高尚德行，欽佩不已。歷史上確實有張三豐這個人，而且可能有三個張三豐，宋朝的張三豐，元朝的張三豐，明朝的張三豐。

宋朝的張三豐，又名張三峰，大概生活在北宋末年。明末清初著名思想家和歷史學家黃宗羲在《王征南墓誌銘》說，內家拳「蓋起於宋之張三峰。三峰為武當丹士，徽宗召之，道梗不得進，夜夢玄帝授之拳法，厥明，以單丁殺賊百餘」。黃宗羲兒子黃百家，也是清代著名的歷史學家，跟王征南學過內家拳，在他寫的《王征南先生傳》中說：「蓋自外家至少林，其術精矣。張三峰既精於少林，復從而翻之，是名內家。得其一二者，已足勝少林。」王征南是黃宗羲的朋友，是黃百家的師父，黃氏父子作為嚴肅的歷史學家，關於宋朝張三豐的記載應該是有依據的，而且是相當認真的。雍正年間，寧波知府曹秉仁纂修的《寧波府志·張松溪傳》中說：「張松溪，鄞人，善搏……其法自言起於宋之張三峰。三峰為武當丹士。徽宗召之，道梗不前。夜夢玄帝授之拳法。厥明，以單丁殺賊百餘；遂以絕技名於世。」這裡張松溪自己說他的武功來源於宋朝的張三豐。

清光緒六年，即西元一八八〇年，武式太極拳創始人武禹襄的外甥李亦在《太極拳小序》開宗明義地說：「太極拳始自宋張三豐，其精微巧妙，王宗嶽論詳且盡矣。後傳至河南陳家溝陳姓，神而明者，代不數人……」

元朝的張三豐，本名張陽，字三風，中嶽武當山道士，中嶽慈雲寺佛徒，創張陽拳和二路通臂拳。然而元朝的張三豐似乎很難確定，《明史・方伎列傳》記載：「或言三豐金時人，元初與劉秉忠同師，後學道於鹿邑之太清宮，然皆不可考。天順三年，英宗賜誥，贈為通微顯化真人，終莫測其存亡也。」劉秉忠（一二一六至一二七四年）是元代前期著名政治家、文學家、建築設計家。劉秉忠現存作品較多，但是沒有提到「張三豐」這個人。清人李西月編寫的《張三豐全集・蘆汀夜話》裡，張三豐自稱生於蒙古定宗三年（西元一二四八年），曾任中山博陵縣令，後棄官出家，做全真道士，在終南山遇到火龍真人，得到真訣。最後在武當山修煉多年。

那麼明朝的張三豐是一個怎樣的人呢？

明朝的張三豐是一名被神化的人物，據說有時候三五天吃一頓飯，有時候兩三個月才吃一次飯。精神好的時候穿山走石，累了的時候鋪雲臥雪。有時一日走千里，「人皆異之，咸以為神仙中人」。洪武二十四年（西元一三九一年），明太祖朱元璋為了加強對道教的控制，派遣一些道士出使全國各地道觀，特意叮囑使者：「有張玄玄，可請來。」但始終沒有找到張三豐。明成祖朱棣信仰神怪之說，奉祀武當玄帝，而張三豐是武當山最有名的道士，也崇尚玄帝。因此，朱棣想把在民間影響很大的張三豐「延請詣朝」，一方面可以粉飾太平，收買民心；另一方面也可獲得仙藥，延年益壽。

張三豐的弟子眾多，散布各地。明人任自垣的《太嶽太和志・張全一傳》記載，張三豐在武當山的弟子，有道士丘玄清、盧秋雲、劉古泉、楊善澄、周真德五人，各奉師命住一地。《張三豐全集・道派》，張三豐的弟子還有秦淮富翁沈萬三及其婿餘十舍，以及曾助朱元璋軍糧的富翁陸德厚。另外淮安人王宗道，也從張三豐處學道，命尋訪張三豐而不遇，封為「圓德真人」。明武宗時候的李性之，說在正德年間入武當山遇張三豐而得訣，算起來，其時張三豐已二百五六十歲，似乎不大可能。

北京白雲觀抄《諸真宗派總簿》列出奉張三豐為祖師的道派，有王屋山邋遢派、自然派、三豐派、日新派、蓬萊派、檀塔派等十七支。清朝道咸年間，四川樂山人李西月所立內丹西派，繼承張三豐，並稱張三豐一系為「隱仙派」，編排了從老子、文始真人尹喜至張三豐的傳法譜系。這一譜系雖不盡可靠，但突出隱遁為該派獨特宗風，也確實反映出了張三豐的人格特點：一種類似於中國歷代隱士風骨的「隱仙」風範，這種隱仙精神，和那些包括當時腰金衣紫的正一道士在內的達官貴人，趨炎附勢之徒相比，張三豐是多麼難能可貴，從當時主流傳統來說，張三豐的人格頗符合儒家那種不慕富貴的精神。

張三豐是三個，還是兩個，又或許只有一個，這個問題似乎不太重要了，重要的是：張三豐是一個值得人們尊敬的歷史人物。

第7章

末日大清

封建帝國落日餘暉

「順治出家」是因為秦淮名妓董小宛嗎？

董鄂妃的死，對順治是極大的刺激，悲痛欲絕的他，精神幾乎完全崩潰，一心要遁入空門，尋求解脫。但正在此時，天花卻不幸降臨到他身上……

順治帝福臨，是清朝入關後的第一位皇帝。他是皇太極的第九子，生於崇德三年（西元一六三八年），崇德八年八月二十六日在瀋陽即位，改元順治，在位十八年。卒於順治十八年（西元一六六一年），享年二十四歲。但是，按民間的傳說與野史的記載，順治並沒有在二十四歲時死於天花，而是以死為名，逃離塵世，去山西五臺山做了和尚，而且一直活到康熙五十年，七十四歲時圓寂。那麼這是歷史事實嗎？

關於順治出家的原因，《順治演義》、《順治與康熙》等野史和文學作品記載順治因為愛妃董鄂氏，也就是被擄獻進宮的江南名妓董小宛的去世，悲痛不已，後夢見董小宛在五臺山，於是選擇去五臺山修行。當時著名才子吳偉業（梅村）寫的一組《清涼山贊佛詩》，詩文影射順治在五臺山修行，並用「雙成」的典故和「千里草」代指「董」姓。由於吳偉業的詩素有「史詩」之稱，而他苦戀的是與董小宛齊名、才高氣傲的名妓卞玉京，所以信者云云。

但是如果我們仔細分析，這種說法並不可靠。董小宛確有其人，但她的丈夫是曾名噪一時的「明末四公子」之一的冒辟疆。董死後，冒以董生前居住的房間為名，寫下了一篇《影梅庵憶語》

的文章，記述了他為董贖身，與董在戰亂中顛沛流離的生活以及董生病而死的詳細過程。與冒辟疆同時期的一些名士也有與冒相同的記載。根據冒的記述，董小宛生於天啟四年（西元一六二四年），而順治皇帝則生於崇禎十八年（西元一六三八年），董小宛應當比順治大十四歲，且董於順治八年（西元一六五一年）正月初二去世，其時順治才十三歲，按清宮的規矩，還沒到大婚的年齡。所以，董小宛並不是順治的愛妃。以此為據，順治出家之說顯然不能成立。

順治熱戀過一位董鄂妃，但董鄂妃並不是董小宛，而是順治的異母弟襄親王博穆博果爾妃子，董鄂妃在順治十七年八月十七日先他而亡。順治為她親撰行狀，說她對皇太后「奉養甚至，左右趨走，皇太后安之」；說她「事朕，候興居，視飲食服御，曲體，罔不悉」；又說她「至節儉，不用金玉，誦四書及易，已卒業；習書未久，即精」。那麼，順治是不是因為董鄂妃的去世而出家了呢？

實際上，吳偉業所說的「千里草」也可以解釋成董鄂妃的董字。《清涼山贊佛詩》記載「陛下壽萬年，妾命如塵埃……今日樂方樂，斯語胡為哉？……從官進哀誄，黃紙抄名入……官家未解菜，對案不能食……戒言秣我馬，遨遊凌八極。八極何茫茫，曰遊清涼山……回首長安城，緇素慘不歡，房星竟未動，天降白玉棺……」這「天降白玉棺」五個字，很值得特別注意。事實是：順治的確有出家的意思，而且剃了頭，但是未能真的當了和尚，便死於天花。

在清朝的檔案中，也有關於順治之死的記載，《清世祖實錄》第一四四卷記錄了他死前一週內的活動情況：「順治十八年，辛丑，春正月，辛亥朔，上不視朝。免諸王文武群臣行慶賀禮。孟春時享太廟，遣都統穆理瑪行禮。壬子，上不豫……丙辰，諭禮部：大享殿合祀大典，朕本欲親詣行禮，用展誠敬。茲朕躬偶爾違和，未能親詣，應遣官恭代。著開列應遣官職名具奏。爾部即遵諭行。上大漸，遣內大臣蘇克薩哈傳諭：京城內，除十惡死罪外，其餘死罪，及各項罪犯，悉行釋放。丁巳，夜，子刻，上崩於養心殿。」這段話的意思是：在順治十八年（西元一六六一年）正月初一，順治帝免去群臣的朝賀禮儀，而且當日應該舉行的春季第一月祭祀太廟的禮儀，也派官員前往。初二，順治帝身體不適。初六，順治帝傳諭，應該由自己參加的大享殿禮儀，因為身體不適，需要派官員代祀，讓禮部列出代祀官員的名單，而因為病情迅速加劇，又傳諭赦免京城內十惡死罪以外的一切罪犯。初七的淩晨，相當於現在零點到一點這段時間內，順治帝就去世了。

清代皇室的家譜《玉牒》，對順治的死，也有與《實錄》完全相同的記載。皇帝葬禮有很複雜的程序，其中每一步程序的進行都有嚴格的規制，都要以文字記錄，也就是檔案。順治從病重、去世、遺體安放、繼任皇帝和百官不止一次地致祭、神位奉入乾清宮、擇吉日再奉入太廟、遺體火化、寶宮奉安、地宮下葬，官方檔案中都有時間、地點、儀式、人員等紀錄。與順治生前過往甚密的和尚們也都在他們的著作裡做了記實的回憶。兩相印證，內容完全一致。如果順治假病逝，而真出家，不啻與天下臣民開一個巨大的玩笑，官方與民間的記載均系遵從順治的囑託而造假，那絕不可能完美到如今天我們所看到的，檔案與文獻不含一絲瑕疵。

傳說中的順治出家，倒也並非完全是空穴來風。據《大覺普濟能仁國師年譜》、《旅庵和尚奏錄》、《敕賜圓照茆溪森禪師語錄》、《北游集》、《續指月錄》等僧侶書籍的記載。這些書用語錄及偈語的形式，記載順治曾經在順治十七年（西元一六六〇年）十月中旬於宮中，由湖州（今浙江吳興）報恩寺和尚茆溪森為其舉行了淨髮儀式。但剃了光頭本已出家的順治，又在茆溪森的師父、報恩寺住持玉林的諄諄誘導和要燒死茆溪森的脅迫下，回心轉意，蓄髮還俗了。

也許，歷史事實是董鄂妃的死，對順治造成極大的刺激，悲痛欲絕的他，精神幾乎完全崩潰，一心要遁入空門，尋求解脫。但正在此時，天花卻不幸降臨到他身上，還沒有出家的他，在天花病毒的侵擾下一命嗚呼。而「順治出家」不過是民間為這對青年皇帝與愛妃之間凄美的愛情悲劇，而選擇的一個懾動人心的美麗結局。

李自成把吳三桂推向多爾袞懷抱？

不管當初吳三桂引清兵入關是基於何種考慮，在清廷取得了北京政權後，吳三桂就倒向了清廷的懷抱，此時的吳三桂已經成了清廷平定天下的馬前卒。

「衝冠一怒為紅顏」的故事講的是明末清初蘇州名妓陳圓圓，母親早亡，從姨父姓陳。能歌善舞，色藝冠時，時稱「江南八豔」之一。崇禎時，外戚周奎欲給皇帝尋求美女，以解上憂，後來田畹將陳圓圓獻給崇禎。其時戰亂頻仍，崇禎無心逸樂。陳圓圓又回到田府，後被吳三桂納為妾。相傳李自成攻破北京，手下劉宗敏擄走陳圓圓，吳三桂遂引清軍入關。詩人吳梅村為她作《圓圓曲》：「慟哭六軍俱縞素，衝冠一怒為紅顏。」

今人普遍認為吳三桂引清兵入關之時已經投降了清朝。但也有一些人提出了不同的看法。他們認為，李自成攻陷北京之後，北方大的政治軍事勢力有三支，分別是李自成農民軍、清王朝和吳三桂明軍，其中吳三桂的力量最弱，而且吳三桂所率的明軍被夾在中間，因此吳三桂要麼聯合農民軍抵抗清軍，要麼聯合清軍鎮壓農民軍，由於吳三桂的父親被農民軍關進大牢、愛妾被農民軍的將領劉宗敏霸占，為報此仇，吳三桂選擇了聯合清朝的道路，但這並不能說明他投降了清朝。而且以下幾點也可以作為佐證。

首先，在李自成起義軍攻進北京城之前，吳三桂堅持抗清。松錦之戰後，明朝在遼東的將士損失殆盡，洪承疇、祖大壽被迫投降，驍將曹變蛟在與起義軍作戰時被殺，只剩下吳三桂一支軍隊在山海關一線英勇抵抗清軍。在極端困難的情況下，吳三桂克服困難，重新組織起一支接近萬人的邊防勁旅。承擔起防守山海關，抵抗清軍的重任。為了打開山海關這道屏障，清廷曾多次派祖大壽和洪承疇等人招降吳三桂。但是吳三桂始終不為所動，堅持抗清。

其次，吳三桂的一系列書信也反映他只是求援而並沒有投降。為陳圓圓之事，吳三桂與農民軍決裂之後，吳三桂就宣揚「周命未改，漢德可思」，「試看赤縣之歸心，仍是朱家之正統」。在寫給多爾袞的求援信中，吳三桂以大明國平西伯自稱，他提出：「我國與大清通好二百餘年，今我無故而遭國難，大清理應助之。」「王以蓋世英雄，值此摧枯拉朽之機，誠難再得之時，念之國孤臣忠義之言，速選精兵，滅流寇於宮廷，示大義於中國。則吾朝酬報大清相助，豈惟財帛，將裂地以酬，不敢食言。」可以看出，吳三桂是以明朝臣子的身分向清朝求援，請兵之目的是「滅流寇」，並使明朝得以「中興」，而不是讓清入主中原。多爾袞也說：「你們願為故主復仇，大義可嘉，我領兵前來成全這一美事。先帝（崇禎）時事，在今日不必說，也不忍心說。但昔為敵國，今為一家。我兵進關，若動人一株草、一顆糧，定以軍法處死。你們可以通告大小官員百姓，勿須驚慌。」

吳三桂還提出了多爾袞率兵入關的條件，一是尋找到崇禎的太子，在南京重建大明政權；二是以黃河為界，以北歸清，以南歸大明，兩國通好，互不侵犯；三是清兵入北京，但不得侵犯明歷朝皇帝陵寢，也不得傷害百姓。如果多爾袞不同意，那麼他只有拼死一戰。山海關戰後，吳三桂又到處散發傳單，大造復辟輿論，他提出「約自成回軍，速離京城，吾將奉太子即位」，又「傳帖至今，言義兵不日入城，凡我臣民為先帝服喪，整備迎候東宮」。老謀深算的多爾袞擔心吳三桂入城後擁立新君萬民歸附，自己成了客人，於是「命其西行追賊」。吳三桂因其勢力太弱，不敢與多爾袞決裂，只得聽從。後來，吳三桂對清朝的反叛，似乎也可證明吳三桂未降。

但是，也有人認為清兵入關之時，已經以對待降將的態度來對待吳三桂，而且吳三桂入關後的所作所為也表明他已真心降清。吳三桂雖然打著為明王朝復仇的旗號引清入關，但是卻拒絕了南明政權的拉攏。《明季稗史彙編》記錄：福王的侍郎左懋第「謁三桂，出銀幣且致福藩意」時，吳三桂說「時勢如此，我何敢受賜，唯有閉門束甲以俟後命耳」。之後的幾個南明政權統治者也都拉攏過吳三桂，可是他始終沒有表態。相反，順治十四年（西元一六五七年）十二月，吳三桂被清廷任命為「平西大將軍」，出兵貴州征討李定國擁戴的桂王政權。桂王政權由於不敵清軍而節節敗退至昆明。當時南明政權內部派系林立，永曆帝無力解決殘明勢力與李定國等大西軍的矛盾，更無力消除大西軍內部的爭鬥，被吳三桂的數十萬大軍逼逃至緬甸境內。吳三桂陳兵緬甸邊境，威逼緬王交出永曆帝，帶回昆明。永曆帝父子被押回昆明後，關在篦子坡頭金禪寺內，康熙元年（西元一六六二年）四月，吳三桂為了斷絕尚有兵力的李定國以永曆帝為號召來反清，與他對抗，在金禪寺裡用弓弦勒死永曆帝父子。至此，朱明王朝徹底滅亡。

可以看出，不管當初吳三桂引清兵入關是基於何種考慮，在清廷占領北京後，吳三桂倒向清廷的懷抱是不爭的事實，而前明政權這個幌子也已經被他徹底扔掉了。

雍正「矯詔繼位說」為何盛行？

中國歷史上，皇子們為爭奪儲君地位的鬥爭屢見不鮮，雍正皇帝的繼位就被認為是一場陰謀，那麼，雍正皇帝是怎樣登上皇位的？他真的是矯詔嗎？

中國歷史上，皇子們為爭奪儲君地位的鬥爭屢見不鮮，雍正皇帝的繼位就被認為是一場陰謀，那麼，雍正皇帝是怎樣登上皇位的？他真的是矯詔嗎？

康熙皇帝一生共有三十五個皇子，其中皇二子允礽為皇太子。但皇太子長大之後，對於康熙遲遲不死感到著急，同時也怕康熙皇帝哪天變了主意，會立別的兄弟做皇帝。於是便同索額圖等人結成太子黨，暗中培養勢力，企圖謀害康熙，奪取皇位。後來被康熙覺察，一怒之下於康熙四十七年（西元一七〇八年），將其廢黜。康熙廢掉皇太子之後，儲位空虛，這樣諸位皇子之間爭奪儲位的衝突驟然激化。後來，康熙曾一度恢復允礽的太子之位，但是允礽不思悔改，再次密謀篡位，又被康熙廢黜。從此，康熙到死也沒有再提立儲之事。

康熙六十一年（西元一七二二年）冬，康熙帝在熱河和南苑行獵之後「偶感風寒」，在暢春園休息，命皇四子胤禛往天壇代行冬至祭典。十一月十三日淩晨，病情惡化，至夜間猝然逝世。據說康熙駕崩之前曾經將皇三子誠親王允祉、皇七子允佑、皇八子允禩、皇九子允禟、皇十二子貝子允裪、皇十三子允祥、理藩院尚書隆科多等八人招至御前安排後事，並命隆科多草詔傳位於皇四子胤禛。康熙駕崩七天後，隆科多公布了康熙的遺詔，宣諭：「皇四子胤禛，人品貴重，深肖朕躬，必能克承大統，著繼朕登基，即皇帝位。」幾天後，胤禛在太和殿即位登基，改年號為雍正元年。

胤禛的繼位就像是一塊石頭丟進了原本平靜的湖面，讓清廷內外動盪不已。不久，有關雍正篡位的傳說就悄悄開始流傳。一種說法是：「先帝欲將大統傳與允禵，聖躬不豫時，降旨召允禵來京，其旨為隆科多所隱，先帝殯天之日，允禵不到，隆科多傳旨，遂立當今。」「聖祖皇帝原傳十四阿哥允禵天下，皇上將『十』字改為『於』字。」「聖祖皇帝在暢春園病重，皇上就進一碗人參湯，不知何故，聖祖皇帝就崩了駕，皇上就登了位，隨將允禵調回囚禁。太后要見允禵，皇上大怒，太后於鐵柱上撞死。」

近代也有學者認為康熙臨終前召「八人同受面諭」值得懷疑。據史料記載，康熙是在康熙六十一年（西元一七二二年）十一月十三日晚八九點鐘駕崩的，召胤禛進暢春園是在這天的淩晨一兩點鐘，也就是說，在胤禛到達暢春園之前，康熙已經將八人急召入宮，宣布了遺詔的內容。而後來雍正自己說有八人同時受詔書是他繼位後的七年。如果此事是真的話，一直受人懷疑的雍正也不會等到七年之後，同受面諭的八人大都變化了時候才拿出這一證據。所以這一證據極有可能是雍正為了掩蓋自己改詔篡位的事實而偽造出來的。

但是，對於改詔一說，也有人提出了不同的看法。首先是皇十四子的問題。康熙在選立儲君問題上確實是在猶豫。開始確實有考察皇十四子允禵的意向。但是，允禵在西寧建立衙府、收受賄賂，引起康熙的不滿。所以，康熙又在自己體弱多病之時讓允禵回到前線，而讓皇四子代為祭天。說明康熙此時已無傳位皇十四子的意思。而對皇四子似乎更加器重。另外，雍正改「十」為「於」說也站不住腳。因為，根據清朝的用語規範，傳位元詔書均寫為「傳位皇某子」。如果將其中的「十」字改成「于」，就成了「傳位皇於四子」，就讀不通了。而且清代的詔書中「于」與「於」字是不能互用的，詔書中用的都是「於」字，沒辦法改。此外，清代詔書都是用滿、漢兩種文字寫的。滿文是豎寫的，很難更改。至於，雍正讓十四弟把「禎」改為「禵」字，是為了表示避諱，沒有什麼值得奇怪的。雍正囚禁允禵，只是表示雍正對允禵手中的軍權不放心，不能以此說雍正就是篡位。

綜合以上史料，可以看出雍正是合法繼位的。康熙比較欣賞雍正那種雷厲風行而又粗中有細的性格，認為他能夠在自己百年之後，扭轉自己晚年政治上的頹風。康熙晚年讓雍正代為祭天，就說明康熙早就有選立雍正為自己繼承人的考慮，因為在封建社會，祭天是天子獨有的特權。此外康熙選中胤禛，還因為他喜歡胤禛的兒子弘曆，康熙生前曾將弘曆接到宮中親自指導，康熙到圍場打獵或批閱奏章，都要弘曆在一旁侍奉。康熙讓雍正繼位，也許真的有隔輩的考慮，他要為大清立下兩代英主。這在乾隆陵前的《裕陵神功聖德碑》中，也可以找到佐證，這些都說明無論傳位的詔書是真是假，康熙確實是要立雍正為繼承人的。

關於雍正篡位的傳言，也許是那些不甘失敗的皇子和不滿雍正嚴厲政風的官吏們故意製造出來詆毀他的。雍正篡位的故事也只是心懷好奇的人杜撰的傳奇而已。

雍正暴卒屍體無頭案真相揭秘

《清朝野史大觀》卷一中說，民間俠女呂四娘深夜入宮將雍正刺殺，並割去其頭作為報復。由此，民間傳說雍正下葬的時候安的是一個金頭……

清世宗雍正皇帝愛新覺羅・胤禛（一六七八至一七三五年），康熙皇帝第四子，清入關後的第三位皇帝。他對有礙於皇權的反對勢力大加撻伐，有效地改善了吏治，增加了國庫收入，為乾隆朝社會的繁榮奠定了雄厚的基礎。同時，雍正又是一位剛愎自用、疾惡如仇、喜怒無常、獨斷專行的皇帝。因為他只坐了十三年龍位就暴死於深宮之中，對於他的死有許多不同的說法，稗官野史中更是眾說紛紜。

雍正十三年（西元一七三五年）八月二十三日，雍正皇帝猝死在圓明園。雍正皇帝死得十分突然，無論是他的皇后皇子，還是身邊最得寵的大臣都沒有絲毫心理上的準備。據雍正朝大學士張廷玉的《自訂年譜》中記載，雍正帝在臨終之前，沒有絲毫一病不起的跡象，張廷玉在雍正帝死之前不久，還曾「每日覲見」，雍正駕崩那天，張廷玉被急召進宮，得知雍正皇帝已瀕彌留，這個消息使他「驚駭欲絕」。作為第一手資料的《起居註冊》中是這樣記載的：「八月二十一日，上不豫，仍辦事如常。二十二日，上不豫。子寶親王、和親王終日守在身旁。戌時（傍晚七時至九時）皇上病情加重，急忙在寢宮發布遺詔給諸王、內大臣及大學士。龍馭上殯於二十三日子時（夜十一時至翌日一時）。由大學士宣讀朱筆諭旨，著寶親王繼傳。」但是官書正史上並未言明雍正到底是患了什麼疾病。而且官書實錄、起居注等文獻對雍正生病期間的狀況也稀有記載。以至於時人後人都對雍正的死因妄加猜測，眾說紛紜。雍正帝駕崩之後，他的靈柩在清宮只停放了十九天就被移厝到雍和宮永佑殿。為什麼他的靈柩會這麼著急從皇宮中移到寺廟裡來，難道雍正的死真的有什麼不正常的地方嗎？

《清朝野史大觀》卷一中說，雍正是被民間俠女呂四娘所殺。呂四娘是清代著名學問家呂留良的孫女，呂留良因受曾靜、張熙案的牽連，死後還被挖棺戮屍。當時呂四娘跟隨大俠甘鳳池練習劍術，身輕如燕，有一身好功夫，得知自己祖父的遭遇後，呂四娘大憤，深夜入宮將雍正刺殺，並割去其頭作為報復。由此，民間傳說雍正下葬的時候，安的是一個金頭，以掩飾首級被割的尷尬。

也有人說，是因為雍正迫害自己的兄弟，結果引起原阿哥們所蓄養的武林人士的仇恨。當時有個僧人武功很厲害，後來雍正派自己的武林高手們將他團團圍住，僧人說，今天我氣數已盡，但三個月內必有人為我報仇，說完便自刎了。那些人將僧人的首級割回去覆命，並把僧人說的話稟告了雍正。雍正聽後非常害怕，大力加強了宮廷的防衛，並命侍衛們日夜巡查。但僅過一個月，雍正便無故暴死於內寢。

但有人認為這種行刺之說純屬謠言。首先，呂案發生後，其家人皆受罰，無漏網之人。其次，四娘根本不可能混進宮。雖然曾經也有過罪犯眷屬特別是十五歲以下女子，入宮為奴，像株連在呂案中的嚴鴻逵、黃補，其妻妾子婦即服侍於功臣家，然而呂氏的孫輩在寧古塔成為奴隸，犯大罪的人犯多是這樣下場。所以四娘不可能混入宮內。最後，皇帝實際上一年之中的三分之二都駐蹕在圓明園這個離宮。園內內閣及各部院等機構之規模宏大與大內不相上下。雍正二年（西元一七二四年）起，便設護軍營，一個女子根本不能飛簷走壁，穿過晝夜的巡邏和森嚴的戒備，輕易地就進入寢宮，刺殺皇帝。因而，雍正遇刺身亡並且屍體無頭的說法受到了一定的質疑。

也有人認為雍正是「過勞死」，由於他過於勤於政務，幾乎沒有休息的時間，每天都是從早忙到晚，有時候深夜還在閱批奏摺，而第二天很早就要去上朝。據記載，雍正在即位後的五六年裡身體還算可以，但在雍正七年（西元一七二九年）的時候，他得了一場大病，一病就是一年多，幾乎一命嗚呼。手下的官員上請安折讓他多休息，雍正偏要逞強，只要他能動得了，什麼事情都要親為。如此一來，即使不忙死，也會累死。就說雍正去世前的幾天，他也沒有任何的休息，反而一直在抱病工作。直到最後那天挺不住了，他才讓兩個兒子前來侍候。

此外，還有一種說法認為，雍正皇帝是服丹藥中毒而死。這些人細緻研究雍正朝的起居注發現，雍正皇帝十分崇尚方術。雍正帝為了求得長生不老，在宮裡蓄養了大批的和尚、道士。他自己也十分熱衷占卜、求神等術數。甚至還常常以此來決定對官吏的任用和升黜。在雍正的《御制文集》中寫下了不少歌頌神仙、丹藥的詩。而且在政務之餘，雍正還常常在道士和尚們的指導之下，研究煉丹、采苓、放鶴、授法等道家祕術。雍正為了求得長生，還經常服用道士們進獻的丹藥，在朝鮮的史籍中，就有關於雍正帝沉迷方術，以至病入膏肓，自腰以下不能動的記載。

另外，人們還從雍正的繼位者——乾隆皇帝這裡找到了一些證據。雍正皇帝死後僅隔了一天，也就是八月二十五日，乾隆皇帝就突然下了一道諭旨，驅逐圓明園中煉丹的道士們出宮。並對煉丹道士張太虛、王定乾等人說：「若伊等因內廷行走數年，捏稱大行皇帝（指雍正）御前一言字……一經訪聞，定嚴行拿究立即正法。」新君剛剛繼位，雍正大喪未完，朝中有眾多事務需要處理。乾隆別的事情不去做，而急著下令驅逐數名道士，這種做法確有奇怪之處。驅逐道士的同時，乾隆還另外降下一道諭旨諭令宮中的太監、宮女，不許妄行傳說國事，「恐皇太后聞之心煩」，「凡外間閒話，無故向內廷傳說者，即為背法之人」，「定行正法」。乾隆帝為什麼不許宮中太監宮女們亂說，難道此間真的有什麼不想為外人知道的隱情？考慮前述乾隆對和尚道士們的處理。也許「中毒身亡」之說確實有幾分可能，而且，後人以現代醫學知識來對照雍正死之前的症狀，發現雍正皇帝死之前的症狀與中毒而死的症狀極為相似。

以上僅為流傳較廣的兩種說法，至於歷史事實究竟如何，還有待史學界的進一步考證。雍正死後被葬於清西陵的泰陵，號世宗敬天昌運建中表正文武英明寬仁信毅睿聖大孝至誠憲皇帝，世稱雍正皇帝。

雍正帝在位時間不長，但卻在繼位和死因問題上為後人留下了兩大疑案。也許這些疑案根本就沒有什麼神奇之處，只是後人的種種傳言才給它披上了層層的神祕面紗，變得撲朔迷離，讓人難以看清其中的真相罷了。

乾隆帝生母究竟為何人？

自清末以來，野史筆記和民間傳說中認為乾隆皇帝是海寧陳家陳閣老的兒子。由此，人們展開了關於乾隆皇帝身世的一番爭論……

眾所周知，清朝是滿族愛新覺羅氏建立的王朝，但是清朝的一位皇帝卻被眾多人認為是漢人，他就是乾隆皇帝。金庸先生的武俠小說《書劍恩仇錄》也將乾隆皇帝描述成浙江海寧陳閣老的兒子。金庸先生這麼寫也並非空穴來風。因為，自清末以來，野史筆記和民間傳說中，確實都認為乾隆皇帝是海寧陳家陳閣老的兒子。由此，人們也就展開了關於乾隆皇帝身世的一番爭論。

在《清朝野史大觀》中，是這樣記載乾隆的身世的，相傳在浙江海寧有一個鹽商叫陳世倌，在康熙年間曾入朝為官，與雍親王即後來的雍正帝私交甚篤。有一年，雍親王和陳世倌兩家的夫人在同一天分別生了孩子。雍親王讓陳世倌將孩子抱進王府讓自己看看。可是，當孩子送還時，陳家卻發現，原來好好的一個胖小子變成了小丫頭。陳世倌考慮到此事攸關性命，未曾敢對外透露半點……而這被換進王府的陳世倌之子，自然就是後來的乾隆皇帝。乾隆繼位後，對海寧陳家非常優待，自己也曾先後六次南巡江浙，去陳家拜望自己的親生父母。並親筆為陳家的宅堂題寫了「愛日堂」和「春暉堂」兩塊牌匾。「愛日」一詞，來源於漢朝揚雄《孝至》一文。意思是兒子孝敬父母的日子。「春暉」一詞來自唐代孟郊的《遊子吟》中「誰言寸草心，報得三春暉」的詩句。

後人常以春暉來比喻母愛。這兩方匾額的題詞內容都有兒子尊敬和孝順父母的意思。於是，後人就認為，乾隆皇帝題下這兩塊牌匾含有孝敬親生父母的意思。

另外據《清代外史》記載，乾隆在宮中的時候經常穿著漢服，還問身邊的寵臣自己是否像漢人。《清宮十三朝演義》中也認為，乾隆六次下江南住在陳家的目的就是為了探望親生父母。由此，人們認定乾隆帝也許確實是海寧陳閣老的兒子。

但是，有人對於這種說法提出了異議：根據皇室族譜《玉牒》的記載，在乾隆帝降生之前，雍正帝已經有了三個兒子。雖然，長子和次子都早早夭折了，但第三個兒子此時已經八歲。雍正也正當壯年，沒有理由在有了兒子的情況下再偷偷摸摸用自己的女兒去換陳閣老家的兒子。至於乾隆六下江南中有四次住到海寧陳家的私人花園中，是因為乾隆即位後，對修建錢塘江兩岸的海塘非常重視，趁著南巡之時前往修塘的前線視察，而在海寧，陳家花園是最合適的住所，再說陳家花園離陳家住宅實際上還有幾里路遠，乾隆在陳家花園住過四次，但對陳家子孫卻一次也沒有召見過，更談不上「探望親生父母」了。這個園子本叫作「隅園」，乾隆帝在居住之時親自把它改名為「安瀾園」。「安瀾」即水波不興之意，由此也可以看出，乾隆帝駕臨海寧，確實是為了巡視海塘工程。至於前面提到的那兩塊匾額，陳家倒是確有此物，只不過據史學家孟森的考證，這兩塊牌匾不是乾隆所題寫，而是康熙皇帝寫的。在《陳元龍傳》中就有記載。一個是在康熙三十九年（西元一七〇〇年）四月，康熙在政務之餘召見群臣，一時興致極好，就問「你們家中各有堂名，不妨當場寫給我。我寫出來賜給你們」。當時在康熙朝中做官的陳元龍奏稱說，家父年逾八十，我曾想寫「愛日堂」三字，以表孝心。康熙就給他題寫了這個堂名。另一個是在康熙五十四年（西元一七一五年）六月，陳元龍奏稱自己的弟妹黃氏為侍奉公婆在家寡居四十一年，康熙為褒揚節孝，便題寫「春暉堂」匾額賜給她。也就是說，這兩塊牌匾根本就與乾隆沒有關係。而且乾隆對陳世倌的態度也絕對不像是父子。據記載乾隆六年（西元一七四一年），陳世倌升任內閣學士不久，就因為起草諭旨出錯，被乾隆當眾斥之為「少才無能，實不稱職」。如此言語，怎麼會是父子關係呢？

關於乾隆皇帝身世，除了在是不是雍正的兒子上存在爭議外，乾隆的生母是誰？出生地在哪兒，也存在不同的看法。

一種說法認為，乾隆是由熱河行宮裡一個醜宮女在草棚裡所生。傳說有一年雍正隨康熙到熱河打獵，射倒一隻梅花鹿，雍正喝了很多鹿血。鹿血有很強的壯陽功能，雍正喝後難以自持，就隨便拉出一位很醜的李姓漢族宮女發洩一番。沒想到這一番發洩竟然種上了龍種，第二年，雍正再次來熱河的時候，聽說李家女子懷上龍種，怕此事傳出去壞了自己的名聲，忙派人把她帶到草棚，後來醜宮女就在草房裡生下乾隆。

還有一種說法是，乾隆的母親是雍正的一個使喚丫頭。這一說法來源於王運《湘綺樓文集》中的記載。書中的「列女傳」記載了乾隆的一句話：「始在母家，居承德城中，家貧無奴婢，六七歲時父母遣詣市買漿酒粟面，所至店肆大售，市人敬異焉。十三歲時入京師，值中外姐妹當選入宮……孝聖容體端頎中選，分皇子邸，得在雍府。」後來，這個丫頭竟生下了乾隆。

據清朝皇室族譜《玉牒》記載：「世宗憲皇帝（雍正）第四子高宗純皇帝（乾隆），於康熙五十年辛卯八月十三日，由孝聖憲皇后鈕祜祿氏、淩柱之女誕生於雍和宮。」也就是說，乾隆皇帝是由鈕祜祿氏生於雍和宮，即原雍親王的府邸。

種種說法使得乾隆的身世撲朔迷離，當然這些說法都只是一家之言，並不可靠。對於這些歷史的疑點，現在已無法回到當時去考證。後世的學者們只能根據各種傳世的文獻材料進行推測。由於所依據的材料的差別，提出的看法也會有所不同。但無論提出多少種不同的看法，有一點是肯定的，那就是真相只有一個。

東太后慈安暴卒是因為干涉慈禧私情？

關於慈安暴卒，有一種版本說慈安因為殺掉了慈禧的得寵太監安德海，又抓住她和戲子私通。慈禧為遮蔽事實，便下毒毒死了慈安太后。

東太后也就是慈安太后，是清代咸豐皇帝之妻。咸豐十一年（西元一八六一年），咸豐帝死後不久，年方六歲的載淳繼承了皇位，年號祺祥。尊奉剛滿二十五歲的咸豐皇后鈕祜祿氏為慈安皇太后，生母葉赫那拉氏為慈禧皇太后。也就是後人所稱的東太后和西太后。

咸豐帝去世之前，曾設定了一套兩太后與大臣們互相牽制的制度，但是為了能夠獨攬大權，慈禧與恭親王奕訢定計，發動祺祥政變，處死了肅順等人，奪取了清王朝的最高權力。表面上，慈安與慈禧兩宮太后以姐妹相稱，共同垂簾聽政，執掌國家最高權力。可是到了光緒七年（西元一八八一年），年僅四十五歲，比慈禧還小兩歲的慈安太后突然暴斃宮中，清廷的垂簾聽政由兩宮並列，一下子變成了慈禧一人獨裁。

慈安太后「體氣素稱強健」（孔孝恩、丁琪著《光緒傳》），而當時西太后慈禧正病臥在床。所以聽到噩耗，很多朝臣都以為是「西邊出事」了，等得知結果後驚詫不已。許多官員提出懷疑，尤其是左宗棠，立即大喊有鬼。翁同龢的《翁文恭公日記》中記載說：「則昨日（初十日）五方皆在，晨方天痲、膽星，按云類風癇甚重。午刻一按無藥，云頭腦混亂，牙緊。未刻兩方雖可灌，究不妥云云；則已有遺尿情形，痰壅氣閉如舊。酉刻一方天脈將脫，藥不能下，戌刻仙逝云云……嗚呼奇哉！」僅十二小時便由發病至死，豈不「奇哉」？據說，慈安太后在暴卒的當天還曾經視朝。而當時大學士左宗棠、尚書王文韶、協辦大學士李鴻藻等覲見慈安，都見慈安面無病狀，僅是兩頰微紅，猶如醉色，沒有什麼特別之處。午後軍機諸臣退，內廷忽傳孝貞太后駕崩，命樞府諸人速進議，大臣驚詫不已。

對慈安太后突然死亡的原因，在當時及之後都有種種懷疑與猜測，成為二百多年清宮史上的又一起疑案，歸納起來，主要有下列幾種說法：

第一種說法是慈安太后自殺而死。據《清稗類鈔》記載，祺祥政變之後，慈安與慈禧共同垂簾聽政，執掌朝廷的大權。慈安因為天性平和，不喜歡多問政事，所以朝政實際上是處於慈禧太后一人的控制之下。但有一次，慈禧太后突然得了重病，不能處理政事。慈安太后便代替慈禧獨自處理了一段朝政。但權力欲極強的慈禧太后，以為慈安太后這是要奪取自己手中的權力。便說慈安「誣以賄賣囑托，干預朝政，語頗激」，致使慈安氣憤異常，惱恨之下，「吞鼻煙壺白盡」。然而民間流傳最盛的是慈禧毒殺慈安。對於慈禧毒死慈安的原因，又有幾個版本。

一個版本是說咸豐帝臨死前，曾交給慈安太后一道密諭，要她好好約束葉赫那拉氏。慈禧聽說後，行為便不太敢張狂。光緒朝時候，慈禧再度垂簾，慈安對政治有倦怠之意，不多過問政事，有時甚至不出來垂簾攝政，慈禧更加縱恣無度。她一人召見廷臣，有事竟不復稟慈安，慈安太后內心多有不平。光緒七年（西元一八八一年）發生了慈禧小產之事。慈安知慈禧失德，對慈禧加以規勸，讓她保全皇家體面。並出示文宗遺詔，給慈禧看。慈禧看後，面色頓變，慚愧不已。慈安見慈禧有真心悔過之心，索要過函文，隨即於燈燭上燒了。慈禧又是羞慚又是憤怒。此後不久的一天，慈安正在荷塘邊看金魚，突然，慈禧身邊的太監李蓮英送來一盒點心。並說：「這種點心，西佛爺覺得好吃，不肯獨用，送一點給東佛爺嘗嘗。」慈安聽了很高興，當即嘗了一塊。誰知這天夜裡，慈安便暴病身亡了。這離慈安接見軍機大臣才不過幾個鐘頭的時間。更為奇怪的是，慈安太后死後，並沒有按照制度，先召軍機大臣前來，並由軍機大臣檢查方藥。也沒讓慈安的家人進宮驗視。而是暴斃之後接著就收殮入棺了。所以人們推測是慈禧在點心中下毒，毒死了慈安太后。怕別人知曉，才會這麼做。

還有一種版本是說光緒帝即位之後，喜歡與慈安親近，令慈禧忌恨。此時，李蓮英因得慈禧太后寵倖，仗勢胡為。一日慈安太后乘輦車過某殿，李蓮英與小太監角力，對慈安置若罔聞，慈安怒以杖責之，並到慈禧住處教訓了慈禧一頓。慈禧不服，兩人鬧翻。不幾日，即傳慈安暴崩一事。

還有一種更加離奇的版本是慈禧太后喜歡看戲，經常召當時的一位名伶進宮演戲。時間久了，慈禧便看上了他，還留他在宮中過夜。有一天，慈安到慈禧宮裡找慈禧。忽然看到有個戲子睡在慈禧床上。慈安看後大怒，當即將這位戲子處死。並拿出先帝留下的「若懿貴妃仗恃生子驕縱不法，可按祖宗家法處死」的詔書，要廢掉慈禧。慈禧跪地求了很久，慈安才答應不再追究此事。但慈禧卻一直忐忑不安，生怕慈安哪天會不利於自己。於是慈禧讓宮婢給慈安送去點心，慈安吃過後不久便暴卒了，連太醫也沒來得及叫。

也有人認為是權力之爭導致慈禧動了殺機。據說在光緒六年（西元一八八〇年）到東陵祭奠咸豐帝，慈安認為她是正宮皇太后，在祭奠典禮時，她的位置應排在慈禧之前。而慈禧則堅決不允。兩人發生了激烈的爭論，後來還是照慈禧的意見辦了。兩人並列，不分先後。但是，慈禧認為這是慈安在有意羞辱自己，「因愈不悅東宮」，而動殺機。

當然，這些版本眾多的說法，都是民間野史筆記的記載。對於慈安的死，後人已經無法知曉其中的事實，所有的說法都只是後人根據某些材料的推測而已。但無論如何，慈安之死的確蹊蹺，慈禧難脫干係。

北京公主墳裡埋的是哪位公主？

北京長安街延長線復興路與西三環交匯處有個名叫公主墳的地方。這個公主墳埋葬的是清朝哪位公主呢？圍繞這個疑問，引起了眾多猜測和傳說。

北京人乃至到過北京的人，大都知道在北京長安街延長線復興路與西三環交匯處有個名叫公主墳的地方。其實，數百年來，北京地區埋葬歷代公主數以百計，形成公主墳村的何止數十。但因年代久遠，大多數公主墳地早已湮滅無痕，就是公主墳村，也所剩無幾了，那麼，這處公主墳埋葬的是否真是公主，又是清朝哪位公主呢？圍繞這個疑問，引起了眾多猜測和傳說。

一種流傳廣泛的觀點認為，公主墳裡埋葬的是清朝唯一的漢族公主孔四貞，孔四貞並不是滿族正宗公主，孔四貞被賜封為公主跟她戰功顯赫的父親有關。孔四貞的父親孔有德原是明朝將領，在清軍入關前就已經投降清廷。他率領清軍從長城打到長江，從華北平原攻到雲貴高原，為清朝立下汗馬功勞。順治元年（西元一六四四年），攻南京，取江陰；順治五年（西元一六四八年），戰貴州，征廣西，抓獲明朝宗室榮王。順治六年（西元一六四九年），封「定南王」。順治九年（西元一六五二年），在廣西桂林與李定國所部征戰，戰敗自盡。其女孔四貞輾轉回到北京。順治十一年（西元一六五四年），孔有德的靈柩自廣西經北京運往東京（今遼寧省遼陽市）安葬。順治帝不但將孔有德安葬在京城，還以「定南武狀王孔有德建功頗多，以身殉難，特賜其女食祿，視和碩格格」。由此，孔四貞這位漢家女成了清朝的公主。為籠絡人心，孝莊皇后把她留在宮中並冊封為和碩公主。孔四貞生來聰穎，尤愛習武，被培養成為一代女傑。長大後嫁給內大臣孫延齡為妻，並隨他至廣西節制軍務。吳三桂反清後，孫延齡降吳一道反清。孔四貞毅然與孫延齡斷絕關係，參加平定三藩之亂，得勝回朝後，孔四貞被冊封為獨一無二的女王。孔四貞死於康熙五十二年（西元一七一三年）。為表彰孔四貞父女對清朝的忠誠，朝廷厚葬了這位孝莊的義女。從此，就有了「公主墳」。

這種說法流傳已久，但是在一九六五年北京進行都市建設時，得到了否定。當年，北京修建一號線地鐵時，這處「公主墳」墓園是必經之地。經文物部門挖掘考證，該墓埋葬的並不是清朝唯一的漢族公主孔四貞，而是清代嘉慶皇帝的兩位公主，即嘉慶的三女兒莊敬和碩公主與四女兒莊靜固倫公主。也就是說，位於北京長安街延長線復興路與西三環交匯處的這處最有名的北京公主墳裡，葬的就是清朝的真公主。

由於清政權建立者是滿族，清朝的公主名稱也與漢族不同。清朝前身「後金」初年，國君（即「大汗」）、貝勒的女兒（有時也包括一般未嫁之婦女）均稱「格格」，無定制。清太宗皇太極繼位後，於崇德元年（西元一六三六年）開始仿效明制，皇帝女兒開始稱為「公主」，並規定皇后所生之女稱「固倫公主」，「固倫」滿語意為天下、國家、尊貴、高雅；妃子所生之女及皇后的養女，稱「和碩公主」。「和碩」，滿語，意為一方。「格格」遂專指王公貴胄之女。

考古人員發現，公主墳東邊葬的是莊敬和碩公主。莊敬和碩公主，嘉慶帝第三女，母嘉親王側妃劉佳氏，乾隆四十六年（西元一七八一年）十二月十七日生。嘉慶六年（一八〇一年）十一月嫁蒙古科爾沁部博爾濟吉特氏索特納木多布濟，受封莊敬和碩公主。嘉慶十六年（一八一一年）三月十二日去世，年三十一歲。她沒有為丈夫生下兒女，過繼了一個養子，就是後來著名的一代豪傑僧格林沁親王。

西邊葬的是莊靜固倫公主，莊靜固倫公主，為嘉慶第四女，為孝淑睿皇后喜塔臘所生，生於乾隆四十九年（西元一七八四年）七月九日。嘉慶七年（西元一八〇二年）封為莊靜固倫公主，她於嘉慶七年（西元一八〇二年）下嫁蒙古族土默特部的瑪尼巴達喇郡王。嘉慶十六年（西元一八一一年）五月卒，年二十八歲。兩位公主均死於嘉慶十六年，前後相距僅兩個月，因此葬在一起。據《文史資料選輯》、《北京名勝古跡辭典》記載，經文物部門考古挖掘發現，該墓雖被人盜過，但墓穴內仍存有蒙古刀、兵器、珠寶、絲綢、懷錶（清代中期才有懷錶產品）等。歷史文物證實，這裡埋葬的正是莊敬與莊靜兩位真公主，而不是賜封的漢族公主孔四貞。

至於孔四貞的墓地到底在哪裡呢？至今仍是個謎。如今，公主墳早已沒有墳墓，到處都是現代都市的氣息，叫賣聲、汽車聲、建築聲壓倒一切。這裡的名字屬於歷史，或許這也是老北京尊重過去，保留文化底蘊的獨特形式吧！

光緒帝為何比慈禧早一天死去？

一九〇八年十一月十四日傍晚，光緒皇帝駕崩。第二天下午，慈禧太后也斷了氣。兩位冤家似的人物死的時間竟然如此緊湊，是巧合，還是另有內幕？

光緒皇帝載湉生於同治十年（西元一八七一年），卒於光緒三十四年（一九〇八年），在位三十四年，享年三十八歲。載湉是醇親王的兒子，慈禧太后的外甥、內侄。登基時只有四歲，由兩宮太后垂簾聽政，光緒十六歲時親政。親政期間內試圖改革，任用康有為變法維新，最終不敵守舊派及其後臺慈禧太后，被軟禁瀛臺，整整過了十年的幽禁生活。光緒三十四年（西元一九〇八年）十一月十四日傍晚，光緒皇帝駕崩。就在光緒死去的第二天下午（只相差二十小時），他的母后及政敵、操縱晚清政權達半個世紀之久的慈禧太后也死在中南海儀鸞殿內，終年七十四歲。人們普遍認為，年紀輕輕的光緒反而死在七十四歲的慈禧前面，而且只差一天，這不是巧合，而是處心積慮的謀害。

有人認為是慈禧太后害死了光緒皇帝。在惲毓鼎的《崇陵傳信錄》以及徐珂編寫的《清稗類鈔》中就是持這種觀點。光緒皇帝從小就在慈禧的淫威下長大。光緒長大之後，也沒有什麼自由，雖然名義上是個皇帝，但實際上朝政都把持在慈禧太后的手中，自己根本不能做主。百日維新又使得他與慈禧的關係更加惡化，以至於被軟禁起來。慈禧在臨死之前，自知自己將要不行了，害怕光緒帝在她死後會重掌朝政。於是，便下詔安排好嗣君後，派人將光緒帝害死。

另外，還有一種說法是害死光緒皇帝的是李蓮英而不是慈禧。英國人濮蘭德・白克好司的《慈禧外傳》和德齡的《瀛臺泣血記》等書，認為清宮大太監李蓮英等人，平日裡仗著主子慈禧的權勢，經常中傷和愚弄光緒，他們怕慈禧死後光緒重新掌權，對自己不利，就先下毒手，在慈禧將死之前，先把光緒害死。

末代皇帝溥儀《我的前半生》一書則認為是袁世凱毒死光緒。溥儀在《我的前半生》一書中，談到袁世凱在戊戌變法時，辜負了光緒帝的信任，在關鍵時刻出賣了皇上。又說：袁世凱擔心一旦慈禧太后死去，光緒絕不會輕饒他，所以就借進藥的機會，暗中下了毒，將光緒毒死。

還有一種說法是光緒皇帝並不是被謀殺的，而有可能是死於遺精過度。學者們透過分析檔案館所藏的清宮脈案中光緒皇帝的病案，發現光緒皇帝自幼多病，且有長期遺精病史，身體素質甚差。光緒帝自己所寫的《病原》中也說：「遺精之病將二十年，前數年每月必發十數次，近數年每月不過二三次，且有無夢不舉即自遺泄之時，冬天較甚……腿膝足踝永遠發涼……稍感風涼則必頭疼體……其耳鳴腦響亦將近十年……腰腿肩背沉……此病亦有十二三年矣。」光緒帝成年以後，依然是經常的生病，據光緒二十五年正月初二的《脈案》記載：「皇上脈息左寸關沉弦稍數，右寸關沉滑而數，兩尺細弱，沉取尤甚。面色青黃而滯，左鼻孔內腫痛漸消，乾燥稍減，時或涕見黑絲……進膳不香，消化不快，精神欠佳，肢體倦怠……下部潮濕寒涼，大便燥結，小水頻數，時或艱嗇不利等症。本由稟賦虛弱，心脾久虛，肝陰不足，虛火上浮，炎及肺金，木燥風生而動胃火使然。」光緒三十四年（西元一九〇八年）三月初九，御醫曹元恒在《脈案》中寫道：皇上肝腎陰虛，脾陽不足，氣血虧損，病勢十分嚴重。看來光緒皇帝的病並非一日所得，而是從小就落下了病根子，並逐漸變得愈來愈嚴重。據曾經為光緒皇帝看過病的江蘇名醫杜鐘駿說：「我此次進京，滿以為能夠治好皇上的病，博得微名。今天看來，徒勞無益。不求有功，只求不出差錯。」由此可見，其實醫生們料定光緒的病早已是不治之症。並非野史上所說的光緒帝平時沒有病，是突然暴死的。按照脈案的記載，光緒皇帝應該是久病而死。

二〇〇八年十一月，在用法醫學的方法歷時五年研究之後，中國國家清史編纂委員會在北京舉行清光緒帝死因研究工作報告會，正式宣布其死於急性砒霜中毒。科學家在對光緒皇帝的遺留頭髮進行化驗後，發現光緒頭髮有兩處砷含量明顯異常，最高值竟是普通人的二四〇四倍。為了驗證光緒的頭髮砷含量是否確屬異常，研究人員分別提取了隆裕皇后、一名清代草料官，以及當代人的頭髮樣本分別進行同時代、同性別、同環境髮砷檢測。結果表明，光緒的幾處頭髮截段中砷含量不僅遠高於當代人，也分別是隆裕皇后的二百六十一倍和清代草料官的一百三十二倍，確屬中毒。而且研究也證明，光緒皇帝屬於急性砷化物中毒。

研究人員同時發現，光緒身上的三件內衣均不同程度地腐爛，胃區、繫帶、領肩處含砷量都高於其他部位，從屍體特殊部位看，衣物上掉落的殘渣（胃腸內容物）的含砷量極高。這說明，大量的砷化物曾存留於光緒屍體的胃腹內，並在屍體腐敗過程中向外多角度擴散。那麼置光緒於死地的究竟是何種砷化物，其總量又是多少呢？為此，研究人員用小白鼠做模擬實驗，發現光緒頭髮、衣物等遺物上的砷化物由砒霜生成。研究人員由此得出結論，光緒死前攝入的是砒霜。研究人員測算發現，僅光緒頭髮殘渣和一件衣物及殘渣中的砒霜含量就高達約二〇一・五毫克，而正常人口服砒霜六十至兩百毫克就會中毒身亡。至此，研究人員終於解開了光緒死亡的謎團——光緒是砒霜中毒死亡。

至於是誰在幕後主使了這件事，或許只有當事者本人才知道了，而光緒皇帝和我們一樣，永遠不知道是誰如此心狠手辣地在背後向他下了手……

誰是甲骨文的第一位發現者？

甲骨文與敦煌石窟、周口店猿人遺址被稱為十九世紀末二十世紀初的三大發現。可是它的發現過程，卻是十分偶然而又富有戲劇色彩。

甲骨文是三千多年前，人們在占卜和禱告時，刻在龜甲和獸骨上的符號和標記。用以記錄當時發生的事，是我國現存最早的文字。甲骨文與敦煌石窟、周口店猿人遺址被稱為十九世紀末二十世紀初的三大發現。可是它的發現過程，卻是十分偶然而又富有戲劇色彩的。

清末光緒二十五年（西元一八九九年）秋，在北京清朝廷任國子監祭酒的王懿榮（一八四五至一九〇〇年）得了瘧疾，派人到宣武門外菜市口的達仁堂中藥店買回一劑中藥，王懿榮無意中看到其中的一味叫龍骨的藥品上刻畫著一些符號。龍骨是古代脊椎動物的骨骼，在這種骨頭上怎會有刻畫的符號呢？這不禁引起他的好奇。對古代金石文字素有研究的王懿榮便仔細端詳起來，覺得這不是一般的刻痕，很像古代文字，但其形狀又非籀（大篆）非篆（小篆）。為了找到更多的龍骨深入研究，他派人趕到達仁堂，以每片二兩銀子的高價，把藥店所有刻有符號的龍骨全部買下，後來又通過古董商范壽軒等人進行收購，累計共收集了一千五百多片。

他對這批龍骨進行仔細研究分析後認為，它們並非什麼「龍」骨，而是幾千年前的龜甲和獸骨。他從甲骨上的刻畫痕跡逐漸辨識出「雨」、「日」、「月」、「山」、「水」等字，後又找出商代幾位國王的名字。由此斷定這是刻畫在獸骨上的古代文字，一時間，這些刻有古代文字的甲骨在社會各界引起了轟動，文人學士和古董商人競相搜求。王懿榮對甲骨文字最初的判斷，被後來的研究證實是完全正確的。眾多資料因此認為：王懿榮是我國學術界發現甲骨文的第一人，中國文字史也因王懿榮而向前推進了一千年！

然而，也有少數專家對「王氏發現說」提出了質疑：一是北京菜市口那時候並沒有「達仁堂」這家中藥鋪；二是當時中藥鋪只收購沒字的光板龍骨，帶字的壓根兒不要，所以當時中間商收集到有字的甲骨時，都要將字跡刮乾淨才賣給藥店；三是那些龍骨向來是搗碎後出售的。因此，王懿榮發現做藥的龍骨上有字之事令人生疑。

而且和王懿榮同時代的金石大家王襄在一九三五年發表的《室殷室》中介紹，清光緒二十四年（西元一八九八年），古董商范壽軒在天津出售古代文物時，拿著甲骨文向當地大書法家孟廣慧和他請教，孟廣慧判定可能是古代的簡策，就讓范壽軒大量收購。第二年秋天，范壽軒買了一批甲骨帶到天津，以一字一兩白銀的價格請王襄和孟廣慧挑選，但是兩人都不富裕，只好盡力收購了其中的一部分，其餘甲骨被范壽軒帶到北京王懿榮那裡，王懿榮以一字二兩白銀的高價全部購買收藏。因此，即使王懿榮於光緒二十五年（西元一八九九年）偶然發現甲骨文確有其事，但他發現甲骨文不但在孟廣慧之後，而且所購甲骨都是孟廣慧選剩之物。因此，甲骨文發現的時間應追溯到光緒二十四年（西元一八九八年），最先發現的應該是孟廣慧。

針對以上觀點，後來研究甲骨文的學者周紹良說，當時龍骨在中藥店都是成塊、成片出售的，直到二十世紀三〇年代他到中藥店買龍骨還是這樣。至於達仁堂藥店當時確實不在菜市口，但菜市口有家著名的西鶴年堂中藥店，當時的人很迷信西鶴年堂，買中藥都要去西鶴年堂藥店，這也有可能是當時誤傳造成的結果。

另外，據古董商范壽軒的第一手資料，山東《濰縣誌・藝文卷》記載：范壽軒與其弟游彰德小屯，屯人出龜甲相示，壽軒以錢數千購四五十片，即至京師找王懿榮。王懿榮「見之驚喜」，出大價錢買下，「而甲骨文始顯於世」。

因而儘管孟廣慧和王襄早在王懿榮之前見到了龜甲，並不能認為是他們發現了甲骨文。如果是他們發現了甲骨文，范壽軒見到龜甲在他們之前，而賣給范壽軒龜甲的殷墟遺址村民又在范壽軒之前……所以，不管是吃藥發現還是因古董商賣甲骨而發現，王懿榮都是第一個將甲骨文辨認而且研究的人員，他應該也是第一個發現甲骨文的人。

一九〇〇年七月，八國聯軍兵臨城下，慈禧太后帶領皇室人員倉皇出逃，王懿榮徹底失望了。他對家人說：「吾義不可苟生！」隨即寫了一首絕命詞後毅然服毒墜井而死，年方五十六歲。王懿榮殉難後，他所收藏的甲骨，大部分轉歸好友劉鶚（即《老殘遊記》作者劉鐵雲）。劉鶚又進一步收集，所藏甲骨增至五千多片，於一九〇三年拓印《鐵雲藏龜》一書，將甲骨文資料第一次公開出版。不久，學者孫詒讓根據《鐵雲藏龜》的資料，又寫出了甲骨文研究的第一部專著《契文舉例》。

甲骨文被發現之後，引起學術界的轟動。古董商人為了壟斷財源，對於甲骨的來源祕而不宣，以後又謊稱出自河南湯陰、衛輝等地。直到一九〇八年，學者羅振玉才首先訪知甲骨出土於河南安陽縣的小屯村一帶，於是他派遣自己的親屬去安陽求購，又親自前往安陽進行實地考察。先後共搜集到近二萬片甲骨，於一九一三年精選出兩千多片，編成《殷墟書契》（前編）出版，隨後又編印了《殷墟書契菁華》（續編），為甲骨文的研究奠定了基礎。繼羅振玉之後，許多著名的學者，如王國維、郭沫若、董作賓、唐蘭、陳夢家、容庚、于省吾、胡厚宣等都進行了卓有成效的考釋和研究，形成了一門專門的學問——甲骨學。

甲骨文的發現，在中國學術史上是一件劃時代的事情，它使學者的目光從許慎的《說文解字》和鼎彝銘文的局囿中解放出來，為中國的文字學、古史學的研究開拓出一個嶄新的領域。

紂王沒有那麼壞，屈原也不是自殺的？——中國歷史謎團懸案一次呈現！

一书通识中国五千年历史悬案

作　　者——仲英濤
封面設計——萬勝安
內文設計——劉好音
責任編輯——劉文駿
行銷業務——郭其彬、王綬晨、邱紹溢
行銷企劃——余一霞、曾曉玲
副總編輯——張海靜
總 編 輯——王思迅
發 行 人——蘇拾平
出　　版——如果出版
發　　行——大雁出版基地
地　　址——台北市松山區復興北路 333 號 11 樓之 4
電　　話——（02）2718-2001
傳　　真——（02）2718-1258
讀者傳真服務—（02）2718-1258
讀者服務 E-mail— andbooks@andbooks.com.tw
劃撥帳號 19983379
戶　名 大雁文化事業股份有限公司
出版日期 2020 年 5 月 初版
定　價 380 元
ISBN 978-957-8567-52-8
有著作權・翻印必究

中文繁體字版 © 2020 年，由大雁文化事業（股）公司・如果出版出版。
本書由中國法制出版社有限公司正式授權，經由 CA-LINK International LLC 代理，
由大雁文化事業（股）公司・如果出版出版中文繁體字版本。非經書面同意，不得以任何形式任意重製、轉載。

國家圖書館出版品預行編目資料

紂王沒有那麼壞，屈原也不是自殺的？：中國歷史謎團懸案一次呈現！／仲英濤著 . – 初版 . – 臺北市 : 如果出版出版 : 大雁出版基地發行 , 2020. 05
面 ; 公分
ISBN 978-957-8567-52-8（平裝）

1. 中國史 2. 通俗史話

610.9　　109004308

如果